高等院校教师岗前培训
高等教育理论通识 300 问

刘邦春 蔡金胜 刘玉甜 主编

上海社会科学院出版社
SHANGHAI ACADEMY OF SOCIAL SCIENCES PRESS

前　言

"三寸粉笔,三尺讲台系国运;一颗丹心,一生秉烛铸民魂。"教师承载着传播知识、传播思想、传播真理,塑造灵魂、塑造生命、塑造新人的时代重任。教师队伍建设是基础工作。为满足高等院校新教师任职资格培训需要,借鉴国家高校教师资格考试基本内容,充分利用北京地区优质教育教学资源,组织实施新教师理论培训。采取课程讲授、现地教学、交流研讨和讲座拓展等方式,系统学习高等教育理论、高等教育心理和高等教育方法,使新教师掌握高等教育基本知识、基本理论和基本方法,切实筑牢高校教师资格基础,尽快适应高校教育岗位任职要求。

我们以国家关于院校教育的相关政策制度为依据,参阅了《教育大词典》《高等教育心理学》《高等教育学》《高等学校教师职业道德》《高等教育方法概论》等相关研究成果,力求条目阐释的准确性、权威性和时代性。

本书共设置三个主题,共计 300 个知识主题,以知识问答的形式对教育心理学基本理论、教育学基本理论、教育管理基本理论、基本方法和组织实施进行了系统的阐述。

其中,"高等教育心理学"专题主要帮助新教师了解影响教育教学效果的心理因素,掌握学习和教学的心理知识、心理规律,使教育工作建立在心理科学的基础上,提高教育教学的科学性和有效性。

"高等教育学"专题是为了落实教育部关于做好高等学校青年教师岗前培训工作的相关精神,使进入工作岗位的新任教师能够顺利登上讲台,使他们明确高等教育的概念、功能、结构、管理、制度等基本问题,初步理解和掌握高等教育的基本知识、基本理论和基本方法,以提升新任教师的高等教育理论素养。

"高等教育法规与教师管理"专题围绕高校教师的根本任务、道德规范、教育角色等内容进行论述,旨在提升新任教师的教育管理水平。

教师任职培训教育是正在发展中的职业教育,其理论和实践尚在研究和探索之中。本书是致力于高等教育研究的多位同仁通力合作的结果,其中,刘邦春、蔡金胜、刘玉甜、白钢为主编,赵祖明、毛凯、王代强、陈丁丁为副主编。本书的具体分工如下:"高等教育心理学"部分由刘邦春、蔡金胜、刘玉甜负责编审,"高等教育学"部分由白钢、赵祖明、毛凯负责编审,"高等教育法规与教师管理"部分由王代强、陈丁丁负责编审。刘玉甜、王代强、陈丁丁负责校对,刘邦春进行统稿。

编撰过程中,尽管我们力求把得到普遍认同的、最新的观点呈献给大家,但由于编写任务重、时间紧、要求高,编者水平有限,错误和疏漏之处在所难免,恳请广大读者批评指正。您的不吝指点,是我们前进的动力和新研究出发点。

刘邦春

2021 年 7 月 27 日

目 录

第一部分　高等教育心理学

1. 什么是高等教育心理学？ ……………………………………（3）
2. 教育心理学应该包括哪些研究内容？ ………………………（3）
3. 一个完整的教学过程环节包括哪些？ ………………………（4）
4. 如何理解高等教育心理学的学科性质？ ……………………（5）
5. 我国教育心理学的发展主要有哪几个阶段？ ………………（6）
6. 当前我国教育心理学发展主要存在什么问题？ ……………（7）
7. 高等教育心理学研究的原则有哪些？ ………………………（7）
8. 什么是心理发展？ ……………………………………………（8）
9. 大学生心理发展的主要特点是什么？ ………………………（8）
10. 生理变化对心理发展可能产生哪些影响？ ………………（11）
11. 大学生在形式逻辑思维方面发展的状况如何？ …………（12）
12. 大学生在辩证逻辑思维方面发展状况如何？ ……………（12）
13. 大学生情绪、情感呈现的主要特点是什么？ ……………（13）
14. 价值观与人生观对人格发展有怎样的影响？ ……………（15）
15. 确立价值观与人生观需要具备哪些心理条件？ …………（16）
16. 大学生的价值观与人生观处于什么时期？ ………………（17）
17. 怎样理解广义的学习概念？ ………………………………（18）
18. 怎样理解人的学习？ ………………………………………（19）
19. 理解学习界定需要把握哪几点？ …………………………（19）
20. 什么是自主学习？ …………………………………………（19）
21. 经典性条件反射理论是怎样理解学习现象的？ …………（21）
22. 工具性条件反射理论是怎样理解学习现象的？ …………（21）

23. 经典条件反射与工具性条件反射关于理解学习现象的优缺点是什么? ……（21）
24. 如何理解"尝试错误说"? ……（22）
25. 如何理解"顿悟说"? ……（22）
26. "尝试错误说"与"顿悟说"有何异同? ……（22）
27. 什么是知识结构? ……（23）
28. 为什么要教给学生知识结构? ……（23）
29. 什么是观察学习? ……（24）
30. 观察学习主要包括哪几个过程? ……（24）
31. 影响观察学习的因素有哪些? ……（25）
32. 认知派学习理论基本含义是什么? ……（27）
33. 认知派学习理论对教学的启示有哪些? ……（27）
34. 行为主义学派学习理论基本含义是什么? ……（28）
35. 行为主义学派学习理论对教学的启示有哪些? ……（29）
36. 人本主义学习基本理论是什么? ……（30）
37. 人本主义学习理论对教学的启示有哪些? ……（30）
38. 学习动机的基本成分包括哪些? ……（32）
39. 学习需要的形成主要有哪两条途径,在实际教学中如何运用学习需要? ……（32）
40. 成就动机理论的主要内容是什么? ……（33）
41. 如何利用成就动机理论来激发学生的学习动机? ……（34）
42. 什么是归因理论? ……（35）
43. 常见的归因维度有哪些? ……（35）
44. 如何指导学生对学习结果进行正确的归因? ……（36）
45. 自我效能理论对学习动机的培养和激发有什么启发作用? ……（37）
46. 该怎样培养和激发大学生的学习动机? ……（38）
47. 什么是学习迁移? ……（39）
48. 学习迁移主要有哪些种类? ……（40）
49. 形式训练说怎样理解迁移? ……（41）
50. 相同要素说怎样理解迁移? ……（41）

51. 概括原理说怎样理解迁移？……………………………（42）
52. 关系转换说怎样理解迁移？……………………………（42）
53. 认知结构说如何理解学习迁移？…………………………（42）
54. 影响学习迁移发生的主要因素有哪些？…………………（42）
55. 促进学习迁移的方法有哪些？……………………………（44）
56. 意识的基本含义是什么？…………………………………（46）
57. 自我的基本含义是什么？…………………………………（47）
58. 自我意识的基本含义是什么？……………………………（47）
59. 自我意识的心理成分有哪些？……………………………（48）
60. 自我意识的内容成分有哪些？……………………………（49）
61. 自我意识的观念成分是什么？……………………………（49）
62. 成熟的自我意识包含哪三个层次的内容？………………（49）
63. 自我意识在人格形成过程中有什么作用？………………（50）
64. 个体自我意识发展主要分为哪几个时期？………………（50）
65. 大学生自我意识的发展主要经历哪几个过程？…………（51）
66. 大学生自我意识发展主要有哪些矛盾？…………………（52）
67. 大学生自我意识结构中各因素的发展特点是什么？……（52）
68. 什么是自我教育？…………………………………………（54）
69. 自我教育有哪些环节？……………………………………（54）
70. 你认为应如何培养大学生的自我教育能力？……………（54）
71. 群体对个体的影响有哪些？………………………………（55）
72. 什么是从众？………………………………………………（55）
73. 从众有什么积极作用和消极作用？………………………（56）
74. 从众受哪些因素的影响？…………………………………（56）
75. 班集体对大学生的成长有什么作用？……………………（56）
76. 如何确立和形成集体目标？………………………………（57）
77. 影响群体内聚力的因素有哪些？…………………………（57）
78. 什么是人际交往，大学生人际交往的特点是什么？……（57）
79. 人际交往对大学生的发展有什么意义？…………………（58）
80. 如何建立良好的人际关系？………………………………（60）

81. 如何维护良好的人际关系? ……………………………（61）
82. 影响心理健康的因素主要体现在哪些方面? …………（62）
83. 高校心理健康教育的主要内容是什么? ………………（63）
84. 什么是心理咨询? ………………………………………（63）
85. 心理咨询与思想教育工作有哪些区别和联系? ………（64）
86. 心理咨询必须遵循哪些基本原则? ……………………（65）
87. 大学生恋爱心理主要有哪些特点? ……………………（65）
88. 从心理发展的角度来看,如何培养大学生审美能力? …（67）
89. 大学生健康心理素质培养主要涉及哪些方面? ………（69）
90. 什么是心理素质? ………………………………………（69）
91. 教师应具备的心理素质包括哪些内容? ………………（70）
92. 为什么说最有用的学习是学会如何进行学习? ………（70）
93. 影响问题解决的因素有哪些? …………………………（71）
94. 教育现代化的基本特征是什么? ………………………（72）
95. 远程教育的特点? ………………………………………（73）
96. 什么是教学测量与评价? ………………………………（74）
97. 教学测量与评价的作用? ………………………………（74）
98. 什么是效度和信度? ……………………………………（75）
99. 测验的评分应注意哪几点? ……………………………（75）
100. 测验结果的分析包含哪些内容? ……………………（76）

第二部分　高等教育学

101. 什么是高等教育? ……………………………………（81）
102. 什么是高等教育学? …………………………………（81）
103. 高等教育与高等教育学具有什么关系? ……………（81）
104. 高等教育在现代社会中具有什么作用? ……………（82）
105. 学习高等教育学有哪些意义? ………………………（82）
106. 高等教育学的研究注意点是什么? …………………（84）
107. 高等教育的宏观结构包括哪些? ……………………（85）

108. 高等教育的微观结构有哪些? ……………………………… (86)
109. 高等教育的个体功能包含哪些? …………………………… (86)
110. 高等教育的社会功能都有哪些? …………………………… (87)
111. 高等学校的职能是什么? …………………………………… (88)
112. 美国高等教育层次结构是怎样设置的? …………………… (89)
113. 美国本科教育制度是如何设置的? ………………………… (89)
114. 如何理解美国分权制的高等教育体制结构? ……………… (89)
115. 如何理解美国高等教育的形式结构? ……………………… (90)
116. 我国高等教育结构存在哪些问题? ………………………… (91)
117. 高等教育的结构和功能具有怎样的关系? ………………… (92)
118. 什么是教育目的? …………………………………………… (93)
119. 教育目的和培养目标具有怎样的区别和联系? …………… (93)
120. 高等院校在制定培养目标时应注意处理好哪些基本关系? ……… (94)
121. 怎样处理教育目的中个人需求和国家需求的关系? ……… (95)
122. 教育目的的作用是什么? …………………………………… (96)
123. 如何理解高等学校教师的地位? …………………………… (96)
124. 如何理解高校教师的作用? ………………………………… (97)
125. 大学生身心发展有哪些特点? ……………………………… (98)
126. 如何构建良好的师生关系? ………………………………… (99)
127. 什么是高等学校管理体制? ………………………………… (100)
128. 什么是教育行政体制? ……………………………………… (101)
129. 我国教育行政管理的主要机构设置和职责范围有哪些? ………… (101)
130. 中国教育行政管理体制的特点是什么? …………………… (105)
131. 什么是学校教育制度? ……………………………………… (106)
132. 什么是目标管理和管理目标?两者关系是怎样的? ……… (106)
133. 高等学校管理的内部目标是什么? ………………………… (107)
134. 高等学校管理的外部目标是什么? ………………………… (107)
135. 什么是继续教育? …………………………………………… (107)
136. 什么是国家教育考试制度,主要具有哪些特点? ………… (108)

137. 国家教育考试制度包括哪些主要内容,健全国家教育考试制度有何意义? …… (108)
138. 我国关于国家教育考试制度的法规是怎样的? …… (109)
139. 什么是教学管理,主要内容有哪些? …… (109)
140. 高等学校教学管理的基本任务有哪些? …… (109)
141. 高等学校教学管理的基本方法有哪些? …… (110)
142. 高等学校教学投入与教学条件是什么? …… (110)
143. 什么是大学教学计划,制订教学计划的前提条件是什么? …… (110)
144. 教学大纲的概念是什么? …… (110)
145. 大学教学计划的内容主要包括哪些方面? …… (111)
146. 制订大学教学计划的一般程序是什么? …… (111)
147. 大学教学计划如何实施安排? …… (111)
148. 大学教学运行管理如何实施? …… (112)
149. 什么是大学实践性教学环节的组织管理? …… (112)
150. 如何实施大学科学研究训练的组织与管理? …… (112)
151. 如何实施大学日常教学管理? …… (112)
152. 大学学籍管理主要包括哪些内容? …… (113)
153. 大学教师工作管理主要包括哪些内容? …… (113)
154. 教学大纲的编制原则有哪些? …… (113)
155. 大学教学档案管理主要包括哪些内容? …… (113)
156. 如何搞好大学全过程教学质量管理? …… (113)
157. 如何进行大学教学质量检查? …… (114)
158. 大学教学工作评价主要包括哪些内容,需要坚持哪些原则? …… (114)
159. 大学教学基本建设包括哪些内容? …… (115)
160. 大学学科和专业建设主要包括哪些内容? …… (115)
161. 大学课程建设主要包括哪些内容? …… (115)
162. 大学教材建设主要包括哪些方面? …… (116)
163. 大学实践教学基地如何建设? …… (116)
164. 大学学风如何建设? …… (116)
165. 大学教学队伍如何建设? …… (117)

166. 大学教学管理制度如何建设? ……………………………… (117)
167. 如何健全教学的校级领导体制? ……………………………… (117)
168. 如何健全校、院(系)教学管理机构? ……………………… (118)
169. 重视教学基层组织建设,应该注意哪些方面的问题? ……… (118)
170. 怎样加强教学管理队伍建设? ………………………………… (118)
171. 如何理解中央集权制的教育制度的优缺点? ………………… (119)
172. 如何理解地方分权制的教育制度的优缺点? ………………… (119)
173. 怎样理解我国现行高校管理体制结构? ……………………… (119)
174. 高校进行目标管理的优点有哪些? …………………………… (120)
175. 什么是管理目标? ……………………………………………… (121)
176. 我国高校管理大致经历了哪几个阶段? ……………………… (121)
177. 如何运用目标管理思想进行高校管理? ……………………… (121)
178. 什么是高等学校教育制度? 高等学校教育制度的影响其因素
    有哪些? ………………………………………………………… (122)
179. 怎样理解我国高等学校的学制结构? ………………………… (123)
180. 怎样理解学位制度的形成过程? ……………………………… (123)
181. 怎样理解我国学位制度改革? ………………………………… (124)
182. 什么是学科? …………………………………………………… (125)
183. 什么是课程? …………………………………………………… (125)
184. 高等学校教学过程的特点是什么? …………………………… (126)
185. 高等学校教学原则包括哪些方面? …………………………… (127)
186. 高等学校新教师走上讲台,需要具备哪些条件? …………… (129)
187. 高等学校科学研究的地位和作用是什么? …………………… (130)
188. 高等学校进行科学研究的一般程序是什么? ………………… (130)
189. 高校教师如何对学生进行科研指导和训练? ………………… (131)
190. 什么是高等教育全球化? ……………………………………… (132)
191. 高等教育全球化带来哪些职能变化? ………………………… (132)
192. 高等教育全球化的趋势表现在哪些方面? …………………… (133)
193. 在我国的教学中应该采用什么样的理念和方法来取得双语
    教学的最好效果? ……………………………………………… (134)

194. 人文教育的内涵是什么? ……………………………………… (134)
195. 在当前形势下高等学校怎样开展人文教育? …………………… (135)
196. 高等教育大众化的真正内涵是什么? …………………………… (136)
197. 目前我国怎样才能保证高等教育大众化健康、良性地发展? …… (136)
198. 开展高校教师人事管理有哪些原则? …………………………… (136)
199. 如何引导高校教师合理、有序地流动? ………………………… (137)
200. 高校教师社会角色的构成是什么? ……………………………… (137)

第三部分　高等教育法规与教师管理

201. 为什么要加强教师的职业道德修养? …………………………… (141)
202. 教师科学发展的理念包括哪些内容? …………………………… (142)
203. 如何理解道德发展的规律性? …………………………………… (144)
204. 高校教师的职业道德包含哪些基本内容? ……………………… (145)
205. 高校教师职业道德具有哪些特殊的属性和特征? ……………… (146)
206. 教师职业道德与高校教师职业道德有何区别与联系? ………… (147)
207. 为什么说高校教师职业道德对高校教师做好本职工作具有统领
　　 作用? ……………………………………………………………… (147)
208. 确定教师职业道德的依据是什么? ……………………………… (148)
209. 树立自主创新观念有什么意义? ………………………………… (149)
210. 如何"以人为本"加强教师职业道德建设? …………………… (150)
211. 高校教师在与学生关系中应遵循哪些道德规范? ……………… (150)
212. 高校教师职业道德评价的方式有哪些? ………………………… (153)
213. 如何进行教师职业道德的内化? ………………………………… (154)
214. 义务在教师职业道德内化中的作用? …………………………… (156)
215. 良心在教师职业道德要求内化中的作用? ……………………… (157)
216. 如何培养和增强教师职业良心? ………………………………… (158)
217. 职业道德原则在高校教师职业道德建设中有何重要作用? …… (158)
218. 为什么要坚持师德的公益性原则? ……………………………… (159)
219. 高校教师应如何贯彻师德公正性原则? ………………………… (160)

220. 人道主义原则对高校教师提出了哪些具体的要求？ …………… (160)
221. 如何全面、正确地理解师德的主体性原则？ ………………… (161)
222. 为什么说教书育人是高校教师的根本任务？ ………………… (162)
223. 高校教师在教书育人的过程中应遵循哪些道德规范？ ……… (163)
224. 教师个体道德品质是如何形成的？ …………………………… (164)
225. 教师个体心理品质有什么主要作用？ ………………………… (166)
226. 如何理解教师道德人格的力量与塑造？ ……………………… (167)
227. 如何理解人格与道德人格的关系？ …………………………… (167)
228. 教师道德行为选择的意志自由有哪些特点？ ………………… (168)
229. 如何培养教师道德行为选择能力？ …………………………… (169)
230. 怎样理解高校教师教书育人的德性发展？ …………………… (170)
231. 如何看待高校教师教书育人的美德境界？ …………………… (171)
232. 怎样理解高校教师"学术人"角色的功能及作用？ …………… (172)
233. 高校教师的学术规范有哪些具体内容？ ……………………… (173)
234. 怎样理解高校教师学术研究的德性价值？ …………………… (174)
235. 什么是高校教师的社会服务？ ………………………………… (175)
236. 高校教师在社会服务中应遵循哪些道德规范？ ……………… (176)
237. 高校教师应如何处理好校内尽职与校外服务的关系？ ……… (177)
238. 什么是高校教师的人际交往，具有哪些特点？ ……………… (178)
239. 高校教师的人际交往分为哪些类型？ ………………………… (178)
240. 高校教师人际交往的重要性何在？ …………………………… (179)
241. 高校教师的人际交往与职业生涯是怎样的关系？ …………… (180)
242. 高校教师在与学生、同事、领导及社会的交往中,应遵循哪些
    道德规范？ …………………………………………………… (181)
243. 怎样理解高校教师人际交往的德性价值？ …………………… (183)
244. 为什么说高校教师职业道德修养是高校教师职业美德生成的
    方法？ ………………………………………………………… (183)
245. 高校教师职业道德修养的方法和途径有哪些？ ……………… (184)
246. 何谓高校教师职业美德修养的工夫？ ………………………… (186)
247. 高校教师职业美德工夫"觉解"要经历哪几个不同的阶段？ ……… (186)

248. 高校教师在市场化条件下应遵循哪些师德规范? …………… (187)
249. 怎样理解国际化背景下高校教师角色的嬗变? …………… (187)
250. 高校教师在国际化背景下应遵循哪些师德规范? ………… (188)
251. 高等教育大众化对高校教师提出了哪些新的师德要求? … (189)
252. 大学本科教学中常见的问题及对策有哪些? ……………… (190)
253. 在教学大纲和教科书编制过程中,需要遵循哪些原则? … (191)
254. 课堂教学的语言信息是如何传递的? ……………………… (192)
255. 课堂教学的符号信息是如何传递的? ……………………… (192)
256. 什么是案例教学法,有哪些步骤? ………………………… (193)
257. 案例教学法有哪些优点? …………………………………… (193)
258. 任务教学法和项目教学法二者有哪些相同点与不同点? … (194)
259. 如何理解大学生的科研素质? ……………………………… (195)
260. 为了有效地培养大学生的科研能力,教师应当具备哪些条件? … (196)
261. 在高等学校,大学生参与科研项目的方式主要有哪些? … (196)
262. 大学生思想品德教育的方法有哪些? ……………………… (197)
263. 在德育过程中,教师应该怎样积极正确地引导学生? …… (200)
264. 为什么遵循道德行为往往需要意志支持才能实现? ……… (201)
265. 大学生发展评估指标主要有哪几方面? …………………… (202)
266. 大学生发展评估的方法有哪几种? ………………………… (203)
267. 大学生的培养有哪几种培养层次,其教育特点分别是什么? ……… (205)
268. 如何培养科研型人才? ……………………………………… (206)
269. 在研究生教学过程中,什么是研讨课,主要步骤是什么? …… (206)
270. 在研究生教学过程中,研讨课主要分为哪些类型,各自的
    优缺点是什么? …………………………………………… (207)
271. 在研究生教学过程中,什么是问题驱动教学法,有哪些实施
    步骤? ……………………………………………………… (207)
272. 问题设计原则有哪些? ……………………………………… (208)
273. 教师进行对话教学应注意哪几方面的问题? ……………… (208)
274. 在专业学位培养过程中,课程设置主要分为哪几类? …… (209)
275. 专业学位教育的教学组织形式有哪几种? ………………… (210)

276. 在选择教学设备过程中要遵循哪些原则? ……………… (211)
277. CAI 教学有哪些特点? ……………………………………… (211)
278. 校园网络的功能主要表现在哪些方面? ………………… (212)
279. 什么是启发式网络教学模式? …………………………… (213)
280. 什么是参与式网络教学模式? …………………………… (213)
281. 什么是协作式网络教学模式? …………………………… (213)
282. 什么是 WebQuest 教学模式? …………………………… (214)
283. 在研究高等教育方法过程中,需要注意哪些问题? …… (215)
284. 研究高等教育方法主要有哪些目的? …………………… (216)
285. 高效能教学过程对教师提出了怎样的挑战? …………… (217)
286. 实施高效能教学过程当前最大的难点在何处? ………… (218)
287. 什么是 MOOC 课程? …………………………………… (219)
288. MOOC 主要有哪三大教育平台? ………………………… (219)
289. MOOC 的主要教学方式有哪些? ………………………… (220)
290. 什么是微课? ……………………………………………… (221)
291. 制作微课有哪些要求,微课又具有哪些特点? ………… (221)
292. 什么是教育法? 教育法有什么特点? ………………… (223)
293. 我国国家举办的高等学校实行的是什么内部管理体制? ……… (225)
294. 高等学校教师的权利和义务有哪些? …………………… (225)
295. 高等学校学生的义务有哪些? …………………………… (228)
296. 如何理解"依法治教"? …………………………………… (228)
297. 我国高等教育的基本原则有哪些? ……………………… (229)
298. 什么是高等教育学制? …………………………………… (230)
299. 设立高等学校及其他高等教育机构的基本原则有哪些? ………… (231)
300. 高等学校教师的管理有哪些方面? ……………………… (231)

第一部分

高等教育心理学

1. 什么是高等教育心理学？

高等教育心理学是高等教育与心理学相结合的一门科学，是教育心理学的一个独立分支，是研究高等学校情境中"学"与"教"的基本心理规律的科学。高等教育心理学涉及高校教育过程中的一切心理现象和规律，并以研究学生学习活动及发展规律为核心。"学"，不仅指文化知识的学习，也包括思想品德和行为习惯的学习，包含认知、情感和心理动作三个方面的学习过程。高等教育心理学所提供的关于教与学的基本原理和规律，是高等学校的教育和教学实践的理论依据。

高等教育心理学的内容所涉及的方面复杂、范围广泛，和许多学科都有密切联系，只有以教育过程为依据，综合探索教育过程中涉及的各种心理现象的发展和变化规律，才能正确建立起教育心理学的体系和内容。

2. 教育心理学应该包括哪些研究内容？

根据我国教育实践的特点和教改深化的要求，教育心理学的体系和内容，应该包括如下知识：

① 教育心理学的基本理论，主要涉及学科性质和特点。

② 学习心理，它是教育心理学的重心，建立在学习理论的基础上，主要有行为主义、认知观点和人本主义的学习理论。

③ 心理发展的几个基本特征，主要包括心理发展的连续性与阶段性、方向性与顺序性、不平衡性、个体差异性。

④ 群体心理也是教育心理学研究的重要内容。学校是一个群体，有教师群体、学生群体，还有群体间的互动。教师必须懂得群体心理，建立良好的师生关系和学生间的同伴关系。

⑤ 个体差异是教育心理学研究的重要组成部分之一。在教育、教学中必须从学生的实际情况出发，针对个体差异有的放矢、因材施教，使每个学生得到适宜的教育，更加和谐的发展。

⑥ 学生心理健康，它涉及生理、心理、社会适应以及道德等多个层面。保持

健康的心理有利于充分地发挥潜能,妥善处理和适应人与人之间、人与社会组织之间的相互关系。

⑦ 教育、教学的测量与评定,一个完整的测量评定过程包括测量与评定两个方面。

⑧ 教师心理,是教育心理学的重要内容。教师在师生双边活动中起着主导作用。研究表明,教师相比任何其他因素,对学生的学习态度和成绩有着更为重大的影响。

3. 一个完整的教学过程环节包括哪些?

教育过程实质上是一个经验传递的过程,是教育和培养人才的过程,包括经验传递双方的活动。一个完整的教学活动过程应包括:明确教学目标、任务分析、确定学生原有水平、课的设计、实施教学和教学评价六个方面。心理学可以为整个教学过程科学化提供依据。

(1) **明确教学目的**

教学目的是教学活动希望达到的目的,是教师在教学前应考虑并明确的内容。教师要详细规定每节课、每个教学单元,甚至一门学科的教学目的,并运用心理学的方法,把教学目的转化为学习目的。即由教师应教授什么转化为学生应掌握什么。

(2) **任务分析**

根据既定目的,分析达到这些目的所需的知识或能力以及实现步骤。这种分析也需要心理学知识的帮助。

(3) **确定学生原有水平**

学生的原有水平是达到教学目的的出发点。教师在教学时必须充分考虑学生当前的心理发展水平、性别差异及个体差异,以便根据学生的特点有针对性地组织教学,因材施教。心理学有各种测量工具,有助于查明学生的原有水平。

(4) **课的设计**

选择适当的教材与教法,以便讲授经过任务分析所确定的知识与技能。教师在教学中究竟采用何种教学方法才能使学生获得最佳学习效果,需要依据教学中各种变量的具体情况而定。无论是集体教学还是个别教学,其教学效果都会因学生的年龄、智力水平、性格特点、动机强弱等具体情况的差异而有所不同。只有根据具体情境来选择最适当的教学方法,才能达到最佳教学效果。

(5) **实施教学**

教学包括教师的教与学生的学。其一般模式为:呈现教材→学生反应→强化与校正性反馈。

以上几个步骤,必须以学生的学习规律为客观依据,教育心理学可以提供有关学生如何学习的丰富知识。

① 学习理论。研究学习的实质、过程和学习发生的条件等学习心理的基本理论。

② 学习规律。研究学生掌握知识、技能的规律,形成与发展行为规范和品德的规律。

③ 学习策略。研究增进学习和记忆的有关方法、技巧和策略问题。

④ 学习迁移。研究两种学习的相互影响,探讨学习迁移理论和促进学习迁移的有效方法。

⑤ 学习动机。研究学习行为的内在动力问题,探讨动机理论以及激发学生学习动机的有效方法。

(6) **教学评价**

教学评价即对照教学目的,确定教与学的效果。心理学可以提供各种常模和测量工具,使评价工作在效度和信度上得到适当的保证。合理评价教与学的效果,有助于科学地管理学校和公正地评价教师的劳动,总结教学效果,为制订新的教学方案提供依据。经过评价,达到了教学目的,一个完整的教学过程才算结束。

4. 如何理解高等教育心理学的学科性质?

高等教育心理学既是一门社会科学,也是一门应用科学。高等教育心理学不同于自然科学,它更重视人与人之间的相互影响和社会交往,而不是无生命的事物或非社会行为,因此,它是一门社会科学。同时,它又不同于理论科学,它最为关注的是与教育实践过程有直接或间接关系的事情,因而它也是一门应用科学。可以说,高等教育心理学是一门介于社会与自然,理论与应用之间的交叉科学。

5. 我国教育心理学的发展主要有哪几个阶段?

在我国古代的教育实践中,就萌发了大量的教育心理学思想。春秋战国时期的许多教育家和思想家,如孔子、孟子、荀子等人的著作中就有不少教育心理学的观点。但囿于时代发展和社会制度,这些丰富的教育心理学思想未能系统地发展成为一门独立的学科。

近代中国从光绪末年到中华人民共和国成立的40多年间,老一辈心理学家不仅传播了教育心理学的知识,也开展了一些关于教育心理问题的研究。如1908年由旁宗岳所译的《教育实用心理学》,廖世承1924年自编的《教育心理学》。这一时期虽然做了大量工作,但多数都是追随西方的观点和方法,少有创见。

中华人民共和国成立70多年来,我国教育心理学的发展以及取得的成就大致经历了以下四个阶段:

(1) 第一阶段:学习改造时期(1949—1956)

改造旧中国的心理学,树立心理学的辩证唯物主义观点,以确立我国教育心理学的发展方向。同时,也对桑代克的教育心理学理论和测验技术进行了研究、认识和合理批判。这一时期的研究成绩卓著,为我国教育心理学的发展奠定了良好的基础。

(2) 第二阶段:繁荣时期(1956—1966)

教育心理学的研究迅速向纵深发展,研究范围涉及学习心理、德育心理、智育心理、学科心理、学生个体差异以及教学法改革等课题。各师范院校也都相继开设了教育心理学课程。

(3) 第三阶段:破坏时期(1966—1976)

在"文化大革命"的十年期间,我国心理学界备受打击,但仍有不少心理学工作者不畏艰险,坚持进行研究、编译和著述。

(4) 第四阶段:新生时期(1976年至今)

自1976年以来,我国教育心理学的研究获得了前所未有的发展,有关教育心理学的科研课题受到高度重视,学习心理、教学心理、德育心理、学习归因、心理健康以及特殊儿童教育心理等方面的研究都取得了瞩目的成果。在教育心理学的教材建设方面，先后出版了由潘菽主编的《教育心理学》(1980年)，邵瑞珍主编的《教育心理学》(1988—1997年)，韩进之主编的《教育心理学》(1989年)，李伯黍、燕国材主编的《教育心理学》(1993年)等比较有影响的教材。

6. 当前我国教育心理学发展主要存在什么问题？

我国的教育心理目前虽已有了很大的发展，但由于基础薄弱，同一些国家相比，还存在一些差距，主要问题如下：
① 专业队伍基础薄弱，研究的设备和条件还相对落后。
② 研究范围还比较狭窄，某些领域的研究本身也不够系统。
③ 对于教育心理学本身的一些基本理论问题还缺乏深入探讨。

7. 高等教育心理学研究的原则有哪些？

(1) **客观性原则**
按照客观事物的本来面目予以揭示而不是凭臆测加以推断，是一切科学都应遵循的基本原则。高等教育心理学应本着实事求是的精神，按客观事物的本来面目反映事物。在研究过程中，要对影响大学生心理的外界环境、行为反应及其内心体验进行客观分析，而不能立足于研究者自己的主观设想，以求如实地探明现实与心理之间的因果联系及心理发展的规律。

(2) **发展性原则**
大学生正处于从不成熟到成熟的过渡阶段，他们的生理和心理都在迅速发展，所以必须坚持发展性原则，从发展的角度来分析影响大学生心理发展的诸要素，研究大学生心理发展的趋势和阶段。

(3) **理论联系实际原则**
高等教育心理学研究的首要任务是为高等教育实践服务。因此，研究要从高等教育的实际出发，探求高等教育情境对大学生心理活动的影响，以及大学生心理活动对高等教育情境的依赖性。高等教育心理学的研究，只有面向高等教育的实际,才能积累大量有价值的科学资料,才能为提高高等教育的教学质量和管理水平服务。

(4) 教育性原则

高等教育心理学的研究,是为了更好地教育大学生,更有利于他们健康成长,而不是为了研究而研究。因此,研究不仅要在课题选择上考虑教育意义,使其研究结果有助于教学和教学质量的提高,而且在研究方案的设计上和实际实施的过程中,也应考虑对大学生有良好的教育影响,不能做有损学生身心健康发展的事情。

8. 什么是心理发展?

心理发展是指个体在整个生命历程中所发生的一系列积极的心理变化,包括心理活动的发生、发展和变化等过程。通俗地讲,就是心理活动从无到有、从简单到复杂、从低级到高级的发展过程。

通常说的心理发展,有广义与狭义之分。广义的心理发展主要指心理的种系发展(心理发展研究的一个方面,与"心理个体发展"相对。从动物到人类的种系演化过程中心理发生和发展的历史,是物质世界长期发展的结果),是指心理发生或起源的问题,指心理的"从无到有"的过程,是不可逆的。狭义的心理发展是指个体从出生到衰老过程中所发生的积极的心理变化,即个体心理发展,是心理在时间上的变化过程,指心理的"从简单到复杂""从低级到高级"的发展过程。

9. 大学生心理发展的主要特点是什么?

我国大学生多数处于青年中期阶段(18—24岁),这一时期正是他们价值观形成的关键期。从本质上看,他们仍未形成成人期的固定心理结构,心理发展处在由不成熟向成熟过渡的重要阶段,很多心理学家形象地将之比喻为人生的"第二次断乳"。具体来讲有以下几个特点:

(1) 阶段性明显

入学适应是迈进大学校门的新生都要经历的第一道难关。新生阶段是大学生入学报道后的第一个学期。当他们告别家乡父母来到陌生的城市开始梦想已久的大学生活后,随着生活环境的变迁、人际关系的变化、学习方式的变更,大学生们既感到新奇又感到不适应。处在这一阶段的大学生,面临着从中学环境到大学环境的急剧变化,人际关系、生活方式和学习方法都发生了改变。这些变化,使大学生原有的心理意识被打乱,有些学生随之产生自信与自卑、轻松与压力的矛盾状况。一些学生中学时在班级里都是学习的尖子,有的还担任班干部,同学们羡慕、老师们欣赏,他们也非常自信。但是到了大学,周围的同学都很优秀,相比较而言自己变得普通了,成为一般的同学。甚至在不少方面还比不上别的同学,这时就产生了自卑心理,特别是有的同学所学的专业不是他的理想专业,情绪就更为不稳定。所以,大学新生只有积极适应,才能顺利度过这一阶段,否则,就会影响到整个大学时期的学习与生活。

　　从第二学期开始,到修完学分课程、开始实习或者做毕业论文、毕业设计之前,这个阶段是大学生活全面深化和发展的时期。经过了第一学期的亢奋和冲动,又经过了一个寒假的冷静思考,大学新生心态逐渐平稳下来,入学时的不适应得以消除,新的心理平衡已经建立起来,大学生活进入了相对稳定阶段。这是大学生活最主要、最长久的时期,基本持续到大学毕业前夕。这时大学生心理发展的特点是专业学习兴趣浓厚、求知欲强烈、兴趣广泛、思维活跃,对自我认识进一步深入,人际交往增多,一些大学生还建立了恋爱关系。在这个阶段,大学生也会遇到许多困难和问题,或者出现某种程度的心理困扰甚至障碍,并在面对、解决这些问题或障碍的过程中不断发展和完善自我。

　　修完了全部学分课程以后,按时上课下课这种有规律的大学生活就结束了,开始实习,做毕业论文、毕业设计,大学生活进入到毕业阶段。毕业近在咫尺,就业问题迫在眉睫,即将面临毕业走向工作岗位的大学生,其自身特征、心理活动、情感体验等与以往发生很大的变化,这是大学生从学生生涯向职业生涯的过渡时期。毕业在即的大学生多面临着毕业生考试、论文答辩、求职择业、恋人去向等诸多抉择和思考,因此心理压力和冲突将会不断出现。其中绝大多数同学经过几年的专业学习和心理发展,已具备较为稳定的人生观、丰富的知识、良好的心理自我调控能力。但也有少数学生因在学业或求职中遇到挫折,产生种种心理问题或悲观失望、无所适从,或作出毁坏公物、打架斗殴的不良行为,也需要引起我们足够的重视。

(2) 需要复杂,情感丰富而不稳定

需要是情绪与情感产生的基础,大学生的心理需要复杂多样。既有衣食等基本生活的需要,又有迫切的交往需要和渴望理解与尊重,寻求友谊和爱情。他们还有自我实现和求知、求美的高层次需要。复杂强烈的需要使得大学生的情绪与情感体验丰富而深刻,他们不论在日常生活、学习的交往中,还是从事社会活动时,所言所行无不带有浓厚的感情色彩。但是他们意志水平的发展还不太稳定,主要体现在有时不能坚持良好的行为习惯,言行有时并不一致,在做一些重大决定时优柔寡断,特别需要师长的支持。

(3) 自我意识日趋成熟与完善

当代大学生具有强烈的自我意识,渴望实现自我价值,但还不成熟。价值观教育则可以帮助他们顺利完成社会化。需特别指出的是,"自我意识"并不能片面地理解为以自我为中心,而是指个体对于自己和自己与他人及社会的关系的认识。大学生处在社会化的末期,他们希望自己的才能和智慧能够得到社会大众的承认和关注。他们不喜欢别人指手画脚,对他们的活动过多干涉,或是说继续把他们当作未成年人对待,这种表现反映的是大学生自我意识的进一步增强。自我意识是人对自身及自身与周围世界关系的认识。人的自我意识从儿童期开始发展,到青年期逐步走向成熟。大学生由于生活环境的变化,脱离父母的呵护,开始了独立生活,因而成人感、独立感骤然增强,自我意识进一步发展。他们更多地把目光从外部世界转向自己内心世界,致力于自我认识、自我体验,力图了解自己的情感和心理,关心别人对自己的评价,渴望得到尊重和理解,渴望实现自我价值,但还不成熟。他们十分注重塑造自身形象,并设计出理想中的自我模式,现实自我与理想自我开始产生区别。大学生的自我意识发展虽正逐步走向成熟与完善,但也容易出现一些偏差,如有时不能正确认识自己,往往过高估计,一旦遭遇挫折,又容易产生自卑感。

(4) 爱情需要与性意识进一步发展

随着大学生生理、性心理的发展,爱情需要与性意识也快速发展起来。他们对异性充满好奇,关注异性(每晚寝室里"卧谈会"的主题往往都是异性、友谊、爱情),他们追求纯洁美好的爱情,加上大学环境较为宽松,不少学生已开始考虑恋爱问题,并试图建立相对稳定的恋爱关系。一部分大学生能合理选择恋爱时机,处理好学业与爱情的关系,并采取文明健康的恋爱方式,使之成为人格完善的契机。但也有部分大学生在尚不了解爱情真谛时就匆忙涉足爱河、陷入感情旋涡,影响学业,或者不能慎重处理两性关系,酿成悔恨的苦酒。经常发生大学生暗恋上异性同学遭到拒绝后,产生逃避心理,痛不欲生想甚至想要休学的现象。总之,大学生心理发展的特点及其生理、心理与社会性发展的不平衡,致使他们产生诸多心理矛盾。

10. 生理变化对心理发展可能产生哪些影响?

人们的生理变化对心理发展的影响通常有两种作用方式:直接作用方式和间接作用方式。

直接作用是指身体变化直接导致心理变化,即认为身体变化与心理变化发展之间有直接的因果关系。比如,激素活动的变化会对心理产生直接的影响。如,经研究发现,内分泌失调时就会影响情绪的变化,如果甲状腺功能亢进,则容易激动,兴奋性增强,如果甲状腺机能低下,则会感觉迟钝,行动迟缓。可见,身体机能的变化直接影响到了心理活动。

间接作用是指身体变化对心理发展产生的影响是由其他因素传递的,即通过个人因素和社会文化因素的折射而起的作用。也就是说,人们心理的变化并不是由于生理变化本身所引起的,更重要的是由个人和他人对这些变化的意义及重要性的解释和态度不同引起的。例如,青年人的发育是早熟、晚熟,还是正常发育并不产生多大影响,对其心理发展真正起作用的是本人和他人对此所持的态度和看法。因为社会文化对个体成长的时间已经有了一种传统的、习惯性的看法,人们正是以此为标准来确定个体发育早晚的差异。

实际上,生理变化对心理发展的影响既有直接作用的影响,也有间接作用的影响,而间接作用的影响占更重要的地位。这也说明心理发展的个体差异问题。因为生活在不同文化背景下的个体,会对同样的身体变化作出不同的反应;即使生活在同样的文化背景下,而有着不同成长经历的人,对同样的生理变化也会有不同的态度和解释,从而产生不同的反应。

11. 大学生在形式逻辑思维方面发展的状况如何？

大学生在形式逻辑思维方面的发展仍处于继续完善之中。

形式逻辑思维是指在感性认识的基础上，对事物本质或普遍性的抽象统一的反映。在这种思维活动中，人总是更加强调逻辑性、客观性和确定性，而较少注意事物的个别性、差异性和运动性，因而它是由具体到抽象的过程。其主要特点是孤立、静止、抽象地反映事物某一方面的本质和普遍性。据有关研究数据，15—22 岁的学生中，有 67% 达到了形式逻辑思维的最高阶段，其余学生仍处于形式逻辑思维的低级阶段。在一项归纳推理的测试中，高二学生达到要求的为 81.2%，大学一年级新生为 84.4%，大学二年级为 89.7%。而在演绎推理的测试中，大学一、二年级的成绩之间没有显著差异，而与高二学生相比，大学一、二年级的成绩明显高于高二学生，且差异明显。说明高中生的形式逻辑虽已获得相当程度发展，但与大学生相比，还存在明显的差距。即大学生在形式逻辑思维方面比高中生有了较为明显的进步，其发展仍处于继续完善之中。

12. 大学生在辩证逻辑思维方面发展状况如何？

大学生的辩证逻辑思维逐渐发展成为主要的思维形态。

辩证逻辑思维是指由抽象上升到具体的过程，是在形式逻辑思维的基础上，将事物的个别性、差异性和普遍性统一起来，在思维中恢复事物的本来面目。其主要特点是：既反映事物间的相互区别，也反映其相互联系；既反映事物的相对静止，也反映其相对运动。即在强调确定性和逻辑性的前提下，承认相对性和矛盾性。如果说形式逻辑思维具有确定性和抽象性的特征，辩证逻辑思维则具有灵活性、全面性和具体性的特征。也就是说辩证逻辑思维能较为全面地反应具体事物的各种属性和事物之间的辩证关系，对具体情况进行具体分析，根据不同情况反映事物的本质或普遍性。但形式逻辑思维与辩证逻辑思维之间又是相互制约、相辅相成的。辩证逻辑思维是抽象思维发展的最高阶段，形式逻辑思维是辩证逻辑思维的前提和基础。

13. 大学生情绪、情感呈现的主要特点是什么？

情绪、情感是人脑对客观事物与人的需要之间关系的反映，也是人对客观事物是否满足人的需要而产生的态度体验。大学生由于生理、心理进一步成熟，抽象思维能力发展，社会实践领域扩大等，从而产生了许多新需要。伴随着这些新需要是否得到满足，大学身的情绪、情感在其发展过程中，呈现以下特点：

(1) 情绪、情感的波动性

大学生在内外环境的影响下，产生了大量新的、较强烈的物质需要和精神需要。然而，由于大学生的内在需要正处于改组时期，时而这种需要占优势，时而那种需要占优势，加上他们的价值观尚不稳定，对需要的认识和评价尚不完善，对情绪的控制力还不强，因此，与成年人相比，大学生的情绪、情感的波动性仍然较明显。他们的情绪有时会从一个极端走向另一个极端。当满足需要或取得成就时容易产生积极、肯定的情绪体验，甚至骄傲自满，个别人还会盲目狂热，产生不计后果的冲动；当未满足需要或遭到挫折、失败时，又容易产生消极、否定的情绪，甚至自暴自弃，个别人还会心灰意冷，以致轻生。有时，他们的某些需要是合理的，但客观上可能并不具备满足这些需要的条件，这时，他们往往不是全面分析问题，努力创造条件，而是一味地急于求成，强烈地追求满足，这也会造成因一时达不到目的而陷入悲观绝望等强烈的负面情绪中。这种状态随着他们心理的成熟会逐渐减少。

(2) 情绪、情感体验的心境化

心境是一种微弱而持久的情绪状态。年幼儿童的情绪极易受到外部情境的影响。环境刺激改变或消失时，相应的情绪状态也随之改变或消失。而随着年龄的增长，这种随情境变化而变化的情绪状态逐渐减少，而出现所谓心境化的特点。

与年幼儿童相比，大学生的这种心境化状态亦相对明显。大学生的情绪一旦被激发，往往会在较长时间内影响个体的心理与行为。即使刺激消失了，相应的情绪反应还会持续一段时间，此即心境化状态。一次成功的经历会引起大学生产生满意、愉快的情绪体验，这种体验并不立即消失，他们会在一段时间内陶醉或沉浸于这种愉快、肯定的情绪状态中,这是一种积极的心境状态。此间,个体的学习、工作都处在一种兴致勃勃、较有成效的状态。而当他们遭遇挫折或失败后,也会在一段时间内陷入失败引起的不满、沮丧的情绪状态,这是一种消极的心境状态。这时,个体就会处于无精打采、成效低下的状态。这种消极的心境延续下去,还会损伤个体的身心健康。如抑郁、焦虑、孤独、自卑等不良情绪,都是这种心境化的表现。出现这种消极的心境状态,教师要注意及时予以帮助,给予调节。

(3) **情绪体验的丰富性与深刻性**

进入大学后,大学生逐步产生了发挥自己能量的需求。他们渴求知识,追求在科学领域中有所建树;他们希望与老师同学和睦相处,加深思想和情感的内心交流;他们更懂得大自然的美和艺术美;性意识迅速发展,促进了他们对异性产生较强烈的爱恋关系;他们对未来充满了美好的憧憬和热情,所有这些自我实现的需要、渴求知识的需要、成就和贡献的需要、审美的需要、建立良好人际关系和爱情的需要等,都是大学生需要结构中强度较大,并可能占主导地位的优势需要。这些需要的满足与否,不仅使他们具有强烈的自我情感(自信、自尊、自负、自卑等),而且还出现了与理想、事业、工作、学习、友谊、爱情等需要相关的以及相结合的高级情感体验,如道德感、理智感、美感等。这些高级情感是人们以正确的评价标准评价事物时所产生的体验。大学生由于认识能力的提高、科学知识的积累和社会实践的深化,逐步掌握了评价事物价值的标准。当他们能以正确的价值标准评价事物,而产生各种情感体验时,就表明他们已开始形成各种高级的情感。在情感的强度和内容的丰富性上,与入大学前的青少年相对单纯、喜怒哀乐泾渭分明的情绪体验相比,大学生则表现得更加丰富和深刻。

(4) **情绪、情感的内隐性**

大学生的情绪虽然也会表现出一定程度的敏感、冲动、狂热、心灰意冷等外显的、波动的特点,但随着他们自制力的增强以及思维独立性和自尊心的发展,与入大学前的青少年相比,大学生情绪、情感的内隐性相对明显起来。其内隐性主要表现在两个方面:一是,他们的内心体验与外在表现有时并不一致,具有掩饰、隐蔽的特点。例如,他们对某事、某物、某人感到极其厌烦,却可以表现得毫不在意。对不赞成的事物,也可随波逐流或态度模糊。二是,对自己认为不了解或不关心他人的人,会紧闭心灵之门,绝不轻易吐露内心深处的思想情感,所以,加大了同学之间和师生之间的心理距离。这一特点,与大学生身上既存在生理和心理发展不平衡的矛盾冲突,也有心理内部因素发展不平衡的矛盾冲突有关。大学生的生理发育虽已基本成熟,但心理发展还未达到成人的水平。他们自视甚高,不愿别人看到自己幼稚和不成熟的一面;性的成熟、与异性交往的需求,也常常引起他们相应的不安和困惑,但又不愿别人干预自己的隐私角落。在心理内部因素上又往往存在着自尊与自卑、独立于依赖、大胆与怯弱、交往与孤独等矛盾。相当一部分大学生常因强烈的优越感与自尊感过高地肯定自己,因为骄傲、自满、自以为是,而在遇到困难和遭到失败时,又容易产生强烈的挫折感,过低地估计自己,因而自卑、焦虑和多疑。所以,他们经常陷入反思和自省之中,而不愿将自己的痛苦和欢乐与他人分享。他们往往通过写日记和写诗歌的方式把内心的矛盾冲突及反思表达出来。因此,教师了解大学生的思想情感不能仅仅依据他们的表情,而应综合他们一段时间的表现和对他们的个性特征的分析,这样才能作出比较可靠的判断,给予及时的关怀和帮助。

14. 价值观与人生观对人格发展有怎样的影响?

人生是指人的成长、学习、工作、事业、婚姻等生命历程,人生观是指人对人生的目的和意义的看法和态度,是一定的世界观在人生问题上的反映。一个人对人生的看法和认识,又主要凝聚在一个人的价值观上,价值观是推动并指引一个人采取决定和行动的原则、信念和标准。从某种意义上来说,价值观就是人生观的核心成分。

人格是构成一个人的思想、情感及行为的特有模式,这个独特模式包含了一个人区别于他人的稳定而统一的心理品质。其基本特征包括四个方面,分别是人格的独特性、稳定性、综合性(整体性)和功能性。

由上述对价值观、人生观和人格概念的讨论,可以看出价值观和人生观在人格发展中有以下两点影响。

(1) 价值观与人生观决定人格发展的方向

因为价值观与人生观决定着一个人对事物的态度和行为方式,即决定着人的需要、动机、兴趣、情感等的性质和内容,而这些都是人格结构中的核心内容,因此,价值观、人生观就成为人格形成与发展的内部动力。例如,有人在科学实践活动中体验到人生的价值,他就会醉心于科研活动,在科研活动中潜心于创造和发明;有人在艺术活动中体验到人生的价值,就会激发他对艺术活动的兴趣,而钟情于对艺术的追求与创新。价值观、人生观是在需要、动机、兴趣、理想的基础上,通过人的活动而形成的,人生观、价值观一旦形成,又会反作用于人的这些心理特性。可见,价值观、人生观是人格结构中的核心成分,它影响着人的整个心理面貌,决定着人格发展的方向。

(2) 价值观、人生观对人的认识、情绪和行为起着调节作用

因为客观世界是不断变化的,一个人通往人生目的的道路也不会是平坦的,有时会碰到挫折、遇到陷阱,有时又会出现转机,这就需要不时地调节自己的认识、情绪和行为,而每个人的价值观和人生观就是他端正认识、确定方向和选择道路的行动指南。例如,一个以为社会和人类作出奉献为人生目的的人和一个追求个人享乐的人,面对生死抉择时,他们的态度、情绪和行为肯定截然不同。同样地,抱有不同学习目的的大学生,遇到学习困难时,他们的态度、情绪和采取的行为也会不同。所以,一个人的价值观和人生观,不仅会影响他的认识的正确性和深度,也制约他的情感的性质和行动的方向。

15. 确立价值观与人生观需要具备哪些心理条件?

(1) **思维发展水平**

即必须具备抽象思维能力。因为价值观、人生观的确立是以认识社会和人生的本质为基础的,只有思维发展到能够抽象地概括社会生活意义时,才能从复杂的社会现象中把握社会的要求、社会价值和社会规范,才能认识社会和人生的本质,才能确定自己的生活理想。

(2) **自我意识的发展水平**

自我意识是指一个人对自己及其周围关系的意识。一个人的自我意识是在社会化的过程中逐步发展起来的。人们在评价自己的人生道路和自己与周围世界的关系时,离不开自我意识的发展水平。因为只有通过不断地自我观察、自我分析、自我评价,才能全面认识自己,并按照客观现实的要求逐渐解决自我矛盾、调整与周围的各种关系,才能求得自我统一和自我完善。对人生的

看法也离不开对自我生活意义的不断反思。即对人生价值不断地重新估价，从而促进一个人的价值观和人生观的不断完善和发展。

(3) 社会性需要的发展水平

社会性需要是相对于生理需求而言的。生理需要时与生俱来的，是指对个体生存和种族延续所需求的事物的整体反映，如对饮食、休息、求偶等的需要。社会性需要是指人对维持社会发展所需求的事物的反映，如生产劳动的需要、求知的需要、文化生活的需要、人际交往的需要等。这些需要是人所持有的，是人通过学习而产生的，也称获得性需要。人的社会性需要是在人的社会实践活动中逐步形成和发展起来的。因此，它的出现晚于生理需要。在家庭和社会没有要求儿童完成一定的社会任务时，他们很难理解社会规范和人生的意义，也就不会有社会性需要。进入青年期，社会逐渐向他们提出了完成各种社会任务的需求，社会实践活动促成了青年和社会的联系，使他们逐渐了解了社会要求和行为规范，各种社会性需要也随之产生。这时，社会价值、人生意义和生活理想等问题也就进入了他们的意识领域。所以，社会性需要的发展是确立人生观不可缺少的条件。

16. 大学生的价值观与人生观处于什么时期？

大量的科学研究和实验表明，人在中学时期就产生了人生观的萌芽，已经初步具备了确定人生观的三个必要前提。但中学生对人生问题的思考还是片面的、非连续的，不能主动地进行反思。

因此，整个大学阶段才是价值观和人生观确立和稳定的关键时期。这是因为，一方面，大学生进入高等学校后，其生活的独立性增强了，社会活动的范围扩大了，承担的社会任务也多了起来，而且人际关系也逐渐深入和复杂化，这都促使他们对人生的目的和意义有了进一步的认识，更多地从社会的意义和价值来衡量和评价所从事的活动和接触的事件，并会经常为此展开激烈的讨论，这说明他们的价值观和人生观已初步确立。

另一方面，这时期大学生的人生观的观点基本上是从感性体验中得来的。当外界环境和人际交往发生变化时，他们对社会生活的意义和人生价值的看法也会随之改变。所以，他们的人生观尚不稳定。而大学高年级阶段，才是价值观和人生观真正确立和稳定的关键时期。因为这时人生观和价值观的确立和稳定的三个前提条件已发展到较完善的水平。

第一，从思维发展水平看，他们的抽象思维已占主导地位，不仅能对科学知识进行抽象地概括，而且能对复杂的社会生活进行概括的认识，对社会和人生问题也力图进行深入本质的哲理的思考，这为他们人生观的确立提供了思维的基础。

第二，从自我意识的水平看，大学生已经能够经常地进行自我评价，对自我的生活意义进行反思，从而能逐渐地按客观现实的要求调整自我与周围的各种关系，促进了自我矛盾的统一和自我完善。

第三，从社会性需要的发展水平看，大学生的社会性需要迅速增强，有着强烈的求知、社会实践和人际交往等需求，这都促使他们进一步明确自己承担的社会义务和责任。

可见，上述三个前提条件的发展，促使高年级的大学生的人生观趋于确立和稳定。

17. 怎样理解广义的学习概念？

从广义上说，学习是指人及动物在生活过程中获得行为经验的过程。它是动物和人类生活中的普遍现象，凡是以个体经验的方式发生个体的适应都是学习。学习的这种广义的概念既包括动物的习得行为，也包括小孩学习走路和说话，同时又包括学生在学校里学习知识、技能和道德品质等。反过来，并不能将个体的一切变化都归之为学习。学习并不是导致个体变化的唯一因素，如疲劳、机体损伤、生长以及其他生理变化所产生的个体变化，就不属于学习。学习是动物生活所必需的重要条件。动物有两种行为：一是先天遗传的、种群的行为，二是后天获得的、个体的学习行为。先天的、种群的行为只能符合外界环境的缓慢变化，而个体的学习行为则能使动物适应不断变化着的外界环境。学习对个体生活的重要性，在各种不同物种之间有着巨大的差异。越是高等的动物，学习对其的重要性和其学习能力也越高。而本能行为的重要性则相应减少。总体上说，动物的学习行为始终是为了对外界环境作出适应或平衡，所作出的一种生物现象。

18. 怎样理解人的学习？

人的学习是在社会生活实践中，以语言、文字、动作、图像等为中介，自觉地、积极主动地掌握社会的和个体的经验的过程。不仅在内容上，在其过程上和具体机制上均与动物学习有着本质的不同：一是人的学习除了要获得个体的行为经验外，还要掌握人类世世代代积累起来的社会历史经验和科学文化知识。二是人的学习是在改造客观世界的生活实践中，在与他人的交往过程中，通过语言、文字等中介而进行的。三是人的学习是一种有目的的、自觉的、积极主动的过程。

19. 理解学习界定需要把握哪几点？

从心理学研究历史上看，不同时期对学习理解不同，对学习进行界定时，应把握以下几点：
第一，学习是一种适应活动。
第二，学习是通过相应的行为变化得以体现的。
第三，学习是相对持久的行为变化，并非所有的行为变化都是由学习产生。
第四，学习是个体经历。
第五，学习是一种普遍存在的现象。
综上，学习可以定义为：通过主客观的相互作用，在主体头脑内部积累经验、构建心理结构以积极适应环境的过程，它可以通过行为或者行为潜能的持久变化而表现出来。

20. 什么是自主学习？

自主学习是与传统的接受学习相对的一种现代学习方式。以学生作为学习的主体，学生自己做主，不受别人支配，不受外界干扰，通过阅读、听讲、研究、观察、实践等手段使个体可以得到持续变化（知识与技能、方法与过程、情感与价值的改善和升华）的行为方式。

在现代学习社会,施教者包括学校、家庭和社会。对在校学习的大学生来说,学校是学习的主要场所和主渠道,教师和校长是最主要的施教者。自主学习要求施教者应以学校教育为主阵地,同时辅之以必要而科学合理的家庭教育和社会教育,使大学生通过自主学习,学会求知、学会做人、学会健体、学会审美、学会生活、学会交往、学会劳动、学会生存,具备与现代社会需要相适应的学习、生活、交往、生产以及不断促进自身发展的基本素质,实现愿学、乐学、会学、善学、自醒、自励、自控的教育目标,使学生具有适应性、选择性、竞争性、合作性、参与性。

在研究培养大学自主学习能力的过程中,要坚定以学生为中心,以教师为辅助,从不同层面分析与研究大学生自主学习能力的培养方式与方法,主要有以下几点内容:

① 树立科学发展观,营造学生主体的校园文化,培养自主学习的意识。通过创造文化环境来实现课堂以外的教育目的和教育效果。

② 营造自主学习的良好环境,开展合作学习。积极构建和谐的班级学习氛围对学生的发展大有裨益,充分发挥每一个人的特点,提高他们的团队合作精神,而合作学习也是一种集体的自主学习。

③ 建立积极的师生关系,重建教师角色。摆脱传统师生之间指导与被指导的关系,建立良好的友谊关系,消除学生对教师的过分依赖现象。

④ 进一步扩大学生自由支配的时间,提供更多的自主时间、空间。

⑤ 推进大学生的自我评估与监督,提高自我调控能力。

⑥ 因材施教,根据不同的学生情况,加强自主学习的引导。教师应通过一系列方式来了解学生的实际情况,帮助学生正确定位,并在教学过程中尽量因材施教,帮助学生学会自我调整和自我评价。

培养大学生的自主学习能力不是一朝一夕的事,而是一个日积月累的过程。在探索如何培养大学生自主学习的问题上,要多角度、深层次研究大学生自主学习与教育模式之间的关系,从而为大学生铸造出一个良好的学习氛围。在当前"以学生为本"的社会形势下,贯彻并落实以"乐学""会学""博学"为自主学习指导目标的教育培养模式。

21. 经典性条件反射理论是怎样理解学习现象的？

经典性条件反射理论与工具性条件反射理论均是属于行为主义心理学的学习理论，着重强调学习是一个行为改变的过程，是建立某种刺激与反应之间联结的过程。经典性条件反射理论是俄国生理学家巴普洛夫在经典条件作用实验的基础上提出的，是指一个刺激和另一个带有奖赏或惩罚的非条件刺激多次联结，可使个体学会在单独呈现该刺激时，也能引发类似非条件反应的条件反应。在应用过程中，可以通过建立条件刺激，研究条件作用的获得和消退，刺激泛化与分化，二级条件作用等来建立经典性条件反射的规律，进而来解释动物包括人的学习过程。

22. 工具性条件反射理论是怎样理解学习现象的？

工具性条件反射理论又称操作性条件反射，是指在一定的刺激情境中，如果某种反应后果能满足某种需求，则以后这种反应出现的概率就变高。工具性条件反射理论认为大多数个体的学习是在一个被控制的环境中发生的，在这个环境中，个体因为选择了一个适当的行为而受到了"奖赏"。在教学过程中，工具性条件反射可以用于引导受教育者通过尝试性的过程来学习，一次有利的经历在受教育者重复某种行为时是很有帮助的，正强化会加强刺激与反应之间的联结，受到正强化的行为更容易重复出现。

23. 经典条件反射与工具性条件反射关于理解学习现象的优缺点是什么？

经典性条件反射理论与工具性条件反射理论均认为学习现象是一定条件下建立的反射，通过控制反射条件建立，掌握好强化物、强化作用的发挥，可以改善学习过程。这两种理论均是建立在动物实验基础上，过于强调外部环境构建、外部作用发挥，优点是其规律容易掌握运用，客观条件满足后效果较明显；缺点则是过于死板和机械，忽视了人这种高级动物头脑内部的运动和加工过程,以及个体差异性,并不能涵盖和适用于所有的学习过程,具有一定的局限性。

24. 如何理解"尝试错误说"?

"尝试错误说"由美国心理学家桑代克提出,其学说是建立在著名的饥饿的猫开迷箱的实验上,他认为动物的学习过程不存在任何智慧的活动,而是盲目的尝试和活动效果对错误动作的消除,以及对正确动作的选择与巩固。研究过程中,通过重复实验,猫打开迷箱所犯的错误越来越少直至猫一放入箱子就能打开逃出,并获得食物,故而他认为学习的实质是建立某种情境与某种反应之间的联结,而这种联结的建立是一个盲目尝试并不断减少错误的过程,简称尝试错误。

25. 如何理解"顿悟说"?

"顿悟说"由德国的科勒提出,是通过对黑猩猩的学习过程研究所得出的一种学说。他认为当个体遇到问题时,会重组问题情景的当前结构,以弥补问题的缺口、达到新的完形,从而联想起一种可行的解决方案,这一过程的突出特点是顿悟,即对问题情境的突然领悟。顿悟即突然觉察到问题解决的办法,它实际上是主体通过观察,对情境的全局或对目标与达到目标的手段、途径之间的关系有所理解,从而在主体内部确立起相应的目标和手段之间关系完形的过程。它是个体通过理解事物之间的关系、结构与性质等实现的。

26. "尝试错误说"与"顿悟说"有何异同?

比较这两种学说,相同之处都是对学习过程的理解,这两种学说均建立在动物实验的基础之上,而且实验开始动物均会出现错误,最终均能够达到目的。不同之处在于"尝试错误说"关注的是在情境条件刺激和反射建立必然的联结,比较机械,简单认为联结关系的建立掌握就是学习。而"顿悟说"认为"尝试错误"只是一种前提条件,仅仅是简单试错并减少错误并不是完整的学习,强调个体的理解与认知等内部特征,学习并非是通过练习和强化建立形成反应习惯,而是有机体内部不断将已有的基础条件进行加工理解,构造完形的过程。其当前的学习依赖于长时记忆系统中的认知结构和当前的刺激情境,学习受主体的预期所引导,而不是受习惯所支配。因此动物和人才能够"举一反三",通过已知识积累经验,不断创造方法解决情境中面临的新问题。

27. 什么是知识结构?

知识结构是指为了某种目的和自身发展的需要,有选择地获取外在知识体系并进行内化而形成的由智力系统联系起来的多要素、多系列、多层次的动态综合体。通俗地讲,知识结构,就是既有精深的专门知识,又有广博的知识面,具有事业发展实际需要的最合理、最优化的知识体系。

28. 为什么要教给学生知识结构?

合理的知识结构是担任现代社会职业岗位的必要条件,是人才成长的基础,其是否合理决定了一个人的社会生存能力、目标的实现以及个体价值的实现程度。大学生只有构建起合理的知识结构、培养科学的思维方式,才能培养出既有较为扎实的理论基础、较强的技术应用能力和实践动手能力,又具备良好综合素质和创新精神,与社会需求有较高吻合度的高级人才,才能适应将来在社会上从事职业岗位的要求。

(1) 建构科学的知识结构可以提高学生掌握知识的效率

当今社会信息量激增,任何人不可能掌握全部的知识与信息,在这种情况下,学习并掌握知识的结构就变成一种高效的行为。可以舍去或者忽略旁枝末节的信息,抓住知识的骨架,进而提高知识掌握的速度。此外,掌握知识结构有助于学生尽快深刻理解知识体系。面对浩如烟海的学科知识,学生在学习时往往一叶障目不见泰山,而从结构入手就可以总揽全局、高屋建瓴,一些本来理解不了的难题也就可以迎刃而解。因此,交给学生知识结构可以提升知识掌握的效果。

(2) 知识结构可以增强学生认真学习的动力

布鲁纳认为:"学习的最好刺激,乃是对所学材料的兴趣,而不是诸如等级或往后的竞争便利等外来目标。"使学生对一门知识有兴趣的最好办法,就是这种知识值得学习,也就是所获得的知识能在超越原来学习情境的思维中运用。一个学生对所学知识的结构掌握得越彻底,就越能毫不厌倦地经历内容密集和时间较长的学习过程,其认真学习的动力就会越强劲。

(3) 知识结构可以提升学生持续发展的潜力

布鲁纳认为:"领会基本的原理和观念,看来是通向适当训练的大道。"掌握了基本原理或知识结构,就可以把知识作为更普遍的例子去理解,从而有助于增进学习中的迁移。当今知识更新速度是很快的,与之相比知识结构的更新则相对较慢。掌握了知识结构可以在其基础上,自动、迅速地更新与结构相对应的知识。也就是说,交给学生知识结构,不是交给其知识,而是交给其获取知识的方法。因此,掌握了知识的结构就可以获取再学习的能力,就具备了可持续发展的后劲。这样学生走出校门才能够迅速适应社会,而不被社会所淘汰。

29. 什么是观察学习?

观察学习理论又称为社会学习理论,是由美国学习心理学家斯坦福大学教授班杜拉,在考察和研究人的行为是如何形成这个问题的基础上提出的。

所谓观察学习,就是人们通过观察他人的行为,获得示范行为的象征性表象,并作出与之相适应的行为的过程。其内涵为:观察学习亦称为替代学习,即人的主体能力中替代学习能力的具体表现形式。班杜拉把观察学习或替代学习的基本含义界定为"一个人通过观察他人的行为及其强化结果而习得某些新的反应",或使他已经具有的某些行为反应特征得到矫正。在观察学习过程中,被观察的对象称为榜样或示范者,观察主体称为观察者,榜样通过观察者的观察活动而影响观察者的过程,称为示范作用,所以观察学习也可以被称为示范过程。

30. 观察学习主要包括哪几个过程?

观察学习主要有以下四个相互联系的子过程。

(1) 注意过程

观察者的注意过程是观察学习的首要条件。如果人们对示范行为的重要特征不予注意,就无法通过观察进行学习。影响注意过程的因素有两个:一是示范行为本身的特点,包括行为的显著特征、情意的诱因性、行为的复杂性、普遍性及机能的价值;二是观察者本身的特点,即感知能力、唤醒水平、知觉定势和强化的经验。

(2) **保持过程**

人们在注意观察榜样示范的基础上,只有将所观察的行为以表象和语言的形式保留在记忆中,并使用语言编码记住这些信息,才可能在后来进行模仿时提取出示范行为的象征性表象,以此指导模仿行动。因此,保持过程是观察学习的关键。

(3) **运动再生过程**

运动再生过程是把观察到的、并保持在头脑中的信息转化成相应的行为的过程。这一过程比较复杂,个体如何组织自己的行为反应,能否进行自我反馈与矫正、能否对行为进行监控等影响动作的实际再现。

(4) **动机过程**

动机过程是指个体表现出所观察到的行为而受到强化和奖励,能够引起价值结果的示范行动容易被人们所采用。强化有三种形式:

一是外部强化,即对观察者所作出的模仿行为进行直接强化。若其模仿行为受到了奖励,得到了强化,则其模仿行为在以后出现的频率就会增加。

二是代替强化,即观察者看到榜样的行为受到强化,如同自己受到强化一样,因而也能对观察者的模仿起到动机刺激作用,这是一种间接强化的形式。

三是自我强化,个体对自己的行为进行预测,并借助反馈信息进行自我批评和自我调节,进而进行自我奖励或自我批评。

这三种强化形式都可以促进个体作出所模仿的行为,班杜拉特别强调代替强化和自我强化在观察学习中的作用。

31. 影响观察学习的因素有哪些?

要提高观察学习的效果,可以从观察的客体(被观察者)和观察的主体(观察者)两方面展开,观察客体方面的因素主要有客体特征、结构及其对主体的刺激强度,观察主体方面的因素包括主体的观察目标、注意品质、已有的知识经验以及模仿和创新能力等。

(1) 观察客体的刺激强度

观察客体对观察主体的刺激作用越强,便会给主体留下越深的印象,学习的效果也会越好。如在写字教学中,教师经常会把关键笔画用红色标注出来,从而提高学生的注意力,加强对学生的刺激强度,达到较好的学习效果。

(2) 观察主体的观察目标

观察主体的观察目标越明确、越具体、越精简,学习的效果越好。如在科学实验课中,学生只有明确了观察目标,才会在观察和探究中有的放矢,有针对性地进行一系列的活动,降低实验失败的次数,从而提高效率。

(3) 观察主体的注意品质

注意品质是指个体注意力发展水平的差异性,包括注意的分配、广度、稳定性和转移四个基本品质,注意分配较好的学生能同时进行多项活动;注意广度不错的学生能进行更全面的学习;注意稳定性较强的学生能很专心地学习,长时间保持较浓的学习兴趣;能做好注意转移的学生能及时改变学习对象,从而及时调整自己的学习策略,提高学习效率。

(4) 观察主体已有的知识经验

如果学生对某一事物的已有知识经验太多,他们可能会降低对该事物的兴趣,不会产生观察学习的欲望,于是观察学习的效果降低。但同时,他们也可能会进行更全面、更深入的观察,如在绘画教学中,我们要求学生反复观察某一物体,全面了解该物体的细部特征,这样在知识经验积累得越多后,其绘画作品也会越传神、越生动。

(5) 观察主体的模仿和创新能力

一般来说,学生的模仿能力与观察学习的效果成正比,最典型的就是体育教学中对某项技能的学习。可是我们在教学中总能发现特例。如著名画家达芬奇幼年时模仿能力就较差,这实际上不是他的模仿能力的问题,而是他的创新意识影响了他的模仿能力,他最后的成功是模仿能力和创新意识均衡发展的结果。因此在观察学习中,既要关注学生的模仿也要关注学生的创新,只有让二者均衡发展才能提高观察学习效果,促进学生的全面发展。

32. 认知派学习理论基本含义是什么？

与联结派学习理论相对，认知派源自格式塔学派。该理论认为，学习的实质是学习者认知结构的改变。学习就是面对当前的问题情境，在内心经过积极的组织，从而形成和发展认知结构的过程。学习过程不是简单地在强化条件下形成刺激与反应的联结，而是积极主动地形成新的完形或认知结构。认知主义者把学习看成是学习者内部复杂的心理加工过程，主张学习的结果是形成反映事物整体联系与关系的认知结构，强调学习者在学习过程中的主动性和积极性。他们一般都注重学习者主观条件（包括已有知识经验，内部动机）对学习的重要作用，强调理解，积极思考与认知的作用，重视学习动机与学习态度的培养。

33. 认知派学习理论对教学的启示有哪些？

（1）教师的作用依然重要

由于受到人本主义心理学思想的影响，有教育家主张在教学中，教师应充分尊重学生的自由发展，鼓励学生张扬个性、大胆创新，根据自己的兴趣与意愿自由选择学习内容。此外，随着网络的日益普及，有人提出日后计算机可以取代教师，学生通过计算机网络进行自主学习，不需要教师的教学。然而，无论科技怎样发达，也无论教师角色如何定位，教师在教学中的作用依然重要。虽然联结派学习理论强调学习的外部条件（环境刺激、强化）决定了学习的内容与效果这一观点有些偏激，完全以教师为主体的教学显然也与"素质教育""创新教育"有些背道而驰，然而它们对教师重要性的高度肯定，对教育教学还是颇有启示的。事实上，大量的研究表明，教师对于学生的学习、成长影响重大，如教师的期望、教师的个人效能感、教师的教育理论、教师所实施的奖惩等无不影响着学生的学习成绩，继而影响着学生的身心健康。

（2）学生的差异应受重视

认知派学习理论认为学习是学习者个人的活动，学习的关键在于学习者积极地参与，学习者的内在动机、已有的知识经验是影响学习的重要因素，这就为同一班级不同学生之间存在学习成绩差异提供了有力解释依据。因此，教师在教学中应尤为重视学生原有的知识经验差异，调动学生的内在动机，因材施教，使每个学生都能获得最优化的发展。作为主导教育教学改革的工作者，也可以在考虑学生不同的知识经验的基础上，编制包含不同难度层次、内容丰富多样的教材，并制定能够充分反映每个学生学习成效的评价体系。

(3) **环境的影响不容忽视**

虽然环境对学习的影响不像联结主义者们所说的那样巨大，但其影响也不容忽视。有关教学环境的研究表明，教学环境的各个方面(如校风班风、教学设施、室内光线、温度等)对教师有效的教和学生有效的学都产生重要的影响。因此，在日常的教学工作中，一方面，应努力为学生创造一个良好的教学环境，以使各种环境因素成为积极推进学生学习活动的有利条件。另一方面，也应努力为教师创造一个良好的工作环境，改善教师的工作及生活条件，以使他们能以最大的热情投入到教育教学中来。此外，教育改革也不能只关注教学方法和教材方面的改革，还应对教学活动赖以进行的各种时空条件和各种关系予以足够的重视，使教学活动自身的改革与教学活动外围的各种环境因素的调控优化融为一体，从而使教学改革产生最佳的整体效益。

34. 行为主义学派学习理论基本含义是什么？

行为主义学派学习理论，或称行为主义的学习理论，由华生首先创建，后得到桑代克、斯金纳等一批行为主义者的拓展与深化。行为主义学习理论认为学习的实质是刺激—反应之间联结的加强，因此又可称为刺激—反应理论。其核心观点是：学习过程是有机体在一定条件下形成刺激与反应的联系，从而获得新经验的过程。

行为主义学习理论把学习看成行为方式或频率的改变，因此，行为教学的目标是让学生对刺激作出正确的反应，并评估学习者的行为，以确定什么时候开始教学。在教学中，教师要安排环境中的刺激，要设立引起学习者反应的各种提示，把学习材料分解成能按顺序掌握的小步骤，以利于学习者作出恰当的反应并对其进行强化，通过对反应的强化或塑造，使学习者频繁地作出反应，进而不断取得进步。因此，行为主义取向的教学理论主要表现为为行为结果而教学的教师中心取向。

35. 行为主义学派学习理论对教学的启示有哪些？

(1) **创设有助于传递信息、训练技能的教学环境**

按照行为主义的学习观，要使学生积累大量的、有组织的知识和技能，就必须提供相应的环境来支持教师或其他信息源向学生有效地传递信息，并且让学生有机会反复操练技能，直至熟练。为达到这一目的，教师要做的工作就是选择供学生使用的学习材料，安排好练习的时间进程，并对学生的学习进程和学习结果提供反馈，对学习全程进行控制。由于正确的反应只有在无关刺激很少的情境中才更有可能出现，所以，教学情境应该是有所控制的、简化的情境，而不是真实的情境，因为后者很容易诱发错误，一旦产生错误，就要花费很多的时间来矫正错误，这势必会降低教学的有效性。除了控制、简化教学情境外，还可以利用各种技术手段或教学措施，提供与学生的已有经验水平相适应的个别化教学。

(2) **提供层级化的、循序渐进的教学内容**

根据加涅提出的学习等级或累积学习的观点，在掌握复杂的行为单元之前，应该先掌握简单的、更小的行为单元。这一观点为教学内容的编排提供了依据，为了促进知识的获得和技能的形成，必须将复杂的教学任务分解，即进行任务分析，把教学任务分成各个成分，并按照由简单到复杂、由部分到整体、由简化情境到复杂情境的顺序加以排列，进行训练。学生的学习是小步子、程序化的，受到教师及教学程序的控制。因此，这样的教学方式很容易导致机械的学习。

(3) **对知识和技能进行个别化的定量评估**

既然学生所获得的某一学科领域的经验是个别的知识和技能的集合与累积，因此，在测验时，应该对局部、个别的成分进行准确的、量化的考查，以评估学生在某一学科中究竟掌握了多少内容。这就需要从学科领域中抽取代表性的内容，并以适当的方式进行测验。在学校的学业成就测验中，最常用的就是标准化的成就测验，其中最典型的测验方式是多项选择。以行为主义学习理论为基础的教师中心取向的教学理论认为，教学过程只涉及教学操纵和结果操作两个因素;结果操作由教学操纵直接决定,学习的结果(或行为的持久变化)是由强化的历程所控制的。该理论的主要教学形式有程序教学和掌握学习。

36. 人本主义学习基本理论是什么?

人本主义学习理论是 20 世纪五六十年代美国兴起的心理学流派,其反对行为主义的环境决定论,反对精神分析学派的本能决定论。人本主义学习理论主张我们应当把人作为一个整体研究,应关注人的高级心理活动。该学习理论从全人的教育视角阐释了学习者整个人的成长历程以发展人性,注重学习者以往的经验及潜能的发挥,引导学习者结合自身经验以及对自己的认知,相信自我、肯定自我,以达到最终的自我实现。其主要代表人物有马斯洛、罗杰斯等。

人本主义学习理论核心观点:强调以学生为中心的教学思想和教师的作用是学习的辅导者。

37. 人本主义学习理论对教学的启示有哪些?

(1) 改变传统教学观念

我国的传统教育认为,教师是拥有知识的权威,教师是领导者,学生接受知识就可以了。有的观点甚至认为学生是学校生产出来的统一的产品,这使学生失去了个性展示的机会。课堂成了教师的"一言堂",对于有个性的学生、爱提问的学生大都会被教师压制。这些陈旧的观念束缚了学生的个性发展,学生都是相似的思维模式,老师提出问题,教给学生怎样去解答。教师教学内容陈旧、固定,甚至有的学校使用的课本、教案长期不变,教学内容得不到更新。长此以往,结果是学生毕业后,不能很快适应社会,呆板,人际交往能力差,只会按照习惯去处理问题。因此,通过人本主义给我们的启示,我们应该打破教师的这种"灌输式"教学模式,充分调动学生的积极性,挖掘他们的潜能,让学生积极、主动地学习,这才是真正意义上的学习。人本主义强调以学生为中心,教师是辅导者角色,教师不是灌输学生知识,而是教会学生学会学习。针对不同的学生,我们要做到因材施教,为学生提供适合他们的材料、学习手段、学习环境。

(2) 以学生为主体,调动学生学习积极性,发挥潜能

人本主义认为学生本能地对周围事物、环境感到好奇,渴望发现问题,得到知识,解决问题。人本主义把学生看作是"人",相信他们有积极向上的潜能。可是我们过去的教育却是,学生在学校接受了很多年的教育后,他们的潜能却被限制住了。在学习的过程中,好奇心是学生学习的动力,我们应创造一切条件保护学生的好奇心,培养学生的兴趣。所以,在教育教学过程中应该重视学生的情感、兴趣,挖掘他们的潜能,尊重每一个学生的独立人格,保护学生的自尊心。教师要以学生为中心,重视学生的内在需要,选择适合学生的学习内容,这样才能让学生对学习感兴趣,才能调动学生的积极性。学生对学习内容感兴趣了,学习效率就会提高。从人本主义学习理论我们可以看出,好的教育以学生为主体,指导学生掌握正确的学习方法,让学生快乐学习、快乐成长。学生学习动机的基本形式是学生的好奇心,因此,教师在教学中要保护和培养学生的好奇心,多把关注点放在学习者的需要和兴趣上,让学生参与到课程学习内容设计中来,给学生创造独立学习的机会,不断挖掘学生的潜能。这样,才能培养学生学习兴趣,为今后持续学习打下基础。

(3) 尊重学生,培养和谐的师生关系

人本主义认为教师应该尊重学生,对学生怀有真诚的情感。从马斯洛的需要层次理论看,人有得到别人关心和帮助的需要,教师和学生都希望得到对方的关爱、尊重、认可等。所以,良好的师生关系是良好教育教学效果的前提。师生关系应民主、平等,学生能尽情地表露自己的情感和态度;师生之间应给予对方无条件的积极尊重;师生之间应该互相理解。总之,良好的人际关系是学习活动成功的保证。要建立一种和谐、融洽的师生关系,教师应做到充分尊重学生的想法,认为每个学生都是独立的个体,都具有自身的价值。在教育教学过程中,教师应该听取学生的意见,能够看到学生身上的优点,对学生表扬、鼓励。对于学生的缺点,要宽容对待,给学生时间加以改正,要相信每个学生都是可教育的,都有实现价值的可能。这样,就能够培养学生的自尊心和自信心,师生之间的关系才能和谐、融洽。这样才能营造适合于学生学习的氛围,学生才能消除紧张,轻松自信地投入课堂学习中去。学生热情主动地学习,教师积极帮助引导,学生学习才能达到理想效果。

38. 学习动机的基本成分包括哪些？

奥苏伯尔认为，学习动机由认知内驱力、自我提高内驱力和附属内驱力构成。

① 认知内驱力，是一种要求理解事物、掌握知识，系统地阐述并解决问题的需要。它以求知作为目标，从知识的获得中得到满足。

② 自我提高内驱力，是指个体由自己的学业成就而获得相应的地位和威望的需要。它不直接指向知识和学习任务本身，而是把学业成就看作是赢得地位和自尊的根源。

③ 附属内驱力，是指个体为了获得长者的赞许和同伴的接纳而表现出来的把工作、学习做好的一种需要。它既不指向学习任务本身，也不把学业成就看作是赢得地位的手段。

三种内驱力在动机结构中所占的比重并非一成不变，通常会随着年龄、性别、个性特征、社会地位和文化背景等因素的变化而变化。在儿童早期，附属内驱力最为突出。到了儿童后期和少年期，附属内驱力的强度有所减弱，而且来自同伴、集体的赞许和认可逐渐替代了对长者的依附。在此期间，赢得同伴的赞许便成为一个强有力的动机因素。而到了青年期，认知内驱力和自我提高内驱力便成为学生学习的主要动机，学生学习的主要目的在于满足自己的求知需要，并从中获得相应的地位和威望。

39. 学习需要的形成主要有哪两条途径，在实际教学中如何运用学习需要？

(1) 学习需要的形成的两条途径

学习需要是指个体在学习活动中感到有某种欠缺而力求获得满足的心理状态，其形成主要有直接发生和间接发生这两条途径。

直接发生途径，即因原有学习需要不断得到满足而直接产生新的、更稳定、更分化的学习需要。间接发生途径，即新的学习需要由原来满足某种需要的手段或工具转化而来。

(2) 在教学实践中的运用

利用直接发生途径,主要应考虑如何使学生原有学习需要得到满足。教师应耐心、有效地解答学生提出的问题,精心组织信息量大、有吸引力的课堂教学,以满足学生的求知欲。同时,教师要积极引导学生运用所学知识去解决实际问题,使学生了解到知识的价值,以形成掌握更多知识、探究更深问题的愿望。

从间接途径考虑,主要应通过各种活动,提供各种机会,满足学生其他方面的要求和爱好。

学习需要形成的两条途径要配合使用,不可偏废。因为只有间接途径转化而来的间接动机而无直接途径产生的直接动机,学习动机难以巩固和发展;仅有直接性动机而无间接性动机,又易使学习情境狭隘,阻碍学习动机的进一步发展。

40. 成就动机理论的主要内容是什么?

成就动机(achievement motivation),是个体追求自认为重要的、有价值的工作,并使之达到完美状态的动机,即一种以高标准要求自己力求取得活动成功为目标的动机。成就动机是在人的成就需要的基础上产生的,它是激励个体对自己认为重要的或有价值地工作乐意去做,并努力达到完善地步的一种内部推动力量。比如,具有这种动机因素的学生,就能刻苦努力,战胜学习中的种种困难和障碍,取得优良成绩。在学习活动中,成就动机是一种主要的学习动机。

因此,成就动机是个人所具有的试图追求和达到目标的驱力。麦克莱伦认为,各人的成就动机都是不相同的,每一个人都处在一个相对稳定的成就动机水平。阿特金森认为,人在竞争时会产生两种心理倾向:追求成就的动机和回避失败的动机。麦克利兰的情绪激发理论认为,成就动机是人格中非常稳定的特质,个体记忆中存在着与成就相联系的愉快经验,当情境能引起这些愉快经验时,就能激发人的成就动机欲望。成就动机强的人对工作学习非常积极,善于控制自己尽量不受外界环境影响,充分利用时间,工作学习成绩优异。艾特金森的期望价值理论认为,动机水平依赖于三大因素:一是成功诱因值(I_s),即对实现目标的价值判断,目标的吸引力越大,成就动机越大;二是在某任务中成功的可能性大小(Ps),也就是风险和成败的主观概率,很有把握的事和毫无胜算的事都不会激发高的成就动机;三是成就需要,即主体追求成功的动机强度(Ms),个体施展才干的机会越多,成就动机越强。这三个因素发生综合影响,其结果使个人接近与成就有关的目标倾向(Ts)。

对于拥有高水平成就动机的个体来说,他会更希望能够达到目标,更加积极地克服各种困难向着成功前进。成功对于个体的重要性主要在于其本身的原因,而不是随之而来的报酬。

对于高水平成就取向的员工来说,当他们觉察到付出的努力所带来的个人荣誉和失败的风险只是一般水平,并且可以获得关于过去绩效的反馈,那么,他们将会更加努力地工作。成就取向型的人选择助手时,更多考虑技术上的能力,而较少考虑对他人的感觉。

对于高水平成就取向型的管理者来说,往往希望他们的员工也是成就取向的。有时,这些较高的期望会使得成就取向型管理者很难有效地分配工作,一般水平的员工难以满足这种管理者的需要。

41. 如何利用成就动机理论来激发学生的学习动机?

一是利用成功的满足感激发学习动机。为了使学习动机与学习效果形成良性循环,相互促进,就必须提高学生学习上的成就感。在实际教学中,首先,要注意学生的个体差异,设置不同的标准,难度要适当,使每个学生经过努力可以完成,都可以体验到成功。其次,设置的难度要循序渐进,从易到难,使学生不断获得成功感。最后,在某个内容上失败时,可先完成有关的基础内容,填补知识技能方面的空缺,使学生下次在原先失败内容上获得成功感。

二是利用求知的欲望感激发学习动机。有这样一个现象,当问题的难度系数为 50% 的时候学生的学习动机最强,对于那些已经学过的简单重复的知识,或是力不能及的过难的知识,学生都不会感兴趣。因此,要视学生现有的知识经验来安排学习任务,使学生对学习任务既适应又不适应,构成一个问题情境,使学生有继续想学下去的愿望。

三是利用奖励的荣誉感激发学习动机。大量的实验表明,对学生适当表扬的效果优于批评,所以要根据学生的具体情况进行奖励,把奖励看成隐含着成功的信息,用它来吸引学生的注意力,进而产生兴趣。

42. 什么是归因理论?

不同的人对自己的行为结果会从不同的方面去考虑,这种现象在心理学上称为归因。归因理论就是社会心理学家用来解释人们行为的原因或行为的因果关系的理论。

43. 常见的归因维度有哪些?

美国心理学家维纳对行为结果的归因进行了系统探讨,把归因分为三个维度:内部归因和外部归因,稳定性归因和非稳定性归因,可控制性归因和不可控制性归因。

表 1 成就动机的归因模式

归因维度	稳定性		内外性		可控性	
	稳定	不稳定	内部	外部	可控	不可控
能力高低	+		+			+
努力程度		+	+		+	
任务难度	+			+		+
运气好坏		+		+		+
身心状态		+	+			+
外界环境		+		+		+

归因理论认为,个人对其成败原因的归纳分析,广泛地影响着后来行为的动机。比如,个人对成败原因的归纳分析会导致学生对以后的学习成绩的期待发生变化,使学生出现情感反映,还会影响学生学习的积极性和主动性。

研究表明,不同的学生对自己成功或失败结果归因有明显的差异。高等学校的学生在学习过程中,都会有意无意地为自己现有的学习成绩寻找原因。因此,在教学过程中,运用归因理论来辅助教师了解学生的学习动机,对于改善学生学习行为,提高其学习效果具有一定的作用。同时,教师也有责任引导学生对学习结果进行积极归因,以此对学生的学习动机给予有效的积极影响。

44. 如何指导学生对学习结果进行正确的归因?

一是了解学生的归因倾向。归因倾向是持续影响学生对学习成绩归因的重要因素,也是引导学生对学习成绩进行积极归因的前提。对归因倾向的了解既可以通过归因问卷来测定,也可以在长期的师生交往中留心观察、归纳总结。教师应该根据我们三个维度具体分析,学生是经常把学习成绩的高低归于稳定还是不稳定因素,内部还是外部因素,可控还是不可控因素。

二是区别对待不同归因倾向的学生。对于不同归因倾向的学生,教师应该区别对待。例如,对于总是将学习成绩的成败归因于能力差的学生,应经常引导他们对失败作出努力不够的归因,使他们相信只要努力就可能成功,从而增强自信心。而对于总将学习成绩失败归因于不可控因素的学生,应通过创设一系列活动,使他们通过努力获得成功的体验,从而让他们相信学习成绩的好坏自己是能够控制的。对于成绩一贯比较差且深有内疚感的学生,教师可以将原因引向外部,从而减轻学生的心理压力。

三是把握好教学内容与评价的尺度。任务难度是影响学生成绩的重要因素之一。教师可以通过控制教学内容和评价的难度使学生体验到成功或失败,因此,把握好教学内容与评价的尺度至关重要。过难或过易都容易使学生对学习成绩作出不切实际的归因。如果过难,必然使学生经常遭到失败,这容易使学生把失败归因于自己能力差这类稳定原因,挫伤自尊心,降低学习积极性和坚持性;过于容易,学生轻易就体验到成功,容易作出自己能力强的归因而沾沾自喜,认为不用多大努力就能学好,从而减少努力程度,降低对自己的要求。因此,教学内容和评价的难度应切合大多数学生的水平,既使他们感到努力够得着,又使他们认识到只有"跳一跳"才能取得好成绩。

四是正确认识"自利性归因"。归因过程往往会产生偏差,其中之一就是人们倾向于把积极的结果归因于自身因素,把消极的结果归因于自身之外的情景或他人,这种倾向就是"自利性归因偏差"。类似地,教师往往把学生学习成绩的提高归因于自己的教学质量好,而把学生的失败归因于学生不努力或能力差等。对于这一点,教师必须有清醒的认识,既要正确引导学生积极、全面分析原因,也要从学生的角度想问题,努力改进不足,提高自己的教学质量。

45. 自我效能理论对学习动机的培养和激发有什么启发作用?

自我效能是指个体对自己能否成功地进行某一成就行为的主观判断。这一概念由社会学习论创始人班都拉在1982年提出。所谓自我效能理论,是指个人在目标追求中面临一项特殊工作时,对该项特殊工作动机之强弱,将决定于个人对其自我效能的评估。它克服了传统心理学重行轻欲,重知轻情的倾向,把个体的需要、认知、情感结合起来,研究人的动机,具有较大的科学价值。

自我效能感在学生学习活动中主要具有四项功能:

第一,决定人们对学习活动的选择及对学习活动的坚持性。只有学生获得了自我效能感,他才会真正选择和实施某一学习活动,并且在自我效能感的作用下,这一学习活动会持续下去。如果学生在学习中逐渐对自己的能力失去了信心,那么他的学习行为可能就会中断。

第二,影响人们对待学习困难的态度。在学生学习遇到困难时,能否面对困难并勇于去克服它,自我效能感是决定因素,只有当学生坚信自己有能力独立或在别人帮助下克服困难,他才会实施解决困难的措施。如果他缺乏解决困难的自我效能感,即时解决困难对他有极大的诱惑,他也不会付诸行动。

第三,影响新学习行为的获得和学习行为的表现。如果学生对某一学习行为的自我效能感比较强烈,且最终取得成功,那么这一学习行为及其成果将给他留下较深的印象,以后这一学习行为将会更为频繁地出现并使学生的自我效能感更进一步强化,进而形成良性循环。

第四,影响学习时的情绪状态。自我效能感有助于促进学生的学习情绪,端正学生学习的态度,增强学习成功的信心,提高学习效率。

班都拉认为,个人自身行为的成败经验是影响其自我效能感的最重要因素。一般来说,成功经验会增强自我效能感,反复失败会降低自我效能感。研究表明,自我效能高的个体会认为可以通过努力改变或控制自己,而自我效能低的个体则认为行为结果完全是由环境控制的,自己无能为力。因此,可以通过自我效能感训练来进行学习动机的培养和激发。

46. 该怎样培养和激发大学生的学习动机？

首先要考虑到学习动机的培养和激发既有区别又有联系。学习动机的培养是使学生把社会和教育对他的客观要求变为自己内在的学习需求的过程；而学习动机的激发是把已经形成的学习需要充分调动起来。培养是激发的前提，而激发又必然会进一步加强已有的学习动机。

大学生是社会的一个特殊群体，是接受大学教育的人，作为社会掌握新技术、新思想的前沿群体、国家培养的高级专门人才，他们的成功与否直接关系到国家和社会的发展。要培养和激发大学生的学习动机，必须对当代大学生心理现状进行客观分析，对他们的学习动机进行深入剖析，在此基础之上来探讨。

第一，创设问题情境，启发学生积极思维。所谓情境，是指具有一定难度，需要学生努力克服，又是力所能及的学习情境。在教学过程中，要善于提出有一定难度的问题，使学生感到熟悉，又不能单纯利用已有的知识和习惯的方法去解决，促使学生产生探索行为。但要注意的是，设置的问题情境要符合学生的认知水平和基础，能够使他们的智力活动达到最佳状态。

创设情境对教师的要求是，熟悉教材，掌握教材的结构，了解知识之间的内在联系；充分了解学生已有的认知结构状态，使新的学习内容与学生已有发展水平构成一个适当的跨度。

启发学生积极思维，通常有两种方式：一是言语提问，二是活动方式。

第二，从内部动机入手，培养学习兴趣。所谓内部动机是指学习是出于对学习过程本身感兴趣，学习内容本身已具有足够的内在诱因价值，无需借助其他外在强化物便足以引起学生的学习行为。培养学习兴趣有以下三种方式：

(1) 激发学生的学习兴趣

在讲解内容之前，先将新内容与学生原有的兴趣联系起来，讲清楚新内容在日常生活中的重要性与实际应用意义，由此增强学生学习新知识的内部动机。教师在教学中越能生动、明确地阐明知识的意义，就越能使学生产生获取知识的愿望。

(2) 保持学生的好奇心

有意地运用惊奇、怀疑、复杂、困惑与矛盾的方法，唤起学生的认识性好奇，从而使学生处于动机激起状态,促使学生寻求解决冲突的办法。

(3) **将教学目标转化成可达到的学习目标**

将教学目标分成不同的等级和层次,建立一个教学目标系统,使不同能力、不同程度的学生,都在此目标系统中找到切合自己情况的、可达到的学习目标,从而使每个学生的成就动机都有机会获得满足。

第三,充分利用反馈信息,给予适当的评价。通过正确运用奖励和惩罚,及时反馈学习结果,使学生获得成功的体验,促进他们的学习。研究表明,知道自己的学习结果,会产生相当大的激励作用。学生知道自己的进度、成绩,可以提高学习热情,同时通过反馈可以看到自己的错误和缺点,激起上进心,及时改正。根据心理学家的研究,年长的学生对于教师的评价,已经能够理解是否故意和是否符合实际情况。因此,对于大学生,虽然奖惩具有推动学习的作用,但是如果用得过分或过多,则可能失去效力,甚至造成相悖的效果,特别是过分的惩罚会造成不良的结果。奖惩必须适度,惩罚的手段不能不用,但一定要慎用。

第四,根据作业难度,恰当控制动机水平。在教学时,根据学习任务的不同难度,恰当控制学生学习动机的激发程度。在学习较容易、较简单的课题时,应尽量使学生集中注意力,紧张一点;在学习较复杂、较困难的课题时,应尽量创造轻松自由的课堂氛围;在学生遇到困难或出现问题时,要尽量心平气和地慢慢引导,以免学生过度紧张和焦虑。

第五,正确指导结果归因,促使学生继续努力。不同的归因方式将导致个体不同的认知、情感与行为反应。在实际的教育工作中,在学生完成某一学习任务后,教师应指导学生进行成败归因。一方面,要引导学生找出成败的真正原因;另一方面,教师应根据每个学生过去一贯的成绩差异,从有利于今后学习的角度进行归因。一般而言,任何学生归因于主观努力的方面均是有利的。要引导学生在面对成功或满意结果的时候,做稳定的、内部的归因;引导经常体验失败的学生做不稳定的、内部的、可控制的归因。

47. 什么是学习迁移?

学习迁移通常是指一种情景中的学习对另一种情景中的学习的影响。这个定义既包括先前学习对后继学习的影响,也包括后继学习对先前学习的影响。其中,影响既包括积极影响也包括消极影响。

48. 学习迁移主要有哪些种类?

学习迁移的现象是多种多样的。根据迁移的特点并结合教育实际,可以从以下几方面进行分类。

第一,根据迁移的性质来分,可分为正迁移与负迁移。正迁移是指一种经验的获得对另一种学习起促进作用。例如,对平面几何的掌握有助于立体几何的学习;写好毛笔字有助于写好钢笔字。

负迁移是指一种经验的获得对另一种学习起干扰或阻碍作用。例如,学习汉语拼音之后再学习英语的音标发音就时常发生干扰;汽车司机在中国学习右侧行驶对在日本要学习左侧行驶就带来负迁移。因此,在教学工作中要避免和消除负迁移的影响。

第二,根据迁移的方向来划分,可分为纵向迁移和横向迁移。纵向迁移也叫垂直迁移,主要是指处于不同抽象概括层次的各种学习间的相互影响,也就是上位的较高层次的经验与下位较低层次的经验之间的相互影响。这类迁移又可以分为两种:自上而下的迁移,即上位的较高层次的经验影响着下位的较低层次的经验的学习。例如,"角"这一概念的掌握,有助于"钝角""直角""锐角"等概念的学习,掌握了定理、公式之后有助于各个例题的学习等。自下而上的迁移,即下位的较低层次的经验影响着上位的较高层次的经验的学习。例如,先进行加法、减法的学习,对以后更高级的乘法和除法的学习具有促进作用;学过蜥蜴的特点以后再学习两栖类动物的特点就容易掌握。

横向迁移也叫水平迁移,是指处于同一抽象概括层次的学习间的相互影响。此时,学习内容的逻辑关系是并列的,抽象性与概括性是相当的。例如,直角、锐角、钝角、平角、周角等概念,它们之间的相互影响就是横向迁移。

第三,根据迁移的先后划分,可分为顺向迁移与逆向迁移。顺向迁移是指先前学习中所获得的经验对后继学习的影响。例如,在学习了物理概念"平衡"以后,就会对以后所学习的化学平衡、生态平衡、经济平衡等产生影响。日常生活中所说的"举一反三"就是学习的顺向迁移。

逆向迁移是指后继学习对先前学习发生的影响,即后继学习引起先前学习中所形成的认知结构的变化。例如,在学习了动物的概念之后,再学习植物、微生物的概念,就会使已掌握的原有的动物概念发生变化,特别是在动物与植物、微生物的联系与区别上,更丰富了动物的概念。

第四,根据迁移的内容来划分,可分为特殊迁移与普遍迁移。特殊迁移也叫特殊成分迁移,是指学习迁移发生时,学习者原有经验的组成要素及其结构没有变化,只是将一种学习中习得的经验要素重新组合,用于另一种学习之中。例如,在跳水比赛的各个项目中,基本动作如弹跳、空翻、入水等都是一样的。运动员将这些基本动作加以不同的组合,新的学习内容就能迅速掌握。又如,小学生在学完加减乘除以后,在四则混合运算的学习中,就可以把已有的经验加以重新组合来解决问题。

普遍迁移也叫非特殊成分的迁移,是指一种学习中所习得的一般原理、原则和态度对另一种具体内容学习的影响,即将原理、原则和态度具体化运用到具体事例中去。布鲁纳非常强调普遍迁移。他认为,如果能将习得的原理、态度应用于以后的各种学习情境中,则后继学习会变得较为省力和有效,也就是所掌握的知识、技能和态度越基本,则对于新情况、新问题的适应性就越广。

49. 形式训练说怎样理解迁移?

形式训练说是一种早期的迁移理论,其代表人物是18世纪德国心理学家沃尔夫。它以官能心理学为基础,认为人的"心灵"由感觉、记忆、思维、推理、意志等官能组成。"心灵"的各种官能是各自分开的实体,分别从事不同的活动,各种官能可以像肌肉一样通过练习来增强力量,一种官能的改进会加强其他所有的官能。形式训练说把迁移看作是通过对组成"心灵"的各种官能进行分别训练来实现的,迁移的发生是自动的。学习要想取得最大的迁移效果,必须经历一个痛苦的过程。

50. 相同要素说怎样理解迁移?

相同要素说认为迁移的关键在于相同要素的存在,而非官能的改善。只有当测验情境与先前的学习情境存在相同成分或要素时,迁移才会发生。换言之，只有当两种学习中存在相同成分或要素时，一种学习才会影响到另一种学习。两种学习中存在的相同成分或共同要素越多，迁移的作用也越大。

51. 概括原理说怎样理解迁移？

概括原理说认为在前一种学习中所获得的东西之所以能迁移到后一种学习中去，是因为在前一种学习中，通过对经验的概括获得了一般原理，这种原理可以部分或全部地应用到以后的学习中去。

52. 关系转换说怎样理解迁移？

关系转换说认为，对情境中关系的顿悟是产生迁移的决定因素。学习迁移是学习者突然领悟了两个学习之间存在的关系的结果。

53. 认知结构说如何理解学习迁移？

研究认知结构与学习迁移的学者主要有皮亚杰、布鲁纳和奥苏伯尔。皮亚杰认为学生一旦掌握了逻辑结构就可以有效地解决问题。布鲁纳认为当一个人把头脑中一种适当的编码系统用于新情境时，便发生正迁移；当一个人错误地把一种编码系统用于新情境时，便发生负迁移；当一个人头脑中找不到用于新情境的编码系统时，则无迁移发生。可见，形成良好的知识结构或建立有用的编码系统对学习的迁移非常有利。奥苏伯尔的认知结构说认为一切新的有意义学习都是在原有基础上产生的，即一切有意义的学习必然包括迁移，原有认知结构的特征，始终是影响新的学习与保持的关键因素。在新知识的学习过程中，原有认知结构的可利用性、可辨别性和稳定性是影响学习迁移的重要因素。

54. 影响学习迁移发生的主要因素有哪些？

研究表明，学习迁移并不是在任何情况下都能发生的，它受制于一系列主

客观因素。总结起来,主要包括如下因素:

第一,学习对象之间的共同因素。不同的学习材料或对象在客观上具有某些共同因素,这是学习迁移发生的基本条件之一。所谓共同因素是指学习对象在知识、技能等方面具有相同或相似的成分。"共同要素说"表明,如果两种学习对象具有相同或相似的成分,学习时对于人在心理上的一系列反应具有共同的要求,则可以产生正迁移。相反,学习对象没有或缺少共同因素,就可能在学习时产生负迁移。所以,从客观条件来说,不管是表面的还是结构的相似性,都将增加学习者对两个任务的相似程度的知觉。而知觉的相似性决定迁移数量的多少,两种情境的结构相似性则决定是正迁移还是负迁移。

第二,已有经验的概括水平。学习的迁移是一种学习中习得的经验对另一种学习的影响,也就是已有经验的具体化与新课题的类化过程,或者说是新旧经验的协调与整合过程。根据概括化原理,产生学习迁移的关键是学习者能概括出两种学习存在的共同原理,因此,已有经验的概括水平,必然影响到迁移的效果。所掌握的经验概括水平越高,迁移的可能性就越大,效果也就越好。反之,效果就差。概括已有的知识、经验,是产生学习迁移的最重要的条件,这早已为许多教育家和心理学家所重视。布鲁纳曾强调原理和态度的迁移,认为所掌握的内容越基本、越概括,则对新情况、新问题的适应就越广,也就越能产生广泛的迁移。因此,他特别强调对学科基本理论、基本概念的掌握,也就是掌握学科中概括水平较高的知识经验。

第三,学习的理解与巩固程度。学生在学习过程中接触基本概念和原理,并不意味着学习迁移即由此发生,只有在对知识的理解和巩固的基础上,才能产生迁移作用。认知结构变量与迁移的原理告诉我们,如果进行两种学习,当某一种学习还没有达到全面深刻的理解和巩固时,在头脑中就缺乏可利用、可辨别和稳定的认知结构,难于同化或接纳新的知识,这样进行另一种学习时,容易产生迁移。布卢姆认为,前面的学习掌握达到80%—90%的正确率,才能开始新的学习。他强调只有巩固和清晰的知识才能迁移。因此,只有当全面深刻地理解和熟练地掌握了一种学习,再进行另一种学习,才不会产生负迁移。并且对原有的学习越是理解和巩固,对新学习产生正迁移的可能性就越大,效果也越好。

第四,定势的作用。定势对于学习迁移既可能产生积极影响,也可能起阻碍作用。当后面的任务是前面任务的同类课题或它的特例时,定势能对后来课题的学习起促进作用。当新的学习任务与先前的任务不是同类或者是需要灵活变通的相似任务时,定势就可能干扰新的学习,对新的学习起阻碍作用。根据定势对迁移影响的双重性,要求教师必须注意建立哪一种定势。在实际教学中,既要考虑所学课题与原有经验的同一性,利用积极的定势帮助学生迅速掌握解决一类课题的方法;同时又要变化课题,以帮助学生具体问题具体分析,防止定势的干扰。

除上述影响迁移的主要因素之外,诸如年龄、智力、态度以及教学指导、外界的提示与帮助等,也都在一定程度上影响着迁移。在实际教学中要充分考虑上述因素的影响,促进正迁移的产生以提高教学效果。

55. 促进学习迁移的方法有哪些？

教学的目标是使学生接受和掌握经验,以形成和发展他们的能力和品德。而迁移是实现这一目标的有效途径,也是检验教学是否达标的可靠标志。教师若能据此把迁移理论用于教学实际,有力地促进学生的迁移,那么学生现在的学习,将会对日后的学习、工作和生活产生更为持久的积极影响。

学习迁移是教育的重要表现,受不同因素的影响,原有的知识和经验有助于现有学习的理解和把握,同时学生对学习内容的接受也会受到自身经验的制约。通过寻找新旧知识的联系,完成知识的纵向迁移;通过实践式教学,重组扩大学生已有知识和技能,并加以运用,实现横向迁移;通过精讲和给予直接指导与鼓励,促进更积极的学习正迁移,避免学习内容与学生自身经验相冲突。

第一,精心选择优秀教材。要想使学生在有限的时间内掌握大量的、有用的经验,教材内容就必须精选。精选的标准就是迁移的规律,应选择那些具有广泛迁移价值的科学成果作为教材的基本内容,即学科的基本概念、基本理论、基本原则、基本方法及基本态度等。为了促进迁移,教材中必须有较高概括性、包容性和强有力的解释效应的基本概念和原理。还必须包括基本的事实材料,脱离事实材料只讲概念、原理,就成了无源之水、无本之木。同时,教材结构还必须适合学习者的能力,最佳的教材结构总是相对的。此外,教材内容要随科学的发展而不断变化更新。精选教学内容,必须注意用科学的新成就来代替过时的材料,不断取舍,使之符合科学发展的水平。

第二,合理编排教学内容。合理编排教学内容的标准是结构化、一体化和网络化。结构化是指教学内容的各构成要素具有科学的、合理的逻辑关系,能体现事物的各种内在关系,如上下、并列、交叉等关系。只有结构化,才能在教学中促进学生重构教学内容结构,进而构建合理的心理结构。一体化是指教学内容的各构成要素能整合为具有内在联系的有机整体。只有一体化,才能通过同化、顺应与重组,不断构建心理结构。网络化是一体化的引申,是指教学内容各要素之间上下左右,纵横交叉的联系与沟通,要突出各种基本经验的联结点、联结线,这既有助于了解原有学习中存在的断裂带及断裂点,又有助于预测以后学习的发展带、发展点,为迁移的产生提供直接的支撑。

第三,有效设计教学程序。依据学生认识事物的过程,处理好教学与学习的程序是非常必要的。因此,教材的呈现与课堂教学内容的安排均应有效设计教学程序。应该把各门学科中具有最大迁移价值的基本内容的学习置于首要地位。这不仅直接影响着认知结构的构建,也同样影响到迁移。教学程序包括宏观和微观两个方面:在宏观上,教学中应将基本的知识、技能和态度作为教学的主干结构,并依此进行教学。因为基本的知识、技能、态度等都具有适应面广、包容性大、概括性高、派生性强等特点。在安排这些基本内容的教学顺序时,应该既考虑到学科知识本身的内在逻辑联系,又考虑到学生的心理发展顺序及其可接受性。在微观上,应合理组织每一堂课的教学内容,合理安排教学顺序。依据从已知到未知、从简单到复杂、从具体到抽象等顺序来沟通新旧经验、建构经验结构。在激发学习动机,引入新内容,揭示重点、难点,反馈等环节上都应精心设计,以利于学生真正理解、掌握所学习的内容,并能将所掌握的内容进行适当的迁移。

第四,科学匹配教学方式。通过采用座谈、调研、头脑风暴法等多种活泼的教学方式,激发学生学习兴趣。教师应紧紧围绕教学目标,并充分结合学生实际学习需求设计选题,通过发散性思维和开放式的教学,提高学生积极性和参与感,激发和挖掘学生的已有知识和经验。加强实践环节教学,开拓学生迁移思路,增强知识应用的广泛性,包括安排实践环节,使学生了解知识在新情景中迁移的途径、步骤、方法等,综合调用所学知识,为知识迁移提供良好的环境条件。优化"参与/研讨"式教学,倡导学生在教学中的参与、交流、探究,通过自我参与获得知识和能力。在自身知识和经验的基础上,准备研讨和交流,就是对知识进行系统整理和提炼的过程,可有效促进学习迁移。

第五,注重讲授学习方法。学习方法可以说是促进有效学习的手段、措施,是培养学生的迁移能力、使学生学会学习的前提条件。学会了如何学习,就可以实现最普遍的迁移。学习方法包括概括的方法、思考的方法、应用原理的方法、归纳总结的方法、整理知识的方法和研究探讨的方法等。还包括有关的技能,如阅读技能、观察技能、解析技能、构思技能等。因此,掌握学习方法不仅仅是知晓一些知识性的东西,还必须通过一定的练习掌握必要的心智技能。为了促进学习的迁移,教师必须重视对学习方法的指导,以及注重学习方法的适应性。

第六,设计认知结构桥梁。教师应当在讲授、学习新内容之前,在新旧知识之间先搭起一座桥梁,借助这个桥梁使新旧知识之间发生直接联系及相互作用,用学习者认知结构中已有的知识去同化新知识,使学习产生迁移。认知结构桥梁的建立,受教材内容的组织和呈现方式、学习者的自身因素以及教师教学策略这三大因素的影响。教师应注重根据学生知识技能水平,利用学生的生活经验和概括分析学生已有知识,发挥导向作用,使学生从已有知识中检索出相关内容,并重组教学内容,使其呈现得更为稳定、清晰,从而促进学习迁移。

56. 意识的基本含义是什么?

意识是人在社会实践活动中产生的,借助语言对客观世界的高级反映形式,是心理发展的最高阶段。意识是对客观事物的自觉的、有计划的、有目的的反映形式,它的重要特点是反映的目的性、自觉性和能动性。意识起初只是对直接的可感知的环境的一种意识,是对自身与个人之外的其他人和其他物的狭隘联系的一种意识。意识是人脑的机能,意识的本质是存在的反映。物质生活的生产方式制约着整个社会生活、政治生活和精神生活的过程,人们的社会存在决定人们的意识。意识是人所特有的反映形式,是一种主体的、社会性的反映。意识的内容归根到底来自现实生活、社会存在,意识的变化归根到底也是由现实生活、社会存在决定的。

57. 自我的基本含义是什么？

自我是人的意识活动的出发点，也是人的意识活动的终点。

从自我的内容看，自我是指一个具体的人的存在，是自我意识的载体。根据人的特性，自我应包含三个方面的内容。即：①生理自我，指一个人的肉体的存在和身体特征，例如人的身材、容貌、性别等；②社会自我，指一个人的社会属性，如人际关系，以及一个人在社会上、群体中的地位、价值、扮演的角色等；③精神自我（心理自我），指一个人的整个心理活动，包括人的思维、情趣、兴趣、气质、性格、能力、理想、信念、世界观等。

从自我在自我意识中所发挥的机能看，可以把自我分解为主格我和宾格我。主格我指的是自我意识的主体，即自我意识过程的承担者；宾格我指的是自我意识的客体，即自我意识所反映的对象。

58. 自我意识的基本含义是什么？

自我意识是人的意识的一个方面，也是意识的一个重要特征。自我意识是个体心理的特殊形式，是人脑对个体自身以及对与外部世界关系的能动反应，自我意识是一个多维度、多层次的心理系统。

自我意识是指一个人对自己存在的觉察，即主体对于自己以及自己与周围事物的关系，尤其是人我关系的认识。简单地说，自我意识就是自己对于所有属于自己身心状况的认识。自我意识是一个人对自己本身的意识，也就是主格我对宾格我的存在、活动及活动过程的有意识的反映，是对于生理自我、心理自我和社会自我的反映。

自我意识包括自我观察、自我评价、自我体验、自我监督、自我控制等。自我意识借助信念、良心、义务、尊严、荣誉、责任等形成。人的自我意识不是生来就有的，而是出生后在与他人接触的社会化过程中逐渐形成的，并随着人的素质提高逐渐强化。只有随着社会发展、文明程度提高、人的素质普遍增强，自我意识才能真正成为自觉和积极主动的现象。

59. 自我意识的心理成分有哪些？

自我意识既是心理活动的主体，又是心理活动的客体，是一个人的心理过程和人格特征的统一。从结构形式来看，自我意识是包括认知、情感和意志过程在内的一种复杂的、综合的、多层次的心理过程，由自我认识、自我体验和自我控制三个子系统构成。因此，自我意识也叫自我调节系统。

一是自我认识。自我认识是自我意识的认知成分，即主我对客我的认知和评价。自我认识是自我意识的首要成分，也是自我调节控制的心理基础。自我认识包括自我观察、自我概念、自我分析、自我评价等心理成分。自我概念和自我评价是自我认识最主要的方面，集中反映了个体自我认识乃至自我意识的发展水平，也是自我体验和自我控制的前提。其中，自我评价集中代表自我认识的发展水平，是自我意识的核心。

二是自我体验。自我体验是自我意识在情感方面的表现，在自我评价的基础上，个体对评价结果是否符合自己的需要所产生的一种情感体验，反映了个体对自己的接纳、肯定、喜爱、尊重、满意的程度，主要包括自怜、自爱、自尊、自信、自豪、自恋、自卑、羞耻感、责任感、义务感、优越感等情绪状态。其中，自尊是自我体验最主要的方面。个体的自尊程度与其自我评价状况密切相关，通常呈正相关，即自我评价越深入，自我体验就越强烈。

三是自我控制。自我控制是自我意识的意志成分，在自我评价指导和自我体验推动下，个体对自己的心理和行为进行自觉的和有目的的调节、控制，以达到理想自我的目标。自我控制的作用具体表现为启动或制止行为；心理活动的转移，心理过程的加速或减速；积极性的加强或减弱；动机的协调；根据所拟订的计划监督检查行动；动作的协调一致等。自我控制是自我意识中直接作用于个体行为的环节，是一个人自我教育、自我发展的重要机制，集中体现了自我意识在改造主体和主客体相互关系中的主观能动作用。自我控制包括自主、自立、自强、自律、自我设计、自我监控、自我教育等心理成分，其中自我监控和自我教育是自我控制最主要的方面。自我控制是最集中的调节手段，亦是个体是否具备自制自控良好心理品质和主动积极的心理行为的重要功能表现。

60. 自我意识的内容成分有哪些？

从自我意识的内容来看，自我意识可分为生理自我、心理自我和社会自我。

一是生理自我，是指个体对自己的生物存在特征的认识、体验和评价，包括对自己的性别、身高、体重、容貌以及温饱感、舒适感、病痛等的认识、体验和评价。

二是心理自我，是指个体对自身心理的认识、体验和评价，包括对自己的个性特征、心理状态、心理过程及行为表现等的认识、体验和评价。

三是社会自我，是指个体进入社会环境后对自己的社会角色、社会关系、社会背景的认识、体验和评价，包括对自己在社会关系中的地位和作用，以及对自己在社会中的权利、责任和义务的认识、体验和评价。

61. 自我意识的观念成分是什么？

从自我观念来看，自我意识又可分为现实自我、理想自我和投射自我。

一是现实自我，是指个体从自己的立场出发对现实中自我的各种特征的认识，包括对自己的躯体特点、行为特点、人格特点、角色特点等的认识。

二是理想自我，是指个体从自己立场出发构建将来要达到的理想标准，它引导个体实现理想中的个人自我。

三是投射自我，是指个体所认为的他人对自己的认识，即个体想象的自己在他人心目中的形象、他人对自己的评价以及由此而产生的自我感。

62. 成熟的自我意识包含哪三个层次的内容？

成熟的自我意识由低到高至少表现在以下三个方面：

第一，能意识到自己的身体、身体特征和生理状况。比如能知道自己的五官、姓名、性别、身材、容貌等，能把自己的动作和动作对象区分开来，这是自我意识的生理层次。

第二，能认识并体验到内心的心理活动。或者说能知道自己头脑中的活动过程,即能解释或描述自己头脑中的活动,可以称作自我意识的心理层次。

第三,能认识并感受到自己在社会和集体中的地位和作用。这可以说是高级的心理自我的水平,也可称作社会自我的时期。比如能正确认识到自己的优缺点,能对自己的实力作出正确的评估,对自己在集体和社会中可能发挥的作用以及自己所处的地位有恰如其分的判断和体验等,这些就是自我意识的社会层次。

63. 自我意识在人格形成过程中有什么作用?

自我意识在人格形成过程中的主要作用有:

第一,自我意识的发展是人格形成水平的标志,也是推动人格发展的重要因素。一个人的自我意识从无到有,从低水平到成熟,也标志着一个人的人格逐渐发展与形成。实际上,自我意识本身就是人格的重要内容。随着个体自我意识的发展,也逐渐促进了个体的学习、生活和自觉性,逐渐形成了符合社会规范的行为和道德、理想、信念、兴趣爱好等独特的人格特征,从而促进了个体人格的发展。所以,自我的发展是推动人格发展与成熟的重要因素。可见,自我意识与人格发展的关系是相辅相成的,它既是人格发展的标志,又是推动人格发展的重要因素。

第二,健全的自我意识是心理健康的调节器。心理学研究表明,人的一切心理活动都受自我意识发展水平的调节,心理健康也不例外,个体生活中产生的这样那样的心理与行为的失衡现象,也多与自我意识的不健全有关。如抑郁、自卑、厌学、考试焦虑、人际关系不协调等心理上的失衡,甚至心理变态、偏执人格等,都在一定程度上与人不能正确地评价自我,或者缺乏正确的自我体验,或不善于自立、自律、自我调控有关,这些也都是自我意识方面的缺陷。

64. 个体自我意识发展主要分为哪几个时期?

心理学研究表明,个体自我意识的发生、发展大致经历三个阶段,即自我中心时期、客观化时期和主观化时期。

(1) 自我中心时期(0—3岁)

3岁前的婴儿基本属于这个时期,主要是生理自我阶段。婴儿刚出生后是没有自我意识的,8个月左右开始知道自己的五官、自己身体的部位,这是生理自我的萌芽。直到3岁,婴儿的自我意识才有了比较明显的发展,开始出现了羞愧感、占有欲和嫉妒感等,但3岁儿童行为还是以自我为中心,总把自己的想法和情感投射到外界事物上去,总是以自己的想法解释外部世界,以为自己的喜怒哀乐就是别人的喜怒哀乐,自己的想法、态度和行为就是别人的想法、态度和行为。

(2) 客观化时期(3—13岁)

3岁至十三四岁儿童的自我意识基本属于这一阶段。这个时期是个体接受社会文化影响最深的时期。这个时期的儿童通过各种活动,逐渐对自己的社会属性和社会责任有了一定的认识,并尽量使自己的行为得到社会、他人的赞许和尊重,力图使自己成为一个符合社会要求的人。这时的儿童已逐渐能够区别自我与周围事物,努力调节自我与周围人和事的关系,可以说是获得了社会自我阶段。

但总的来说,这个时期儿童的自我意识还是比较肤浅的,不能很好地了解自己的心理状态。他们的眼光是向外的,引起他们的兴趣和注意的是外部世界,他们往往照搬成人的观点,将其作为自己对外部世界的认识。

(3) 主观化时期(13岁—成人)

十三四岁以后到成人的自我意识的发展属于这一阶段。这时,个体的自我意识趋于成熟,并逐步获得了心理自我,即较深入地发现了自己的内心世界。可以说,此时个人的自我意识基本上趋于稳定和成熟。但这并不意味着个人自我意识的发展就终止了。因为在今后不断变化的环境中,个体需要不断地重新认识自己、体验自己,不断地自我设计、自我调控和自我完善。

65. 大学生自我意识的发展主要经历哪几个过程?

大学生自我意识的发展要经历一个明显的分化、矛盾、统一、转化和稳定的过程。

第一,分化。大学生是心理自我迅速发展的时期,笼统的分为主体我和客体我。自我意识的分化,使大学生主动、迅速地关注自己的内心世界和行为,并产生了新的认识,开始意识到自己从来没有注意到的"我"的许多方面和细节。因此,这一时期的大学生的自我沉思、自我分析、自我反省也明显地增多起来。

第二,矛盾。大学生自我意识分化的同时,必然会导致自我意识的矛盾。这种矛盾,常使他们对自我的评价也是矛盾的,对自我的态度是波动的,对自我的控制是不自觉、不果断的。这是大学生迅速走向成熟而又未完全真正成熟的集中表现,是大学生心理发展过程中的正常现象。

第三,统一。自我意识的统一是指自我意识的方方面面在新的水平和方向上的协调一致。这样的统一,既有积极的、正确方向上的统一,也有消极的、错误方向上的统一。

第四,转化和稳定。大学生自我意识的统一并不是一次完成的,而是经过了分化—矛盾—统一;再分化—矛盾—统一的过程。每一次的统一都是自我意识在质上的转化,标志着新水平的自我意识的诞生。自我统一后的新的自我的形成,在一定程度上意味着一个人的人格趋于逐步成熟和稳定。

66. 大学生自我意识发展主要有哪些矛盾？

我国大学生自我意识的总体发展水平较高,大多数大学生的自我评价与别人对他们的评价是比较一致的。他们的自我意识总体上是随年级上升而发展的,也具有较明显的时代特点。

研究也发现,我国大学生在理想自我和现实自我之间还存在一些明显的矛盾。主要表现在：①自我意愿高而多,自觉行动低而少;②自我认识较清楚,而自我调控能力相对落后;③过分关注自我、过于看重自己,而对他人、集体、社会考虑较少。

67. 大学生自我意识结构中各因素的发展特点是什么？

大学生自我意识结构主要分为大学生自我认识、大学生自我体验、大学生自我调控这三个方面。

(1) 大学生自我认识因素的发展特点
① 自我认识更具主动性和自觉性

进入大学后,除了学习上的问题外,大学生最为关心的是对自我的认识,他们会经常主动地把自己与周围的人进行对照,来评价自己。另外还自觉地参照书籍、媒体中介绍的人物品质与自己相比较,力图将社会期望的品质内化为自我的人格特征。随着年龄的升高,大学生中能够自我反省的人数比例也越来越高。

② 自我评价能力在增长,但仍有片面性

大学生的自我评价能力与中学生相比,具有更现实、更客观、更全面的特点,他们的自我评价与他人对其评价已基本一致,无显著差异。

(2) 大学生自我体验因素的发展特点

① 大学生自我体验的内容比较丰富

几乎每一个人身上的情感体验中,都同时并存肯定的、否定的、积极的、消极的体验。

② 大学生自我体验的敏感性较强

他们对外部世界和内心世界的许多方面的自我体验都比较敏感,尤其关心自己在他人心目中的形象与地位。

③ 大学生的自我体验较为强烈

由于大学生自尊感较为突出,在受挫或失败时,会产生比较强烈的内疚与压抑情绪;而取得成绩所产生的积极、肯定情绪体验,容易发展为骄傲自满,忘乎所以。

(3) 大学生自我调控因素的发展特点

① 自我期望的意向更崇高

中学生的理想志向多基于个人兴趣,而大学生随着价值观、人生观的逐步形成,形成了一定的由政治、道德、哲学观念所支配的理想信念。

② 自我设计、自我完善的愿望较强烈

大学生有了自我成长的理想后,就产生了围绕理想的目标而自我设计、自我完善的意向。在大学生的自我完善中,主要与社会的人才标准相联系,更多使用社会性的人才标准要求自己,尽量使自我完善与社会的要求相符合。

③ 有强烈的独立意识

随着大学生生理、心理和社会性水平的提高,他们的成人感特别强烈,总是期望摆脱中学时代的依赖性和幼稚性。他们不愿接受成人对他们生活上的各种安排，要求平等、理解，喜欢独立地观察事物、思考问题，乐于独立组织活动、解决问题。

68. 什么是自我教育？

自我教育是主体自我按照社会要求对客体自我所实施的教育，具体地说，就是主体主动地提出自我修养的目标，并以实际行动努力完善或培养自己的人格品质的过程。它是自我意识的最高级表现，特别是在自我评价能力发展的基础上产生的要求。自我教育是大学生完善自我、形成人格、实现自我价值的重要途径。但自我教育的能力不是自发形成的，而是个体在社会实践活动中，通过外部教育环境有目的地培养，逐步发展起来的。

69. 自我教育有哪些环节？

一般来说，自我教育主要包括以下环节：

第一，主体认识到学校和社会对自己提出的具体标准和原则，有使自己的言行符合这些标准和原则的愿望，从而产生自我教育的动机。

第二，主动自觉地分析自己的优点与缺点，正确地进行自我判断与评价。

第三，制定提高自我和完善自我的计划，明确努力目标和达到目标的措施。

第四，执行计划。运用各种自我激励手段，逐步实现提高自我和完善自我的目标。自我激励的手段有自我分析、自我鼓励、自我命令、自我监督等。

由上可知，产生自我教育的动机、正确进行自我评价、全面客观地认识自我并制定执行自我完善的计划都是自我教育的重要条件。但在不同年龄段，自我教育的内容和目标是有区别的。

70. 你认为应如何培养大学生的自我教育能力？

培养大学生的自我教育能力不仅是现代教育的目标，同时也是大学生完善个性、实现自我价值、实现可持续自我发展的有效途径，一般可以从以下几种途径着手培养。

(1) 树立远大理想,激发自我教育的高尚动机

理想是人生观的基本内容,它是人所向往的目标,是激励个体为未来人生目标奋斗的心理倾向。大学生一旦树立起了符合社会要求的远大理想,就会为实现这个理想而奋斗,形成正确的人生观。只有树立远大理想,才能产生正确的、高尚的自我教育的动机。

(2) 通过多种渠道全面认识自我

全面认识自我,是形成正确的自我意识的基础。大学生只有全面、正确地认识自我,才能客观、准确地评价自己的优缺点、优劣势,之后才可能制定出合理可行的自我教育计划,并为实现计划目标而不断努力。

(3) 不讳疾忌医,积极地悦纳自我

要培养大学生的自我教育能力,除了全面地认识自我外,还要积极地悦纳自我,即对真实的自我持接纳、认可、肯定的态度,无条件接受自身的优缺点,成功和失败,以扬长避短。此外,要学会正确地对待挫折和失败,要有勇气面对挫折与失败,然后通过总结经验教训,树立信心,不断克服挫折与失败。

(4) 加强自我反省和监督,努力完善自我

大学生在全面认识自我、积极悦纳自我的基础上,要努力完善自我。因为不断完善自我是个体自我教育的最终方向,是一个合理确立理想自我,努力提高实现自我的过程,同时也是一个主动改变现实自我,通过自我反省与监督的手段实现理想自我的过程。

71. 群体对个体的影响有哪些？

群体是指由两个或更多相互作用和相互影响的个体按某种特征结合在一起,并进行共同活动、相互交往而组成的共同体。

群体对个体的影响可分为正面影响和负面影响,主要表现为社会助长、社会阻抑、社会惰化、从众和服从等。

72. 什么是从众？

从众是指群体成员在真实的或想象的群体压力下,其行为或信念上的改变

及伴随的行为方式。

73. 从众有什么积极作用和消极作用？

从众的积极作用为：有助于群体成员产生一致的行为，有助于实现群体的目标；能促进群体内部的团结，增强凝聚力，维持群体良好的秩序和提高工作效率；有利于改变个体的错误观点与不良行为，使个体行为符合群体的要求；还有益于群体成员的互相满足，增强成员的安全感。

从众的消极作用为：容易抑制成员的创造性，养成人云亦云的不良习惯；容易压制正确意见，在表面一致的情况下，产生小群体意识和个人支配的局面，作出不一定正确的决策。

74. 从众受哪些因素的影响？

从众受情境和个性两方面因素的制约。情境因素主要有：①问题的性质；②群体的权威；③群体意见的一致程度。个体因素主要有：①个人的能力、自信心、自尊水平等个性心理特征；②群体规模、个人的自我卷入水平、文化差异、性别差异等。

75. 班集体对大学生的成长有什么作用？

班集体对大学生的成长具有重要作用，主要表现为：①具有良好班风的班集体，积极因素多，进步力量强，能给学生以多方面的正面教育和积极影响。②良好的班集体，既能防止班级内不健康的小团体的形成，又能抵制不良风气、不良思想的侵扰，减少和消除不良行为的产生；使好思想和好的行为得到传播和吸收，保证学生有一个稳定的、良好的学习和生活环境。③良好的班集体对于培养大学生的集体主义精神、优良的道德品质以及锻炼大学生适应社会的能力，增进心理健康都是十分重要的。

76. 如何确立和形成集体目标？

集体目标是所有集体成员共同努力所要达到的目标，可分为长期目标和近期目标。确立集体目标应明确、具体、容易为集体成员所理解，并需要与社会目标保持一致性。形成集体目标的途径有：①将目标具体化、操作化，使其具有本集体的特色。集体目标既应该具有社会价值，以保持集体活动的正确方向；又应该符合集体成员的个人需要，以使目标得到成员的认可。②开展丰富多彩的集体活动。集体活动可以是直接的具有教育性的活动，也可以是简单的群体活动。

77. 影响群体内聚力的因素有哪些？

内聚力是指群体内部的团结，一个好的群体其凝聚力一定是高的。内聚力是群体对个体的吸引力，或使群体成员留在群体内的力量；也指成员之间的吸引力，它表现为认同感、归属感和力量感。内聚力高的群体，工作的效率就高。

影响群体内聚力的高低主要有下面两个方面：

一是成员对群体目标的认同。群体成员对目标的认同形成一种共同的忠诚。共同的忠诚是成员间相互认同的基础，认同感越高，群体内聚力越强；认同感弱或者不认同，群体就没有将成员联系起来的灵魂，就会没有内聚力。

二是群体的领导方式。不同的领导方式，对群体内聚力有不同的影响。民主式的领导可以加强群体内部的团结，比专制式或放任式有利于提高群体凝聚力。

78. 什么是人际交往，大学生人际交往的特点是什么？

人际交往，简称交往，包括两个方面的含义：从动态角度说，是指人与人之间的信息沟通和物质交换。信息沟通是人与人之间交往的重要形式，是个人与他人建立联系，并通过这种联系丰富和扩展自身的主要途径；从静态的角度说，人际交往是指人与人之间通过动态的相互作用形成起来的情感联系，是人与人之间相对稳定的情感纽带。

大学生的人际交往的特点主要有：

第一，交往愿望的迫切性。随着年龄的增长，生活空间的扩展，社会阅历的不断增加，大学生的交往愿望也越来越强烈。同时，人际交往又是大学生开阔视野，早日成熟，适应社会的重要途径。因此，大学生表现出比以往更加迫切的交往愿望。

第二，交往内容的丰富性。广泛的兴趣、丰富的情感、充沛的精力、活跃的思想，使得大学生对各种自然的、社会的现象都会产生注意，希望自己见多识广，也使得他们交往的内容变得非常丰富。除了专业知识之外，交往的内容广泛，涉及文学艺术、政治、经济、军事、文化、历史、民俗等各个方面。

第三，交往系统的开放性。大学生的求知欲与好奇心强，容易接受新鲜事物，加之他们来自五湖四海，家庭状况、生活经历各异，而且高等学府又有信息灵通的特点，决定了大学生的社会交往是个多层次、多方位的开放性系统。

第四，交往观念的自主性。日益增强的自我意识水平和独立思考的能力，使得大学生为人处事不墨守成规，无论在交往方式、交往内容还是交往对象的选择上，虽不免受传统习惯的影响，却十分重视自己的意见和主张，喜欢用自己的逐步形成的观念和尺度去评价社会事物，交往观念具有明显的自主性。因此他们在社会生活中敢于大胆发表自己的意见，不愿简单地接受信息、人云亦云，希望通过交流思想、感情，探讨共同感兴趣的问题。

79. 人际交往对大学生的发展有什么意义？

人际交往一般指人与人之间信息交流过程，是人与人之间发生相互联系的最主要形式。人醒着的时候，大约有70%时间，都用于人际交往的过程。与他人交谈、读书、看报、上课、听广播、看电视，都是在进行人际交往。人际交往的广度和方便程度，对生活质量有极大的影响。因此人际交往在个人成长中具有重要作用。

第一，提高必要的信息，保证人的身心发展。作为信息加工和能量转化系统的人类有机体，必须与外部环境保持相互作用，接受外界的各种刺激，并作出适当反应，才能维持正常的生命活动。更为重要的是，人与人交往所提供的信息,不仅具有物理属性,而且具有社会属性。这种具有社会属性的信息,比一般的物理刺激更为重要。对于因战争而独居深山数十年的特殊个案进行的研究,发现缺乏人际交往会使人的语言能力和认知能力受到损害。

第二,有助于建立联系,丰富心理内容。任何人,无论精力多么充沛,他的直接经验都是有限的。人要想适应无穷无尽不断变化的外部世界,就必须凭借人际交往,吸取别人的经验成果。人际交往可以使人无论在思想观念上还是情感上都变得开放。在情感上,人们同样是通过人际交往来丰富自己。人们欣赏绘画、摄影作品,看电影、电视,阅读散文、诗歌、小说,实际上都是在体验作者创作的情感历程。不仅如此,受作品的激发,人们在欣赏过程中,还会产生许多作品中没有或超越作品的情感体验和思想观念。在情感体验的性质上,人际交往的过程使积极的情感体验加深,使消极的情感体验减弱。常言道:快乐与别人分享,快乐增加一倍。而痛苦与别人分担,痛苦减轻一半。人际交往,使人生真正变得丰富多彩,使人的有限生命走向无限。

第三,促使自我概念形成。自我概念包括对自己的观察、评价,对自己的身份和角色的意识,对自己应当怎样行为以及别人对自己如何评价等方面的观念,简而言之,自我概念就是关于自己的概念。如果一个人的自我概念是积极的,相信自己在某种挑战面前能够取得胜利,那么他就会采取行动去迎接挑战;相反,如果一个人的自我概念是消极的,相信自己不能取胜,那么他就会采取退缩的行为,回避这个情境。如果一个人有道德清廉的自我概念,那么他就会洁身自好,不轻易与人同流合污。相反,如果一个人没有自信,觉得自己本来就不能与人相比,是社会渣滓,那么他就会破罐破摔,丧失自我完善的要求,作出各种破坏行为。人的自我概念是在与他人的交往过程中逐步发展起来的。儿童最初并不知道如何评价自己,他们的自我概念直接来自与成人的交往。他们将成人对自己的表情、态度和反应当成镜子,并从中看到自己是否可爱、漂亮、聪明,是不是好孩子。通过这种途径形成的自我概念,称为镜像自我。许多个性成熟水平较低、尚未形成独立的价值判断能力的人,其自我概念也同样停留在镜像自我的水平。他们自己不能判断一件事情的好坏,不能自己解决冲突,而必须接受别人的指导。

第四,影响着学生自我的实际发展。人际交往的过程不仅影响学生的自我概念,而且通过影响自我概念的形成,也影响着学生自我的实际发展。有个著名的教育心理学实验曾揭示了教师在与学生交往的过程中,存在着特殊的"预言自动实现"的效应,也称罗森塔尔效应。研究发现,那些自知被老师认为是"未来的花朵"和"学业上会有突飞猛进"的学生,一段时间后,智力的提高明显优于对照组学生。老师的期待变成了现实。人的自我意识的保持,离不开社会比较过程。社会比较也是通过人际交往实现的。没有信息的交流,彼此对于对方的存在和状态没有意识,也就无所谓比较。人只有通过相互交往,体验到他人的存在,并将自己与他人比较,才可能形成对自己的概念。没有人际交往,没有对他人的体验,就没有参照,没有背景,没有自我。

80. 如何建立良好的人际关系?

人际关系可以分为动态和静态两方面。动态是指人与人之间的信息沟通和物质交换。动态是指人与人通过动态情感关系和相互作用形成起来的情感联系。

建立的良好人际关系,需要做到以下几点:

第一,建立良好的第一印象。第一印象在人际交往中具有重要的作用。人们会在初次交往的短短几分钟内形成对交往对象的一个总体印象,如果第一印象是良好的,那么人际吸引的强度就大,反之就小。而在人际关系的建立和稳定的过程中,最初的印象同样会深刻地影响交往的深度。戴尔·卡内基提出了建立良好第一印象的六条途径可供参考:①真诚地对别人感兴趣;②微笑;③多提别人的名字;④做一个耐心的听者,鼓励别人谈自己;⑤谈符合别人兴趣的话题;⑥以真诚的方式让别人感到他很重要。

第二,主动交往。很多人之所以缺乏成功的交往,仅仅是因为他们在人际交往中总是采取消极的、被动的退缩方式,总是期待友谊和爱情从天而降。这些人,只做交往的响应者,不做交往的始动者。然而,根据人际交往的交互性原则,别人是没有理由无缘无故对自己感兴趣的。因此,如果想与别人建立良好的人际关系,就必须主动交往。

第三,共情。人际关系从本质上说,是人与人在情感上的联系。这种情感联系越密切,双方所共有的心理世界范围也就越宽,人际关系也就越亲密。而共情恰恰是沟通人们的内心世界的情感纽带。所谓共情,就是指站在别人的立场上，设身处地为别人着想，用别人的眼睛来看世界，用别人的心来理解这个世界。"己所不欲，勿施于人"，积极地参与他人的思想感情，意识到"我也会有这样的时候""我遇到这样的事情会怎么办？"等问题，这样才能实现与别人的情感交流。这种积极地参与别人思想和情感的能力，可以把自己和他人拉得很近，并能化解很多矛盾和冲突。

81. 如何维护良好的人际关系？

相对人际关系的建立而言，人际关系的维护是一件比较困难的事。尤其是朋友之间发生了某些不愉快的冲突时，人际关系就会遇到困难。这时候，就需要运用一些技巧来维护已经形成的人际关系，使它不至于破裂。戴尔·卡内基从自身的经验中总结出来如下的技巧：

第一，避免争论。青年人经常喜欢争论，这是很正常的事。人们发现，这些争论往往都是以面红耳赤和不愉快结束的。事实证明，无论谁输了，都会很不舒服，更何况争论往往会演化成直接的人身攻击，对于人际关系是非常有害的。因此，解决观点上的不一致的最好途径是讨论、协商，而不是争论。

第二，不要直接批评、责怪和抱怨别人。卡内基警告人们："要比别人聪明，却不要告诉别人你比他聪明。"任何自作聪明的批评，都会招致别人的厌烦，而缺乏共情的责怪和抱怨，则更是有损于人际关系的发展。要学会用提醒别人的方式，使别人感到自己并不认为他不聪明或无知，决不要伤及别人的自我价值感。

第三，勇于承认自己的错误。虽然承认自己的错误是一种自我否定，但承认错误会给自己带来巨大的轻松感。明知错了而不承认，会使自己背上沉重的思想包袱，使自己在别人面前始终不能自如地昂起头。反过来，承认自己的错误，等于变相地承认别人，会使对方显示超乎寻常的容忍性，从而维持人际关系的稳定。

第四，学会批评。不到不得已时，决不要自作聪明地批评别人。但有时，善意的批评是对别人行为的很有必要的一种反馈方式。卡内基总结了几种不会招致别人厌烦的批评方式：①批评从称赞和诚挚感谢入手；②批评前先提到自己的错误；③用暗示的方式提醒别人注意自己的错误；④领导者应以启发而不是命令来提醒别人的错误;⑤给别人留面子。

82. 影响心理健康的因素主要体现在哪些方面?

每一个人的成长,都可以写成一本书,喜怒哀乐皆融于其中。由于社会呈现多元化的趋势,影响大学生心理健康因素有很多方面,概括起来主要有遗传因素、生理因素、环境因素、教育因素和个人自身的主观因素等。

一是遗传因素。遗传是指机体的生理解剖结构和机能特性由上一代传递给下一代。一般来讲,人的心理活动是不能遗传的,但是一个人作为身心兼备的整体,与遗传因素的关系又是十分密切的,特别是一个人的躯体、气质、智力、神经过程的活动特性等,受遗传因素的影响更为明显,同时研究表明,遗传因素也是产生精神病的重要原因。

二是生理因素。生理因素主要是指人的身体和神经系统等方面的特点,研究发现生理方面的问题也是影响心理健康的重要因素。首先,母亲孕期身体有病,情绪不好或营养不良,可能影响胎儿的生理发育,进而影响其心理功能的正常发展。其次,脑神经递质的变化也会对人的心理状态和精神疾病产生重要影响。再次,维持人的心理健康,有赖于脑和整个神经系统保持正常的生理机能。

三是环境因素。影响大学生心理健康的环境因素主要包括家庭环境和社会环境。①家庭环境是个体心理成长的一个重要"学校"。一个拥有良好教育环境的家庭,可以促使青少年健康成长、奋发向上,具有良好的心理素质。相反,结构、素质和教育方法存在缺陷的家庭,会使其人格、自尊心、个性、气质、品质的形成缺乏必要的条件,导致心理发育受挫,较容易出现心理缺陷。②社会环境的复杂性在很大程度上也影响着大学生的心理健康。社会生活竞争日趋激烈,各种新思想、新观念不断出现,东西文化的碰撞,价值观念的冲突,贫富差距的客观存在,利益关系的调整,造成了人们心理的不平衡感和不稳定感,也容易使大学生产生"讲实惠、图虚荣"等心理。

四是教育因素。影响大学生心理健康的教育因素主要包括家庭教育、学校教育和社会教育。

①家庭教育中的家庭气氛、家庭结构,父母对子女的教育理念和期望,父母

的教育目的、教育方式,父母的榜样作用等,对子女的心理健康都会产生影响。②学校教育中,学校办学的人文精神、学术思想,学校的管理制度和措施,学校处理学生事件的态度与方法,学校领导与教师的精神风貌与教育方法等都构成了学校的文化氛围和风气,都会影响着大学生的成长和心理健康。③像广播、电视、报纸、杂志、学术报告、文艺演出、网络等都起着社会教育的作用。

此外,个体的主观因素如个人的自我意识、人格特点、人生观、价值观以及对事物认知的态度等都会对心理健康产生影响。

83. 高校心理健康教育的主要内容是什么?

第一,培训心理调适的技能,提供维护心理健康和提高心理素质的方法。使大学生树立积极的交往态度,掌握人际沟通的方法,学会协调人际关系,增强适应社会生活的能力。使大学生自觉培养坚忍不拔的意志品质和艰苦奋斗的精神,提高承受和应对挫折的能力。

第二,认识与识别心理异常现象。使大学生了解常见心理问题的表现、类型及成因,初步掌握心理保健常识,以科学的态度对待各种心理问题。

第三,根据大学生活不同阶段以及各层次、各学科门类学生,特殊群体学生的心理特点,有针对性地实施心理健康教育。

第四,讲解大学生普遍存在的、较为集中的心理问题。

第五,着重讲解经济困难学生等特殊群体学生的心理健康教育内容。

84. 什么是心理咨询?

心理咨询是指运用心理学的方法,对心理适应方面出现问题并企求解决问题的求助者提供心理援助的过程。来访者就自身存在的心理不适或心理障碍,通过语言文字等交流媒介,向咨询师进行述说、询问与商讨,在其支持和帮助下,通过共同讨论找出引起心理问题的原因,分析问题的症结,进而寻求摆脱困境,解决问题的条件和对策,以便恢复心理平衡,提高对环境的适应能力,增进身心健康。

85. 心理咨询与思想教育工作有哪些区别和联系？

心理咨询与思想教育工作的区别有以下三方面：

一是理论基础和工作重心不同。心理咨询属于心理科学范畴，理论基础主要是咨询心理学、心理测量学等。心理咨询的着眼点是帮助来访者消除和缓和心理症状，调节情绪、平衡心态、矫正行为，促进其人格向健康、协调的方向发展。思想政治教育属于社会意识形态的领域和范畴，以马列主义、毛泽东思想、邓小平理论等为理论基础，其工作着眼点在于提高人的思想政治觉悟和道德品质，调动人的积极性，以保证各项任务的完成。

二是工作方法与手段不同。思想教育工作的方法和手段多种多样。例如开设思想修养课，组织参观、访问、报告、辩论会，进行批评、表扬、个别谈心等。心理咨询以个别咨询为主，同时配合心理健康教育课程、团体咨询、心理测验等。

三是工作内容和工作效果评价标准不同。高校心理咨询的工作内容十分广泛，如专业与职业选择，人际关系的调整，工作学习、婚姻家庭等方面出现的心理问题、认知障碍、情绪障碍治疗和心理危机干预等。思想政治教育的内容包括马列主义理论、党的基本路线、爱国主义、集体主义、革命传统、理想道德、形势与政策教育等。衡量心理咨询工作成效的标准主要是从心理问题解决与否以及解决的程度如何等方面作评估。衡量思想政治工作的标准是看受教育者思想觉悟和认识能力提高的程度。

心理咨询与思想教育工作的联系有以下三方面：

一是工作目标具有一致性。二者的根本目标都是为了促进学生的健康成长。

二是工作内容具有相关性。二者均涉及大学生心理健康、人格塑造、人生目标选择等具体内容。本质上都是帮助学生解决思想认识问题，是相互渗透的。某些思想问题可以通过心理咨询来解决，而某些心理障碍也可以通过人生观、价值观教育逐步化解。

三是二者都是学校整体工作的组成部分，都要接受学校有关部门的领导与支持。

86. 心理咨询必须遵循哪些基本原则？

第一，保密性原则。保密性原则是鼓励来访者畅所欲言的心理基础，也是对来访者权利的尊重。保密范围包括个人信息、谈话内容、测试材料等。

第二，理解与支持原则。咨询人员要热情、诚恳地接待来访者，对来访者的语言、行动和情绪要充分理解，并给予精神上的支持。不得以道德和个人价值的眼光评判对错，要帮助来访者分析原因并寻找出路。

第三，时间限定原则。心理咨询必须遵守一定的时间限制。咨询时间一般为每次50分钟左右。原则上不能随意延长咨询时间或间隔。

第四，来访者自愿原则。咨询求助的来访者必须出于完全自愿，这是确立咨访关系的先决条件。只有自己感到心理不适，为此而烦恼并自愿找咨询人员诉说以寻求心理援助，其问题才能获得解决。

第五，感情限定原则。咨访关系的确立是咨询工作顺利展开的关键，但这种心理沟通和接近是有限度的。个人间接触过密容易使咨询人员过于了解来访者的内心世界和私生活，阻碍来访者的自我表现，无法说出想说的内容，从而使咨询人员失去客观公正判断的能力。

第六，预防重于治疗原则。心理咨询人员不仅应重视来访者的心理偏常或心理障碍的诊治，更重要的是重视咨询过程中心理卫生知识的宣传与普及，以防患于未然。

87. 大学生恋爱心理主要有哪些特点？

爱情是人类永恒的话题，也是大学校园内一道亮丽的风景线。正值青春期的大学生，生理趋于成熟，卸下了高中学业的重压，免除了老师家长的约束，由于情感的需要及周围环境的影响，大学生们渴望爱情，想谈恋爱已成为一种较普遍的心理。对于文化水平较高，情感体验较为丰富的大学生们来说，校园爱情是他们大学生活中重要的一课。

绝大多数大学生是初次较长时间离开父母，离开自己习惯了的生活圈子，在经历了开始的激动与兴奋后，会逐渐地发现周围不再有父母的呵护，不再有好友的关心,取而代之是陌生的环境和陌生的人。于是,他们的情感世界出现了"饥荒",孤独、空虚随之产生,于是很自然地在大学生活中寻找感情的交流和满足,寻找感情寄托的对象。

大学生的爱情生活多姿多彩,他们或者通过老乡会、各种社团相识,或者通过网络或电话传情,但总体而言,大学生恋爱心理具有四大特征:

第一,恋爱动机简单化。更多的大学生在恋爱中没有过多考虑将来能否走到一起的事情,他们看重恋爱的过程,轻视恋爱的结果,他们恋爱,是因为需要爱和被爱,多是出于本能的喜欢和吸引,"不求天长地久,只求曾经拥有"是大学生较普遍的一种心理。

大学生注重恋爱过程,这种心理有利于恋爱双方互相了解、加深认识,也有利于恋人之间培养感情、增加心理相容度。这种恋爱思想同时也反映出大学生恋爱没有太强的功利色彩,目的单纯,执意追求爱的真谛。但从另一方面来说,只注重恋爱过程,强调爱的"现在进行时",不考虑爱的"将来完成时",缺乏爱情的责任意识。还有一部分大学生恋爱出于从众或虚荣心理,把恋爱当作一种充实课余生活,解除寂寞,填补空虚的手段,由这些可以看出大学生恋爱心理还不太成熟。对感情缺乏深刻的认识。

第二,自控力与耐挫力较弱。曾经有一项关于爱情和学业的调查,在对待学业与爱情的关系上,43.6%的大学生认为"学业高于爱情";49.6%认为"同等重要";只有6.8%认为"爱情高于学业"。调查结果说明绝大多数大学生能够正确看待学业与爱情的关系,希望学业和爱情双丰收,具有理智的爱情观。但很多事实表明,很多大学生缺乏理智处理感情事件的经验和心态,一旦陷入热恋中,往往不善于控制自己的情感,缺乏理智的驾驭能力,对恋爱对象过分依赖,稍有波折就痛苦万分。一旦恋爱受挫,经常会情绪失控,无法自拔,对学习造成严重影响。由于缺乏成熟的相处经验,很多大学生不能互相迁就对方,不能够从容理智地处理爱情进程中遇到的各种问题。可见,摆正学业与爱情的关系,正确处理感情中遇到的问题,是恋爱中的大学生迫切需要学习和理智面对的问题。

第三,爱情呈现出不成熟与不稳定性。当前大学生的恋爱,低龄化人数呈上升趋势。很多大学生一进大学就开始谈恋爱。这些低年级学生,由于社会阅历浅,思想单纯,很多学生对于自己的人生目标和需要,还没有一个很清楚的概念,对待恋爱问题简单、幼稚、不成熟。在择偶标准上,往往重外表、轻内在;在恋爱方式上,往往重形式、轻内容;在恋爱行为中,往往重过程、轻结果,重享乐、轻责任。这种恋爱上的不成熟,加之经济上尚未独立,恋爱过程中感情和思想易变,缺乏妥善处理恋爱中情感纠葛的能力,极易造成恋爱的周期性中断,或对恋爱对象的选择漂泊不定,恋爱的成功率较低。

在对待失恋的问题上,绝大多数大学生都能理智对待,安全度过这一心理阴暗期,多数大学生通过"找朋友诉说"或"理性思考"对待失恋问题,对自己和对方采取宽容的态度,尊重对方的选择。但仍有一部分学生摆脱不了"情感危机",有的失去信心,放弃对爱情的追求;有的一蹶不振,自暴自弃,认为一切都失去了意义;有的视对方如仇人,肆意诽谤,甚至作出极端行为伤害对方。所以大学生需要了解一些爱情常识,学会用成熟的心态面对自己感情上的问题。

第四,恋爱观念开放,传统道德淡化。随着时代的发展,当代大学生的恋爱观念日益开放,传统道德逐渐淡化。随着对外开放的范围不断扩大,各种新闻媒体、网络文学的盛行和渲染,使当代大学生对于爱情的观念趋于开放和大胆,不愿接受传统观念的束缚,恋爱方式公开化。在爱的激情下,一些大学生甚至在公共场所、大庭广众之下,旁若无人,作出过分亲密的动作。许多大学生不能正确处理感情和性的关系,不能够理智成熟对待自己的情感问题,只愿享受爱情的甜蜜、忽略爱情背后的责任,由此而引发一系列的问题。

88. 从心理发展的角度来看,如何培养大学生审美能力?

苏霍姆林斯基曾经说过:"我一千次地确认,没有一条富有诗意的、感情的和审美的清泉,就不可能有学生全面的发展。"爱美是人的天性,凡是热爱生活的人,总是表现出对美的渴求。然而,要从生活中感受美,挖掘美,创造美,是离不开审美能力的。大学生恰好处于人的一生中情感最丰富的时期,因此也是培养审美能力的良好时机。

培养大学生审美能力,从心理发展的角度来看,在现实生活中可以从以下几点出发:

(1) 适当开设课程,引导审美情趣

审美情趣是指产生美感的对象范围。美感是人们在对事物的感知过程中产生的体验。这种体验既与遗传有关,又与后天的学习有关。其中,与遗传关系密切的是与自然现象有关的审美活动,比如对人的外貌的美感体验等,与学习有关的审美活动则多与社会现象关系密切。

审美情趣有高低之分,有人喜欢通俗,有人追求高雅。对于以自然美为主要对象的审美活动,无论是喜欢通俗还是追求高雅,都是正常的,无需过多干预。但是通俗层次的审美是初级的,无需多少文化就可以审美,而高雅层次的审美则需要一定的文化修养,大学生审美能力的培养,应该着重于高雅层次。因此应适当的开设一些讲座或者选修课程,引导学生的审美情趣。

(2) 开展审美讨论,提高审美层次

大学生虽然比中学生成熟,但是他们在审美活动中仍然有很大的从众性。例如在大学校园内,从对音乐、诗歌等艺术的偏好,到对服饰、发型的选择,大学生都容易表现出某种流行倾向。这些倾向一般并无不当,但是学生们对美的感受水平仅仅局限于直觉层次上,缺少有见地的鉴赏。因此,就一些审美问题组织一些讨论,通过讨论的形式,提升大学生的审美层次,一来可以提高学生的审美水平,二来可以丰富校园文化生活。教师和学校领导如果也能加入讨论,会有更好的效果。

(3) 重视校风,净化审美环境

校风优良的学校,身处其中往往能够在所见所闻中收获美好的感受。校风对于学生们的审美情趣的形成有着十分重要的作用。它潜移默化地影响着学校中的每一个人。因此,学校和教师都要注意校风的问题,校风的宣传和维护是学校所有成员的责任和义务。

(4) 引导大学生在各种社会活动中感受美

大学生的社会活动有自发的和学校组织的两种。无论哪一种社会活动,对大学生的提高都是多方面的,也给学生提供了审美的机会,因此,在社会活动中只要正确引导,也能促进学生审美能力的提高。其中,特别重要的是各种文化活动,教师可以组织学生观看优秀的文艺节目、文艺比赛等,也可组织学生参加各种有益的社会文化活动,诸如慰问敬老院、孤儿院等,参加和组织各类提倡环保的公益活动等多种形式。这些社会活动既可满足大学生的审美需求,也能培养他们的审美能力。

89. 大学生健康心理素质培养主要涉及哪些方面？

心理素质是人的基本素质之一。对人的生活和工作都有着十分重要的影响。随着高校大学生各类自杀或伤害事件的增加，大学生心理健康问题引起了社会的广泛关注。

首先，大学生心理健康教育课在大学生的选课范围内是属于选修课(除心理学专业外)。如果想培养大学生具备更好的心理素质，就势必要把大学生心理健康教育课变为必修课，这样每一名大学生都可以借由教师的授课内容提升自身心理素质，有情况也可以及时和教师谈话来解决。教师也会在授课时观察学生的心理状态，可以尽量避免悲剧的发生。

其次，应该定期做相关的心理测试，例如开学时的心理测试可以全面系统地分析每名学生的心理状况。但是在整个本科四年只做过一次，有些学生在刚开始进入大学的心理很可能是健康的，但是经过一段时间，心理状况会发生一定的变化。如果定期组织心理测试，了解学生的动态，对一些存在问题的同学进行心理方面的辅导及练习，会逐渐得到改善。

再次，同学老师之间应该相互关心。现如今，每名大学生都需要掌握一些心理学方面的知识，比如具有自杀倾向的同学会有什么特点，可能不会面面俱到，但是懂得了这些后，大家会更加关心这些同学。同时，通知教师或者心理医生，通过专家的干预，使其得到及时救助，从而增强大学生心理素质。

一方面大学生心理素质的提高需要同学老师的共同努力，辅导教师更应该关心大学生的心理状态。另一方面，不能对大学生心理健康问题过于悲观，大学生的心理问题大都是不适应或情绪困扰，真正有心理疾病的是极少数，大学生的心理健康问题应该以心理教育以及预防为主。同时还应通过科普宣传，加强大学生对心理健康知识的了解，提高学生对心理问题的识别能力和心理素质。

90. 什么是心理素质？

心理素质是人的整体素质的组成部分。以自然素质为基础，在后天环境、教育、实践活动等因素的影响下逐步发生、发展起来的。中国全民健心网负责人肖汉仕教授认为:心理素质是在遗传基础之上,在教育与环境影响下,经过主体实践训练所形成的性格品质与心理能力的综合体现。其中的心理能力包括认知能力、心理适应能力与内在动力。对内制约着主体的心理健康状况,对外与其他素质一起共同影响主体的行为表现。

心理素质水平的高低应该从以下方面进行衡量:性格品质的优劣、认知潜能的大小、心理适应能力的强弱、内在动力的大小及指向。对内体现为心理健康状况的好坏,对外影响行为表现的优劣。

良好的个性包括:自知、自信、自强、自律、乐观、开朗、坚强、冷静、善良、合群、热情、敬业、负责、认真、勤奋等。

正常的智力包括:感觉、知觉、记忆、思维、想象、注意力正常。

较强的心理适应能力包括:自我意识、人际交往、心理应变、竞争协作、承受挫折、调适情绪、控制行为的能力。

积极而强烈的内在动力包括:合理的需要、适度的动机、广泛的兴趣、适当的理想、科学的信念。

健康的心态包括:智力正常、情绪积极、个性良好、人际和谐、行为适当、社会适应良好。

适当的行为表现包括:符合角色、群体、社会规范、道德和法规。

91. 教师应具备的心理素质包括哪些内容?

教师应具备的心理素质可分为教师的机智、教师的能力和教师的人格三大类。教师的教育机智主要表现在四个方面:①循循善诱,因势利导;②灵活果断,随机应变;③方式多样,对症下药;④实事求是,掌握分寸。教师的教育能力主要包括:组织教学的能力、言语表达的能力、了解学生的能力、独立创造的能力、实际操作的能力、教育科研能力等。教师应具备的人格特点主要包括:正确的动机、浓厚的兴趣、热烈的情感、坚强的意志、良好的性格等。

92. 为什么说最有用的学习是学会如何进行学习?

罗杰斯特别强调学习方法的学习和掌握,强调在学习过程中获得知识和经验。他在《学习的自由》一书中明确指出:"只有学会如何学习和如何适应变化的人,只有意识到没有任何可靠的知识,唯有寻求知识的过程的人才是可靠的人,才是有教养的人。现代世界中,变化是唯一可以作为确立教育目标的依据,这种变化取决于过程而不取决于静止的知识。"罗杰斯认为,很多有意义的知识或经验不是从现成的知识中学到的,而是在做的过程中获得的。促进学习的最有效的方法就是让学生直接面临实际问题。学生通过实际参加学习活动、进行自我发现、自我评价和自我改造,从而获得有价值的、有意义的经验。这是最宝贵的知识。

罗杰斯还强调在学习过程中获得的不仅仅是知识,更重要的是获得如何进行学习的方法或经验,这些方法和经验可以运用到以后的学习中去。所以,最有用的学习是学会学习,它使人能够不断感受各种经验,形成对变化的耐受性。人本主义的学习理论过分强调人的学习本能,忽视环境和教育的作用,强调学习的绝对自由,这些观点是错误和片面的。但人本主义学习理论提出的某些具体观点,如重视学生的自由选择,注重创造愉快的课堂气氛和师生之间的情感交流,强调在做中学及学会学习等,都具有某些可取之处,值得在教育中适当加以借鉴。

93. 影响问题解决的因素有哪些?

培养和训练学生解决问题的能力,涉及多方面的教育、教学工作,在实践中,至少有三个方面的问题。

(1) **基本条件的储备**

第一,具备有关课题的知识并熟悉该学科所特有的逻辑推理方法。所具有的有关课题的知识越多,越结构化,对问题解决越有帮助。每门学科特有的逻辑推理方法和解题策略,又是解决该学科问题的必要条件。不具备这些条件,就很难解决该学科的问题。

第二,认知因素。如对问题的敏感好奇、善于思索、首创精神、果断等认知风格,一般的智力技能以及控制自己内部认知过程的认知策略等,对问题解决起决定作用。

第三,人格特性。一定强度的内驱力以及坚持性和挫折耐力等,也都是成功地解决问题的保证。

(2) 结合教学内容进行训练

培养学生解决问题的能力,最经常而直接的手段是结合各门学科的日常教学。奥苏伯尔的研究证明,采用主动接受学习的方式,辅以有指导的发现学习和自动解决问题的教学,分析、批判地进行特殊学科的意义学习,将大大促进习得有关学科的问题解决技能。结合学科教学,训练解决问题能力的效果常取决于:在教学中强调术语定义的精确性;重视有关概念之间异同的比较和清晰描述;培养学生批判地提出异议的科学态度;鼓励学生用自己的语言重新阐述各种观念;帮助学生正确地表征问题;帮助学生养成分析问题和系统思考问题的习惯和能力等。

(3) 训练的程序

学生解决问题的技能是随一系列策略运用而发展和提高的。除训练解决特殊问题的技能,更应着重培养解决问题的一般技能,学会解决一般问题的原理和原则。训练学生解决问题的一般技能可以采用:①在解决某问题前,对该问题进行简洁陈述,并规定界限,使解决问题的目标明确。②避免将注意力局限于问题的一个方面,应从整体出发,纵观全局。③超越外显的现象,深入问题的本质。④警惕与避免产生功能固着和负迁移现象。⑤抛开希望不大的先入为主的想法,另作其他的考虑和选择。⑥对提出的论据要思考有多大的可靠性与代表性。⑦弄明白任何前提所凭借的假设。⑧清楚地区分数据和推论。⑨慎用未经证实的假设中推演出来的信息。⑩谨慎地接受与自己意见一致的结论。

94. 教育现代化的基本特征是什么?

教育现代化是对传统的教育体系、观念、模式、方法、技术手段等方面的继承、超越和变革,是对与社会发展不相适应的传统教育体系的重构,涉及教育的多个层次和多个方面。具体地讲,教育现代化就是要应现代社会政治、经济和科技发展的需要,以培养创造型人才为目的的新型现代教育体系,主要包括以下三个方面的内容:

第一,教育设施、教育内容、教育方法、教育技术的现代化,主要包括教育设施的标准化、规范化;教育方法和技术手段的高效化、科学化;教育内容的结构化、科学化等。

第二,教育体制结构的现代化,主要包括教育结构的多样化,系统化、网络化;教育管理手段的法制化;教育对象的普及化、大众化等。

第三,教育观念的现代化,主要表现在教育价值观、人才观、知识观、教学观、师生观等方面的现代化。教育的现代化主要在于观念的现代化,现代化的观念是教育现代化的内驱力,它是教育现代化的核心。

95. 远程教育的特点?

远程教育是相对于课堂教学而言的。课堂教学是一种师生双方面对面进行交流的教育形式,而远程教育由于有远程技术的支持,教师和学生双方不进行直接见面的交流,依靠传播手段,超越了教育的时间和空间的限制。国际远程教育专家德斯蒙德·基更认为,远程教育有以下五个显著的特征:①在整个学习时期,师生处于准分离状态。远程教育是在教育实践中实现了不同地域的人际间的交流学习。②教育组织在学习材料和支助服务两个方面对学生学习发生影响。支助服务包括:函授指导,批改作业,电话,计算机通信,音频、视频或计算机会议以及必要的面授辅导等。③利用各种传播技术及媒体联系师生,并承载和传递教学内容。④提供双向通信交流。⑤在整个学习期间,准永久性地不设学习集体,学生主要是作为个人在学习,为了社交和教学目的才进行必要的会面。

远程教育以学生的自主学习为主,教师及远程教育工作者主要是为学生的学习提供方便,创建学生自主学习的条件,所以,远程教育过程注重对学生学习材料的开发。

远程教育由于教师与学生不直接见面,难以及时地对学生的学习提供指导,情感方面存在欠缺,所以,远程教育重视对学生教育环境的创建,特别重视对学生提供实时和非实时支助服务。而基于计算机网络技术的第三代远程教育满足了这些要求。

96. 什么是教学测量与评价？

（1）**教学测量**

教学测量是考核教学成效的一种方法。这是借助于一定的心理量表及操作，对学生的学习成绩进行探察，并以一定的数值来表示的考核办法。

教学测量的目的在于考核教学成效，也就是考察教学目标的完成情况，即学生内在的能力与品格等形成的状况。因此，教学测量的目标应以教学目标为依据，测量目标应与教学目标相一致，而不能偏离教学目标。

由于教学测量的对象是学生内在的能力与品格等的形成状况，不能像物理测量那样直接进行，只能借助于一定的心理量表及操作间接测量。因此，测验量表的科学性是有效教学测量的必要前提。

教学成效是通过测量学习成绩进行考察的。也就是说教学成效是以学生的学习成绩为直接考察依据的。而学习成绩是以一定的数值来表示的。因此，命题的合理性与评分的客观性是有效教学测量的一个重要影响因素。

（2）**教学评价**

所谓教学评价，就是依据教学目标，对学习成绩测验所得的测量结果进行分析及解释。教学评价主要包含以下两个方面的工作：

一是教学评价必须对学习成绩测验数据所表明的教学成效作出确切的诊断。诊断教学成效就是依据教学目标，运用学习成绩测量数据，判明学生知识技能策略的掌握程度以及能力与品格的形成状况。

二是教学评价必须对教学的成败原因进行分析，并对今后教学工作的改进方面作出明确的规定。教学评价不仅要了解学生的能力与品格的形成状况，更重要的是要找出以往学习中的断裂点和断裂带，分析成功与失败的原因，并提出改进措施。

97. 教学测量与评价的作用？

教学测量与评价是检验教学成效，确定学生学习结果和教学效果的有效手段，是有效教学不可缺少的环节。虽然通过日常调查和观察可以得到有关教学成效的某些信息,但是这些信息往往是表面的、粗糙的,有的甚至是虚假的。学校教学若缺乏测量与评价环节,教学工作就难免盲目与主观行事。测量与评价作为教学过程中的反馈环节,其作用主要表现在以下四个方面:

第一,有利于检验教学成效。教学测量与评价所提供的反馈信息,既能确定教师的教学效果,又能确定学生的学习水平,因而是检验教学成效的有效途径。

第二,有利于调整和改进教学。教学测量与评价可以帮助教师了解学生能力与品格的形成状况,了解影响学生学习的各种因素,诊断学生存在的学习问题,明确教学中薄弱环节,从而进一步调整教学目标,改进教学内容和教学方法,以提高学生的学习成效,加速学生心理结构的形成。

第三,有利于促进学生的学习。通过教学测量与评价及反馈的信息,能使学生明确自己对有关知识、技能的掌握情况,找出学习中的薄弱环节,从而调整自己的学习行为,把时间和精力集中在需要加强的那些方面,以构建完整的能力结构。

第四,有利于激发学生的学习动机。教学测量与评价可以为学生提供自己学习效果的反馈信息,这种信息的正确归因,将有助于激发学生争胜求成的学习动机。当学生知道自己的学习效果是好的,则可以满足其"获取成功"的需要,从而带来愉快的情绪体验,进一步增强其学习动机。如果反馈的结果说明学习效果不好,往往会引起不愉快的情绪体验,为了"避免失败"也可以促使学生把压力变成动力,反过来增进学生的学习动机。

98. 什么是效度和信度?

效度是指测验的有效性、正确性,也就是测验所能达到测量目的的程度,它是衡量一个测验质量的重要标准。

信度是指测验的稳定性、可靠性,也就是测量的前后一致性程度。

99. 测验的评分应注意哪几点?

虽说命题是编制学绩测验的核心,但有了一套好的命题并不等于就有一个

好的测验,因为测验的评分系统也会影响到测验的信度和效度,从而影响测验的质量。为此,学绩测验的评分应注意以下几点:

(1) **评分标准要客观公正**

学绩测验常常既含有客观题,又含有主观题。对于客观题来说,其答案固定,标准统一,评分比较客观。但对于主观题来讲,其答案比较灵活,标准较难把握,不同的评分者间评分标准很难一致,即使是同一个评分者,其评分标准也会受情绪、疲劳、评卷顺序引起的对比效应以及对学生的成见所影响。因此,为了尽可能使评分标准统一,使评分尽可能客观,一般可采取每人负责评阅一题以及多人评阅求平均的办法。

(2) **评分标准要明确具体**

评分标准要规定答案要点及可接受的变式。对于答案固定的题型来讲,提供一个标准答案就可以了,但对于答案较灵活的题型来讲,只提供一个标准答案远远不够。因为这类题的答案一般都较复杂,非个别词语和两三句话就能说明的,因此,必须在答案中明确指出各个要点,并对各要点的记分加以说明。由于同一问题可以从不同的角度,用不同的方法进行回答,因此,这类题的评分标准除规定一般的答案要点外,还应给出各个要点的可接受的变式。

(3) **评分标准应按照题目的难易及要点的主次制定**

由于不同的测验题测试的内容、目标和难度均有所不同,有些题测试较低水平的认知能力,有些题测试较高水平的认知能力,有些题回答起来比较简单、容易,有些题回答起来比较复杂、困难等。因此,各试题的分数不能平均分配,而应突出其难度差异。对于要点较多的试题,各要点的分数应根据要点的重要程度加以区别记分,这样才能使记分比较合理。

(4) **评分标准应注重内容而不应注重形式**

由于学绩测验的目的在于测查学生对有关知识、技能、策略的掌握程度,因此,评分时应该注意答题的内容而不是答题的形式。除中文科目之外,其他科目试卷的评阅,不应过多受错别字、书法、句法以及卷面整洁等因素的影响。

100. 测验结果的分析包含哪些内容?

运用科学的测量工具得到精确的测分后,还必须对学绩测验的结果进行分析和解释。主要包括对测验本身和对教学活动两个方面的分析。

(1) 对测验本身的分析

对每个试题而言,测验结果的分析,可以了解每个试题的性能,提高测验编制技术,积累好的试题。测验分析主要应分析的是难度和区分度。对于多选题,还要分析备选答案的适合度,考察标准答案是否正确、是否唯一、是否过于明显,错误答案是否有迷惑性等。

就整个测验而言,应分析其信度和效度,并确定其分数分布。分数分布反映的是整个测验的难度,它直接依赖于组成测验项目的难度。如果被试样本具有代表性,一般说来,分数是常态分布的。当分数不是常态而是偏态时,有两种情况:一是正偏态,分数密集在低端,这表明缺少难度低的题目,应加入一些较容易的项目,直到分布大致符合常态方可继续使用;二是负偏态,分数堆积在高分端,说明缺少足够数量的难题,应加入较难的项目,使整体大致呈常态分布。当然,并不是任何测验都要求分数呈常态分布。掌握性测验,如用于教学前的摸底,出现正偏态是正常的;如用于总结性评价,则出现负偏态才说明教学是有成效。

(2) 对教学活动的分析

对教学活动而言,测验结果的分析,可以对教与学提供反馈信息,从而改进教学,促进学习。为实现这一目的,首先,要对测验中发生的错误进行登记和分析。其次,对学生发生的错误进行分析,以说明教学中存在的问题。诸如是基本概念不明确,还是基本技能不熟练?是教师讲述不清楚,还是学生理解不透彻?最后,应针对教学中存在的问题提出改进措施,以促进学习。

第二部分

高等教育学

101. 什么是高等教育？

高等教育是指一切建立在普通教育基础上的专业教育。如果把高等教育只理解为高等学校中的各科课堂教学，这是狭义的高等教育概念。广义的高等教育，从教育对象、教育途径和形式来说，已突破了只限于高等院校全日制高等教育这一传统概念。随着科学的发展、社会的需求，高等教育的对象越来越广泛，随着教育的社会化，人们接受高等教育越来越不受教学地点、时间、内容、组织方式和年龄的限制，高等教育和科研、生产生活乃至生活过程更为紧密地结合起来。

102. 什么是高等教育学？

高等教育学是一门适应高等教育的需要，立足于高等教育而产生，以研究高等教育规律为任务，以培养社会主义现代化所需的高级人才为直接目的的学科。它涉及研究并阐述高等教育的原则和方法及发展趋势等方面的问题。

103. 高等教育与高等教育学具有什么关系？

高等教育学的具体研究内容主要有：高等教育的特点，高等教育学的基本概念，高等教育的地位和作用，高等教育与政治、经济和文化科学的关系，高等教育的目的和培训目标，高等学校的教师和学生，高等学校的体制与管理，高等教育制度，高等学校的教学和科研的特点与规律，高等教育全球化及其热点问题等。

高等教育学对教育学而言，是其一门分支学科，但对高等教育及其学科而言，又是一门综合性学科。我国的高等教育学，坚持以马克思主义为指导，以邓小平提出的"三个面向"为方向，以教育学、心理学、哲学为理论基础，以辩证唯物主义和历史唯物主义作为方法论的研究基础，在不断总结理论和实践相结合的基础上，借鉴国外有关教育的理论和经验，逐渐形成我国高等教育的理论体系，并在此基础上完成高等教育学的理论建设和自身的专业体系。

104. 高等教育在现代社会中具有什么作用？

第一，高等教育为国家培养高级建设人才。1987年邓小平在《在全国教育工作会议上的讲话》中指出："为了培养社会主义建设需要的合格人才，我们必须认真研究在新的条件下，如何更好地贯彻教育与生产劳动相结合的方针。"强调现代经济和技术的迅速发展，"更重要的是整个教育事业必须同国民经济发展的要求相适应"。1988年又在《听取关于价格和工资改革初步方案汇报》时说："从长远看，要注意教育与科学技术。"再次强调"科学技术是第一生产力""要把教育问题解决好"，并强调"我这里说的关于教育、科技、知识分子的意见，是作为一个战略方针，一个战略措施来说的"。这就确立了教育在我国现代化建设中优先发展的战略地位。学术界在高等教育如何适应经济发展的问题上有着不同的意见，但高等教育要适应政治经济和社会发展的需要，培养高级人才是一致的。为此，我们可以从高等教育的职能、高等学校的任务和培养目标，剖析高等教育在现代社会中的地位。中华人民共和国成立后，确定高等教育以培养国家高级建设人才为职能。1995年，马寅初在北京大学科学讨论会开幕词中认为"科学研究是高等学校，尤其是综合大学的一项基本任务"。表明科学研究已作为一项单独任务提向高等学校。他的讲话也表明高等学校已把科学研究、培养高级专门人才为己任。进入20世纪80年代以后，我国经济持续增长，高等教育事业发生了重大变化，出现了大发展的局面。1985年《中共中央关于教育体制改革的决定》指出："高等学校担负着培养高级专门人才和发展科学技术文化的重要任务。"

第二，高等院校为社会生产科学技术。进入21世纪，国际竞争愈演愈烈。经济竞争实质上是科学技术的竞争。同时，这也突出了高等教育在经济发展中的战略地位。纵观各国高等教育所进行的改革内容及特点，一是产、学、研三结合的一体化，二是建立高水平的科研基地。

105. 学习高等教育学有哪些意义？

(1) 研究高等教育学是高等教育工作者自身修养的需要

高等教育工作者担负着"教书育人""立德树人"这样的"为人师表"的使命。

高等教育工作者对学生、学校、社会、国家乃至全人类,都有着很大的影响。古今名人都论述了教育工作者对于各个方面的影响,比如《礼记》、荀子、苏霍姆林斯基、列宁、邓小平、徐特立等都进行了相关的阐述,重点指出了高等教育工作者教给学生的,不只是读书,更是做人、做事、治学和生活的知识与能力,并促成自我实现;而且,还指出了教师对社会文化的传递和发扬、社会事业的建设与革新、社会生活的改进、社会风俗和风气的转变、道德标准的建立都要努力作出自己的贡献。以上从不同角度都说明教育工作者加强自身修养的重要性。

(2) 研究高等教育学是高等教育工作者加强职业道德建设的需要

古人云:"身教者从,言教者讼。"德国教育家第斯多惠在《德国教育指南》中说:"希望引导别人走正确的道路,激发别人对真和善的渴求,使别人的素质和能力得到最高的发展,他应当首先发展他本身的这些优秀本质。"可见,古今中外的教育家对教育工作者思想品德修养的重视。作为社会主义国家的高等教育工作者,要培养出适应社会经济发展所需的高级人才,立足于世界科技先进之林,并处于不败之地,就要求青年高等教育工作者,从走上这个岗位开始,就要认识到加强思想道德的修养尤为重要和关键。

作为高等教育工作者不但要有专业知识和技能,而且要有专业精神和事业目标,应当遵循高等教育工作者的职业道德和基本规范,具备高尚的师德。一切职业道德的基本点就是热爱本职工作、勤于钻研、热爱学生、教书育人、立德树人,也就是以"为人师表"来严格要求自己,使自己成为学生的楷模。也即是,作为教育工作者,既要教书也要育人,这是历代中外教育学者所提倡的。这就要求教师自己加强自身的道德修养,以德服人,做学生的表率。

(3) 研究高等教育学是高等教育工作者的知识结构与学识修养的需要

学习和研究高等教育学,必须要有合理的知识结构。合理的知识结构包括:主体学科知识,指教师所负责的学科教学或管理工作的知识;相邻学科知识,指哲学、教育学、心理学、伦理学、生理学等学科;理论和方法论的知识及信息知识以及广博的人生问题等。高等教育工作者只有具备了合理的知识结构,才能担负起育人和科研的任务,这是教育工作者准备步入高等教育的起点,也是今后不断加强、提高且无止境的目标,这样才能随着修养的不断完善而充分发挥才能。

学识素养,第一是文化素养,即知识结构中的基本知识。第二是教育学识。教育学识是文化素养的首要因素。凡是从事教育工作的人,都必须具备教育理论素养,了解教育的基本原理、教育的目的、教学与管理的原则和方法。第三是专业学识。专业知识是文化素养的根基,指的是从事所学、所教、所管理的专业。教育工作者要不断加强自己本门专业知识的学习,专业知识扎实,能够做到心有整体,这是对教育工作者的基本要求。教师要不断了解专业学科在学术领域中不同的观点、发展的趋势,了解教材的质量和要求,熟悉教育管理工作中的特点及其细微之处。此外,还要多加关注相关学科与本学科的交叉和融合的走势,并形成自己独特的见解,努力做到教学上游刃有余,管理上得心应手。

实践出真知,"纸上得来终觉浅,绝知此事要躬行"。这就要求高等教育工作者的教育教学要与实践相结合,更加强调实践的重要性。

106. 高等教育学的研究注意点是什么?

一是要以马克思主义为指导思想。对于高等教育学这样的新兴学科,科学理论有着"定海神针"的作用。

二是要有扎实的专业基础。高等教育学源自各学科教育学,而各学科教育学之根,又深扎各学科的专业知识与教学、科研和实践之中。因此,专业知识积淀的厚薄,直接影响着各学科教育学的成长,也直接影响高等教育学在高等教育的实际教育、教学和管理中的应用,以及对各学科教育学的提炼和升华。

三是要善于借鉴和改造。借鉴指的是把国外先进的教育理论、理念和成熟的经验引进来,结合中国高等教育的实践和理论研究成果,加以改造、提炼,从中发现高等教育的规律,以形成自己的理论,指导我国高等教育学的体系研究。

四是要创新。这里指的是要从高等教育的实践发展中对高等教育理论进行创新,没有创新,就没有发展,也就没有出路。高等教育学的提出,本身就是一种创新,我们需要随着高等教育实践的发展和不断创新,发展高等教育学的理论,形成体系。

五是要广泛涉猎相关学科领域和教育领域的学术研究、国内外科学技术的发展、社会经济的发展,使自己具有广博的知识和学识,从而实现博中取精,开创我国高等教育学的新天地。

107. 高等教育的宏观结构包括哪些?

高等教育的宏观结构是由高等教育系统中有关要素联结而成的,关系到高等教育整体的结构。

(1) 层次结构

高等教育的层次结构是指不同程度和要求的教育水平及其受教育者的构成状态,是一种纵向结构。因不同的层次代表了不同的办学水平或学术层次,所以又称为水平结构。

(2) 体制结构

高等教育的体制结构是指宏观上高等学校的举办主体和行政管理的隶属关系。它反映了高等教育行政主体、办学主体、经营主体之间的关系。高等教育体制结构是国家政治结构的组成部分,毋庸置疑,它受国家政治制度、经济体制、国家政体形式以及民族文化传统的影响和制约。

(3) 科类结构

高等教育的科类结构指不同学科领域的高等教育的构成状态,是一种横向结构。它主要表现为校、系、科、专业的结合形式。一般以高等教育机构所授学位、文凭与证书的科类划分为准。

(4) 形式结构

高等教育的形式结构主要是指高等教育系统中不同的办学形式及其比例关系,即一般高等教育与其他各种类型高等教育之间的比例。

(5) 能级结构

高等教育的能级,即高校在人才培养、学术研究、科技开发方面所具备的现实或潜在的能量级别。

(6) 地区(区域)结构

高等教育的地区结构指高等学校的地区分布情况,即高等学校的数量、机构、类型、层次等在不同地区的分布比例,故又称为区域结构。

108. 高等教育的微观结构有哪些？

高等教育微观结构往往是对高等学校中相关要素的分析，是关系到学校层面的活动。主要包括高等学校的组织结构、高等学校的课程结构、高等学校的师资结构等。

(1) 高等学校的组织结构

组织结构是组织为实现一定目标，在分工合作的基础上建立起来的某种职权关系。高等教育的组织结构是指高等教育机构内部各组织要素之间的联结方式，是组织的构架。

(2) 高等学校的课程结构

课程结构是高等学校内各课程的组合、联结方式。课程结构是由培养目标决定的。由于各国各地区培养目标不一样，高等教育课程结构也是复杂多样的。按照专业深化的层次，大学的课程分为普通基础理论课、专业基础课、专业课三类。

(3) 高等学校的师资结构

高等学校的师资结构是高等学校中教师群体的学历、年龄、职务等要素的构成状态。高等学校的师资结构关系到学生素质和能力的提高，关系到学校的教学与科研水平。师资结构可细分为：教师的学历结构、教师的职务结构、教师的年龄结构。

109. 高等教育的个体功能包含哪些？

高等教育作为培养高级专门人才的社会实践活动，在促进个人发展上起到了丰富个人知识、提高个人能力、培养完整人格、加强个人素质以及改变个人地位等作用。

(1) 丰富和深化个人知识

教育的基本功能就是传授知识，高等教育在传授知识上所起的作用特别重要。由于高等教育居于各级教育的最高层次，它所传授的知识相对基础和中等教育而言更具权威性和专业性。高等教育学科门类众多，知识面广。

(2) 提高个人能力

教育不仅要传授知识,更要促进个人能力的提高。这包括学习能力、研究能力和实践能力。

一是学习能力,即"学会学习"的能力。

二是研究能力,这是高等教育区别于其他普通教育的最大特征之一。大学带有科学研究的性质。

三是实践能力,这是学习能力和研究能力在现实中的运用。

(3) 培养完整人格

人格的培养是教育的重要使命。高等教育对完善个人人格,培养大学生的道德信念,遵守道德规范,促进人格发展等方面起着巨大的作用。

(4) 加强个人素质

素质即人们与生俱来的自然特点与其后天获得的一系列稳定的社会特点的有机结合。高等教育的又一主要功能是提高和培养学生的文明素养,加强个人素质。

除上述功能外,高等教育还发挥着改变个人地位,实现个人价值等功能。

110. 高等教育的社会功能都有哪些?

高等教育的社会功能表现为高等教育对社会其他子系统所起的作用,包括政治、经济、文化等方面。高等教育作为教育的一个子系统,具有教育所具备的社会功能,并以其特殊的地位有力地推动着社会政治、经济、文化等方面的进步和发展。

(1) 高等教育的政治功能

现代教育(包括高等教育)具有生产力和上层建筑的双重社会属性,因此,在阶级社会,高等教育具有鲜明的阶级性和政治倾向性。学校教育从一出现就反映了统治阶级的意志。学校教育尤其是高等教育通过传授统治阶级的意识形态,培养为统治阶级服务的人以及统治者。高等教育的社会功能包括以下三个方面:

一是促进政治民主化功能。政治一方面制约着教育的发展,同时教育又反作用于政治。教育与政治的关系随着历史的发展也发生了变化。

二是培养政治领袖和政治、法律人才功能。一个社会的政治、法律制度不仅需要有物质力量的保障,还需要有思想、意识的支撑。

三是促进受教育者政治化和政治社会化功能。

(2) 高等教育的经济功能

当代经济发展已由过去单纯依靠物质、资金的物力增长,转变为依靠人力和知识资本增长的模式,教育在经济增长中的作用越来越显著。高等教育对提高国民的人力资本、促进生产力的发展起着巨大的作用。

一是为经济部门输送专门人才功能。高等教育活动的目标就是培养高级专门人才。

二是提供科学知识、技术手段功能。大学具有培养人才、科学研究和社会服务相结合的职能。

(3) 高等教育的文化功能

这是高等教育的基础功能。与经济、政治相比,文化与高等教育有更深层次的联系。文化是人类的创造物,教育对文化具有传递、保存、选择、批判、创造、交流的功能。其中高等教育的文化选择和创造功能相对其他教育而言所起的作用特别重要。

一是文化传递和保存功能。这是教育(高等教育)最基本的功能。

二是文化选择和批判功能。在历史长河中,人类创造了大量的文化,其中有精华也有糟粕,教育尤其是高等教育必须对浩瀚的文化进行选择,按照统治阶级和学生二者的需要进行选择,以此培养优秀人才,传承优秀文化遗产,促进文化的发展。

三是文化创造和交流功能。创造是发展的源泉。高等教育不仅要进行文化的传递、保存、选择和批判,更要创造新的文化。

111. 高等学校的职能是什么?

与高等教育功能密切相关的是高等学校职能。高等教育的功能具体体现于高等学校职能中。

一是培养专门人才。大学最主要、最原始的职能就是培养专门人才。

二是发展科学技术。高等学校不仅是培养专门人才的机构,也是进行科学研究活动的机构。

三是开展社会服务。为社会服务使大学从封闭走向开放,使大学可以立足于社会发展的实际。积极主动为社会服务,在一定程度上起到改造社会的作用。

总之,高等学校的三大基本职能是一个有机联系的统一体,共同构成了现代高校的职能体系。培养高级专门人才体现了高等教育的本质特征,体现了教育"育人"的功能,是职能体系中不可缺少的一部分。发展科学技术是高等学校的重要职能。

112. 美国高等教育层次结构是怎样设置的?

美国高等教育系统是世界上最多元的、分权式的、私立的、市场导向的系统。美国高等教育包括三大层次:一是短期高等教育,二是本科教育,三是研究生教育。

113. 美国本科教育制度是如何设置的?

本科教育是美国高等教育的主体。学生按规定完成四年但不超过六年的大学教育后即可获得学士学位。

在美国,综合大学和四年制文理学院是实施本科教育的机构,主要培养一般科技、学术人才和一般专业人才,侧重基础知识教育,注重理论联系实际。其中,综合大学不仅以开展本科教育为主,还授予博士、硕士学位。本科教育在高等教育中居于主要地位。

美国本科教育对培养学生完整人格,加强个人素质发挥着重大的作用。学生在良好的学校环境中学习知识,通过学习和环境的影响形成个人良好的素质,使个人具备一定的知识基础。这体现了高等教育的个体功能。此外,本科教育是学生形成一定政治信仰的摇篮。美国本科教育培养出大批政治、法律人才,这也体现了高等教育的政治功能。

114. 如何理解美国分权制的高等教育体制结构?

美国的高等教育结构是由其政治结构决定的。美国是分权制国家,美国的高等教育结构也是典型的分权制结构。在美国,联邦政府并不直接管理高等教育,联邦政府主要依据国会制定的高等教育法规,通过教育拨款等方法对高等教育施加影响。教育部也仅从三个方面对高等教育进行调控:分配政府给予的补助性经费;收集和公布高等教育信息;组织高等教育研究等。州政府对本州的高等教育拥有广泛的权力,可以对本州高等学校的管理、教学、财政等方面施加直接的影响。

美国大学的体制结构按预算经费的来源不同分成公立与私立学校两种。公立学校一般称为州立或社区学院。由州政府及联邦政府赞助。学校大部分经费由当地州政府提供,间接接受联邦政府赞助。本州居民收费较外州居民低廉,所以有"州外学费"一说。市政府赞助的称为市立学校。学生相对比私立学校多,促进了高等教育大众化。

由个人或宗教团体创办的称为私立学校,经费来源于学生学费、捐款以及其他捐赠。此类学校学费昂贵,但无本州或外州之分,一视同仁。其中,世界著名的大学哈佛、斯坦福、耶鲁、普林斯顿等都是私立学校。

115. 如何理解美国高等教育的形式结构?

美国高等教育的形式结构呈现多样化的特点。按照办学主体不同,美国高等教育分为公立高等学校和私立高等学校两部分。在美国高等教育体系中,公立高等学校的数量和学生人数都占绝对优势,私立高等学校所占比重较小。因此,美国属于公立主导型高等教育办学形式结构。

按照教学方式不同,可分为全日制的普通高等教育和其他非正规的高等教育。美国全日制的普通高等教育作为一种传统办学形式一直占据主导地位,这一形式是学生学习知识、掌握技能、发展个人能力的主要途径。为了培养各类人才,提倡终身教育,使更多公民能够通过不同形式享有不同类型的高等教育,美国还大力发展其他形式的高等教育,如函授教育、广播电视教育、电子教育等。

美国高等教育形式结构的多样化使得高等教育能在短期内满足社会经济发展对人才的需求。同时,由于美国社会对高等教育人才需求的增加和对于科研能力的重视,使得高等教育功能得到调整,功能的调整进一步促进了美国高等教育形式的多样化。

116. 我国高等教育结构存在哪些问题？

在改革前，我国高校存在的结构问题是专业偏窄、科类单一，这是影响办学质量和效益的重要因素。一个大学要尽可能地做到文理渗透、理工结合。随着科学技术的发展，很多前沿学科需要多学科的支撑才能达到较高的水平。现在有些医学院就反映，基础课达不到综合大学的水平，对医科人才的培养就受到限制。很多科学研究不是哪一个专业能孤立进行的，而是多学科、多专业的结合。如果我们的专业过窄，科学技术的发展、人才的培养就有局限性。还有一个问题，就是培养的人才不懂工业生产技术的一般知识。因此我们要注意培养复合型人才。这也是随着经济的发展逐步加深认识的。复合型人才，要求知识面比较广，理论基础知识比较宽厚，将来搞什么专业再在什么专业上进一步下功夫钻研。他们的全面素质比较好，基础知识宽厚，往往并不是上大学一开始就攻读很窄的一门专业。

在改革前，我国的高校规模偏小，而且是"小而全"，教职员工与学生的比例较低。据统计，1992年，13.1%的本科院校在校生不足1 000人；15.2%的专科学校在校生不足600人；多数的高等院校为2 000人至3 000人。再加上"学校办社会"，麻雀虽小五脏俱全，行政管理机构庞大，后勤服务人员过多，学校的负担很重。

随着经济体制的改革、科学技术和现代化生产的发展，大家逐步认识到，大学培养的高级专门人才应该具有基础理论深厚、知识面宽、适应性强等业务素质，而原来那种单科的、行业性强的学校专业设置过多过细的状况必须改变。很多高校纷纷增设新学科、新专业，增强综合性。于是又产生了新的问题：一些专业性高校增设的新学科、新专业往往是自己的弱势学科、专业，各高校都想向多学科甚至综合性高校方向发展，从而使本来就紧张的教育经费，由于资源配置上的不合理和新的重复建设而显得越发拮据。不论走到哪里，"教育经费严重不足"几乎成了永恒的主题。这就是我国高校体制改革前面临的主要背景和状况。

我国高等教育存在的问题还有，地区结构不够合理，高等学校分配不均衡，导致高等教育不公平,出现资源分布不均和浪费的情况。我国高等教育改革的重要任务是调整、优化高等教育的结构,包括高等教育的层次结构、科类结构、形式结构和地区结构等。通过结构的调整和优化,发挥高等教育的正向功能。

117. 高等教育的结构和功能具有怎样的关系?

高等教育的结构和功能相互联系又相互区别,二者是系统科学的重要范畴。高等教育是由若干相互联系、相互作用的要素构成的具有特定功能的有机整体。高等教育的结构和功能是对立统一、相互联系的两个方面,不存在没有结构的功能,反之同理。结构从系统内部反映系统的整体性,功能从系统外部反映系统的整体性。结构是功能的基础,功能是结构的外在表现,功能会反作用于结构。

高能教育的科类结构不仅体现了高等教育的个体发展和完善功能,也体现了高等教育适应社会发展的各种社会功能;高等教育的形式结构分为普通高等教育和其他类型高等教育,这一结构不仅体现了高等教育提高个人能力和素质的个体功能,也体现了高等教育促进社会发展,为国民经济各部门输送各类人才的社会功能。同一功能也可以由不同的结构来实现。

(1) 高等教育结构决定高等教育功能

高等教育的结构决定高等教育的功能,但是高等教育的结构决定功能是有一定条件的。高等教育功能的发挥需要一个相对稳定的高等教育结构。在相对稳定的环境下,高等教育结构的变化处在量变的状态,因此高等教育的结构相对稳定,能够保证高等教育功能的正常发挥。当环境发生巨大变化,高等教育系统受到很大干扰的时候,高等教育结构的巨大变化可能导致高等教育原有功能的异化和丧失。

合理的高等教育结构,能使高等教育发挥其积极功能,反之,不合理的高等教育结构,其功能是消极的。所以,调节高等教育结构,建立合理的、优化的高等教育结构体系,是高等教育发挥其功能的必要条件。

(2) 高等教育功能反作用于高等教育结构

在一定条件下,高等教育结构决定高等教育的功能,同时,高等教育的功能由于环境变化而作出调整并反作用于高等教育的结构,引起高等教育结构的变化。

不同历史时期,对高等教育功能的选择是不同的。当社会政治、经济文化发展对高等教育功能提出新的要求时,高等教育功能会发生变化,功能的变化又促进了高等教育结构的变化,或者派生出新的子结构来。所以,高等教育结构的变化是以高等教育功能的选择为前提的。

高等教育功能的选择具有主观性,一定时期人们对高等教育功能的选择往往是由当时的社会需要决定的,这就有可能出现高等教育功能选择和高等教育内部规律相矛盾的情况。所以,对高等教育功能的选择必须考虑高等教育的内部规律,选择符合高等教育发展规律的功能,这样才能使高等教育的结构调整不仅适合当时社会发展的需要,更符合高等教育系统的发展规律。

118. 什么是教育目的?

简单说,教育目的就是教育培养人的总体目标。具体指教育所要达到的预期结果,反映为教育在人的培养规格标准、努力方向和社会倾向性方面的要求。教育目的有广义和狭义之分,广义的教育目的指对教育活动作用的目的领域;狭义的教育目的是指一定的社会(国家或地区)为所属各级各类教育人才的培养所确立的总要求。

119. 教育目的和培养目标具有怎样的区别和联系?

教育目的是教育培养人的总体目标。具体指教育所达到的预期结果,反映教育对人的培养在规格标准、努力方向和社会倾向性方面的要求。培养目标指各级各类学校或专业的具体人才培养要求。

二者的主要区别在于:培养目标是可测量的,而教育目的是不可测量的;教育目的是向所有受教育者提出的,而培养目标是针对特定教育对象提出的;教育目的有终极含义,更加抽象,而培养目标则更加倾向于阶段性,更具体。

二者的联系是:教育的培养目标是教育目的的下位概念。在教学实践中,随着一个个培养目标的实现也就逐步达到了教育目的,二者彼此相关但不能取代。

120. 高等院校在制定培养目标时应注意处理好哪些基本关系？

由于高等教育专业的多样性和复杂性，专业培养目标就相应呈现出多样性，高等院校的专业培养目标关涉国家利益及毕业生的切身利益，在制定过程中一定要给予充分的重视，全面考虑，特别要注意正确处理好以下几对关系：

一是专业知识和综合素质的关系。我国部分高校在制定培养目标时，由于受传统观念的影响，往往过于注重对专业课程水平的要求而忽视了对综合素质的要求。就大学生的专业培养来说，专业知识和专业技能的培育的确是第一重要的，它是一个人立足于社会的最基本条件，也是一个人生存和发展的本钱，然而这并不足够，社会发展到今天，需要的是全面发展和综合能力较高的人。专业知识和专业技能的学习靠的是智商，而非业务方面的素质靠的更多是情商，有时候非业务方面的素质更能赢得尊重和发展的机会。因此，高等院校在制定培养目标时，除了专业知识方面，还要充分认识到其他方面素质提高的重要性，切实提高毕业生综合素质。

二是精英人才与一般人才的关系。高等教育的培养目标不外乎对两种人才的培养，即精英人才和一般人才。精英人才是那些具有突出贡献的，智力水平和道德素养能够在一个方面或多个方面对社会发展作出杰出的创造性贡献，从而在一定范围内影响历史进程的人。高等教育应把培养精英人才作为自己的追求目标，为社会的发展作贡献。一般人才是指知识、智力水平和道德素养能够满足某种复杂职业的基本需要，并能在相应的职业劳动中从事富有成效的劳动的那些人，如公务员、教师等。表面看来，他们取得的成绩不如精英人才那样显赫，但正是因为这些人踏踏实实工作在社会第一线，默默无闻地创造社会价值，支撑起整个社会经济发展的大厦，他们是精英人才赖以生存和创新的基础。因此，高等教育在培养精英人才的同时，要把培养一般高级人才作为自己最基本、最主要的任务，既实现教育的育人使命，也促进社会的发展。

三是社会需要与个人需要之间的关系。我国高等教育的培养目标无非两个方面，一是"育才"，二是"育人"。"育才"即为社会主义现代化建设培养大批的合格人才,为社会经济发展作贡献。"育人"主要指培养个性充分的、自由发展的人,满足个人需要,实现人的自身价值。这两方面并不矛盾,是辨证统一、高度互补的,社会的需要同个人自身发展的需要在社会主义高等教育目的中是一致的。

在培养目标的社会需要上,引导学生把服务人民、为社会作贡献作为人生理想和追求目标。在培养目标的个人需要上,大学期间是青少年价值形成和发生改变的重要时期,学校一定要积极引导,热情帮助学生树立正确的价值观,形成良好的个性习惯,防止不良思想的滋生和蔓延,这是对学生的自身负责,也是对教育、对社会的负责。

四是高标准与可行性、稳定性与可变性的关系。高等教育是高层次的教育,面临的任务是为各行各业培养高级专门人才,这就决定了它的培养目标应该是高标准。但是标准有一定的度,不能过高也不能过低:如果标准过高,多数学生通过努力也很难达到,那么标准就失去了有效的激励和引导作用;如果目标过低,就为部分大学生"混日子"提供机会,浪费了宝贵的时间。只有制定实事求是的专业发展目标,把标准定在大多数同学通过自身努力就能顺利通过的基础上,这样的目标才有激励作用,更有意义。

培养目标要有一定的稳定性,不能经常变动,更不能朝令夕改,以免引起教育的波动,甚至造成人才培养的断层。但是在社会高速发展的今天,新的学科和领域不断涌现,社会需要的人才类型也在日益变化,这就要求高等教育的培养目标也得随着社会的变化而变化,与时俱进,在相对稳定的基础上有一定的弹性机制,不断发展以趋于稳定和完善。从长远来看,处理好稳定性和可变性的关系不仅是应该的也是必要的,也只有这样做,才能保证教育及时回应时代的召唤,始终保持蓬勃健康的发展。

121. 怎样处理教育目的中个人需求和国家需求的关系?

教育目标中个人需求与国家需求并不矛盾,它们之间是辩证统一、高度互补的。

在培养目标的国家需求上,人是社会的人,人的价值归根到底只能体现于社会中,离开了社会人就会无法生存,更谈不上价值实现了。高等教育有责任帮助学生深刻认识社会的重要性，教会他们不断地把自身需要内化到社会价值中去，引导他们把为人民服务、为国家作贡献作为人生的理想和追求的目标。

在培养目标的个人需要上，教育要充分体现人文精神和人性关怀，尊重学生的个体差异，重视学生的个性发展。让学生个性得到充分发展，既是学生发展的需要，也是国家发展的需要。当今社会各行各业都蓬勃发展，需要大批各领域的人才和精英，若是千篇一律的人才就不能称之为人才，也会阻碍国家及社会的发展。大学期间是青少年价值观形成和发生改变的重要时期，需要积极引导，热情帮助学生树立正确的价值观，形成良好的个性习惯，防止不良思想的滋生和蔓延，这是对学生的自身负责，也是对教育、国家负责。

122. 教育目的的作用是什么？

教育目的是教育活动中的一种指向性规定，不仅是制定教育制度的依据，也是开展教育活动的出发点和落脚点，在教育活动中发挥着重要的作用。教育目的主要有如下三种作用。

第一，教育目的具有导向作用。和一般目的一样，教育目的也具有指引和导向作用，不仅包含对教育活动的努力方向的指向性和结果要求，还包含对教育活动的具体规定性。

第二，教育目的具有规范作用。教育目的一旦确立，便贯穿于整个教育活动的始终，对教育活动的方方面面进行调节和控制，以确保教育目的的顺利实现。

第三，教育目的具有评价作用。教育目的不仅是教育活动应该遵守的原则，同时也是检查和评价教育活动的重要依据。

总之，这些作用相互联系、不可分割，共同发挥着作用，一起保证了教育活动的顺利开展。我们在实际教育中，要想深刻地理解教育目的的本质，就必须给予这些作用全面的把握。

123. 如何理解高等学校教师的地位？

在高等学校任教的教师不仅承担为国家建设培养高级专门人才的任务，还要对社会主义物质文明和精神文明乃至国家的科学技术发展水平产生重要的正面影响。衡量一种职业在社会上的地位,通常以经济待遇、社会权益和职业声望三个方面作为评价标准,因此,对高校教师社会地位的评价也可以从以上三个方面来衡量。

中华民族历来有"尊师重教"的优良传统,人们对教师都怀有崇敬之情。中华人民共和国成立后,教师的地位明显提高。

首先,在政治地位上表现在全国、省、市等各级人大代表和政协委员中,教师都占有一定的比例,参政议政的程度提高。

其次,教师的经济地位也得到提高,《教师法》对教师的平均工资水平作出规定。1997年以来,我国高校教师的收入增长幅度是很大的。

再次,高校教师的社会地位也得到提高,在知识经济高度发展的今天,尊重知识、尊重人才已蔚然成风,因此,作为知识经验、能力水平和职业道德水平都比较高的高校教师,更容易受到人们的尊重。

124. 如何理解高校教师的作用?

高校教师的作用主要体现在以下四个方面:

一是历史文化的传承者。高校教师经过自身早先的理论学习和经验总结,掌握了丰富的专业知识和劳动技能,然后有目的、有计划、有选择地把社会长期积累下来的科学文化、价值观念传授给学生,使他们能够在较短的时间内适应现行社会的实践活动,以促进社会的延续和发展。

二是高级人才的培养者。高校教师把人类长期积累下来的精神财富,包括科学知识、生产经验、道德思想、行为规范等通过富有创造性的教学实践传授给受教育者,启迪他们的心灵,丰富他们的知识,激发他们的潜能,使他们成为各行各业、各学科领域内具有实践能力和创新能力的高级专门人才。

三是科技文化创新的实践者。高校教师由于前期的知识和经验的积累,使得他们学术水平高,可以通过科学研究,掌握国内外本学科的发展趋势,了解科学技术的新成就,把科研带入教学过程,达到培养创新人才的目标。

四是文明建设的推动者。高校教师利用自身丰富的知识和科研优势,承担了许多新科学、新技术的研究项目,参与国家和地方的科研课题,为社会提供科技服务,创造科研产品,直接参与社会物质财富的生产和创造,促进社会物质文明的建设。同时,高校教师通过教育教学、社会活动,传播精神文明成果,促进社会精神文明的建设和发展。

125. 大学生身心发展有哪些特点?

大学生的生理特点主要表现在以下几个方面:

一是神经系统。大学生的大脑及神经系统发育已基本成熟,接近成人水平。这个时期的青少年表现为善于分析和综合客观事物,能够坚持较长时间的脑力劳动,抽象逻辑思维能力已接近成人水平,能够承担紧张复杂的学习任务。

二是运动系统。运动系统的表现是身高和体重的增加,以及与之相适应的体力的增强。

三是生殖系统。各种内分泌腺的发育和性成熟是大学生生理成熟的重要标志。大学生的内分泌腺发育达到稳定和成熟,生殖器官的发育基本完善且具备生殖能力,在这一时期,大学生出现求友求爱的心理,有了强烈的和异性交往的欲望。

四是其他系统。处于生长黄金期的大学生,心血管系统、呼吸、消化等系统都迅速发育,身体各项指标趋于平衡,接近成人水平,为青少年进行各种学习活动提供了有利条件。

大学生的心理发展趋向定型,主要表现在以下几个方面:

一是自我意识的发展。大学生能够根据自己的标准、自己的方法对自己作出评价,形成自己的看法,不完全受外界的干扰,表现出一定的独立;能够在没有外部要求的情况下进行自我观察、自我分析、自我监督,自觉地控制自己的言行,表现出一定的自觉性;大学生进行自我评价时基本有了较为稳定的原则和标准,所形成的自我认识更全面客观,辩证性有了很大的发展,表现出自我认识的深刻性。

二是认识活动的发展。大学生能够根据认知的目的来组织自己的观察活动,一般情况下都比较具体,能从整体上把握对象,并且能够通过现象认识到本质;注意力基本已经达到成人水平,不仅自身有意注意的时间长,而且还能合理地分配自己的注意力转向新的对象;记忆力能够以逻辑记忆为主,并且记忆的准确性、持久性等都已发展完善,思维能力也得到进一步的发展,思维的独立性和批判性也有很大的发展,创造性不断地加强。

三是情感特征的发展。大学生的情感日益受到理智的制约,情感与理智之间的关系开始趋于平衡,但是还不成熟、不稳定。自我意识的发展和价值观并没有完全定型,因此情感活动还不够稳定,时而激动,时而平静。

四是个性特征的发展。大学生的个性品质是他们比较稳定的特点,主要表现在能力、气质、性格三个方面。大学生的个性特征已经进入相对的稳定状态,尤其是性格和气质方面,但能力仍然在继续发展,随着其心理生理发育的日渐成熟和社会化程度的不断提高而得到不断增强。

126. 如何构建良好的师生关系?

良好的师生关系是高校教育教学活动取得成功的必要保证,是完成高等教育任务的重要前提之一。因此,建立良好的高校师生关系是十分重要的。这种关系的构建应从学校、教师、学生三个方面入手。

(1) 学校方面

一是要树立服务育人的教育理念。高校各部门应以学生为本,本着学生的事再小也是大事的态度,努力为学生营造一个优美、有序的校园环境。为学生与教师平等对话、交流思想创造自由的空间。二是要为师生交流创造平台。加强高校师生间的理解和沟通,拓展双方的交流渠道是建立良好的师生关系的一个重要方面。教师与学生之间的交流不只局限于课堂上,而应开发更广阔的合作交流的空间,鼓励师生共同参与、协同作战,从而促进师生关系在和谐、共进的氛围中得到升华。三是要改革专业设置和教学方法。在专业设置上紧跟时代的步伐,改革不符合时代要求的专业,还应该改变传统的教育观念和教学方式,给予学生表现和发展自身潜能的权利和空间。在教学方式上,改变填鸭式教学,加大课堂讨论、课后调研的比重,开展多种形式的、有利于学生能力提高和创新精神培养的教学活动。四是要完善扶贫帮困制度。学校对贫困生群体要关心、爱护和体贴,充分利用"奖、贷、助、补"等政策,为有志于勤工俭学的学生提供足够的工作岗位,以缓解学生过重的生活压力,使其相对轻松地投入学习工作中来,有助于建立和谐良好的师生关系。

(2) 教师方面

一是要树立正确的师生观。正确的学生观是,学生是一个整体的人,是知、情、意、行统一的整体,学生具有主体性,富有创造性,有巨大的发展潜力。学生有着自己正当的权利和利益。二是要提高自我修养,提升人格魅力。教师要想师生关系和谐,必须通过自己崇高的理想、健全的世界观和人生观、渊博的知识、严谨的治学态度、对学生真挚的爱来吸引和教育学生。因此,教师要加强学习和研究,使自己更具智慧;经常进行自我反思,克服个人的偏见;培养自己的兴趣和积极的人生观;学会自我控制,培养耐心、宽容、豁达、理解的个性品质。三是了解学生、关心学生、尊重学生。教师要深入学生当中,了解掌握第一手资料,做到关心学生,时刻为学生着想,同情他们的痛苦和不幸,嘘寒问暖;爱护学生,保护和维护学生的合法权益;关心学生的身体健康等。教师对学生应一视同仁,尊重全体学生。四是建立良好的教与学的关系。要想构建良好的教学关系,首先是坚持民主性原则,教师应充分尊重学生的人格,给予每个学生参与教学活动的机会,鼓励学生在教学活动中展示自己的能力,师生在教学活动中建立和谐融洽的关系,通过共同参与和积极合作,促进学生人格的健全发展;坚持以学生为主体,高校教师不仅是知识的传播者,更是教学工作的组织者、指导者和引导者,教学关系充分体现以学生为主体,以教师为主导的地位和特征,有利于真正形成民主、平等、和谐、合作的教学氛围。

(3) 学生方面

一是尊重教师。互相尊重是为人处世的常理,大学生对教师的尊重,同样也将得到教师对自己的充分尊重。二是以学为本。大学生坚持以学为本,应做到勇于质疑,学会思考、分析、解决疑难,且见解独特,富有新意;在质疑、释疑过程中,师生间相互合作,积极讨论,有利于增进师生感情。三是培养和谐人际关系。大学生要学会合理安排时间,有规律地学习和生活,学习一些人际交往的方法,学会与人共处,培养团队合作意识。这些都有利于建立良好的师生关系。

127. 什么是高等学校管理体制?

高等学校管理体制,指在高等学校教育活动中各构成要素之间的相互关系及其组织运行方式。它既包含宏观的政府、社会与高校各要素之间的相互关系及其组织运行方式,也包含微观的高等学校内部管理体制。具体包括办学体制、管理体制、投资体制、招生就业体制,内部管理体制等。

128. 什么是教育行政体制?

教育行政体制指的是国家宏观教育的管理体制,它要解决的是国家机关管理教育的问题,主要包括国家对整个教育的宏观的办学体制,国家对各级各类教育的管理体制。教育行政体制又称教育行政管理体制或教育管理体制,是国家管理教育事业的组织体系和相关制度的总称。主要包括国家管理教育事业的各级教育行政机构的组织形式,国家教育行政权力结构及有关教育行政制度。

129. 我国教育行政管理的主要机构设置和职责范围有哪些?

我国现行的教育行政管理体制就是中央统一领导下的分级管理体制。即在中央统一的方针政策指导下,对教育事业实行中央教育行政与地方各级教育行政分级管理、分工负责的管理体制。我国《教育法》对我国现行的这种教育行政管理体制作出了明确的规定。《教育法》第十四条规定:"国务院和地方各级人民政府根据分级管理、分工负责的原则,领导和管理教育工作。中等及中等以下教育在国务院领导下,由地方人民政府管理。高级教育由国务院和省、自治区、直辖市人民政府管理。"第十五条规定:"国务院教育行政部门主管全国教育工作,统筹规划、协调管理全国的教育事业。县级以上地方各级人民政府教育部门主管本行政区域内的教育工作。县级以上各级人民政府其他有关部门在各自的职责范围内,负责有关的教育工作。"第十六条规定:"国务院和县级以上地方各级人民政府应当向本级人民代表大会或者其常务委员会报告教育工作和教育经费预算、决算情况,接受监督。"

按照《宪法》的有关规定,我国教育行政机关的设置分为中央人民政府教育行政机关和地方各级人民政府教育行政机关。中央人民政府即国务院所属的教育行政机关即中华人民共和国教育部,各省、自治区和直辖市人民政府设教育厅(局、委员会),各地(市)、县(市、区)人民政府设立教育局(委员会),依照法定权限管理本行政区内的教育事务。地方教育行政部门受同级人民政府统一领导,同时接受上级教育行政部门的业务指导。

(1) **教育部**

教育部是国务院主管教育工作的职能部门。目前教育部职能司局主要包括办公厅、政策研究与法制建设司、法制规划司、人事司、财务司、基础教育一司、基础教育二司、职业教育与成人教育司、高等教育司、教育督导团办公室、民族教育司、师范教育司、体育卫生与艺术教育司、思想政治工作司、社会科学司(国务院学位委员会办公室)、语言文字应用管理司、语言文字信息管理司、国际合作与交流司(港澳台办公室)等 22 个部门。除此之外,还有中央教育科学研究所、国家教育行政学院、国家教育发展研究中心、中国教育报刊社等单位直属于教育部。

教育部的具体工作职责有以下 17 个方面:①拟订教育改革与发展的方针、政策和规划,起草有关法律法规草案并监督实施。②负责各级各类教育的统筹规划和协调管理,会同有关部门制订各级各类学校的设置标准,指导各级各类学校的教育教学改革,负责教育基本信息的统计、分析和发布。③负责推进义务教育均衡发展和促进教育公平,负责义务教育的宏观指导与协调,指导普通高中教育、幼儿教育和特殊教育工作。制定基础教育教学基本要求和教学基本文件,组织审定基础教育国家课程教材,全面实施素质教育。④指导全国的教育督导工作,负责组织和指导对中等及中等以下教育、扫除青壮年文盲工作的督导检查和评估验收工作,指导基础教育发展水平、质量的监测工作。⑤指导以就业为导向的职业教育的发展与改革,制订中等职业教育专业目录、教学指导文件和教学评估标准,指导中等职业教育教材建设和职业指导工作。⑥指导高等教育发展与改革,承担深化直属高校管理体制改革的责任。制订高等教育学科专业目录和教学指导文件,会同有关部门审核高等学校设置、更名、撤销与调整,负责"211 工程"和"985 工程"的实施和协调工作,统筹指导各类高等教育和继续教育,指导改进高等教育评估工作。⑦负责本部门教育经费的统筹管理,参与拟订教育经费筹措、教育拨款、教育基建投资的政策,负责统计全国教育经费投入情况。⑧统筹和指导少数民族教育工作,协调对少数民族和少数民族地区的教育援助。⑨指导各级各类学校的思想政治工作、德育工作、体育卫生与艺术教育工作及国防教育工作,指导高等学校的党建和稳定工作。⑩主管全国的教师工作,会同有关部门制订各级各类教师资格标准并指导实施,指导教育系统人才队伍建设。⑪负责各类高等学历教育招生考试和学籍管理工作,会同有关部门制订高等教育招生计划,参与拟订普通高等学校毕业生就业政策,指导普通高等学校开展大学生就业创业工作。⑫规划、指导高等学校的自然科学和哲学、社会科学研究,协调、指导高等学校参与国家创新体系建设和承担国家科技重大专项等各类科技计划的实施工作,指导高等学校科技创新平台的发展建设,指导教育信息化和产学研结合等工作。⑬组织指导教育方面的国际交流与合作,制定出国留学、来华留学、中外合作办学和外籍人员子女学校管理工作的政策,规划、协调、指导汉语国际推广工作,开展与港澳台地区的教育合作交流。⑭拟订国家语言文字工作的方针、政策,制订语言文字工作中长期规划,制订汉语和少数民族语言文字规范和标准并组织协调监督检查,指导推广普通话工作和普通话师资培训工作。⑮负责全国学位授予工作,实施国家学位制度,负责国际间学位对等、学位互认等工作。⑯负责协调我国有关部门开展与联合国教科文组织在教育、科技、文化等领域的国际合作,负责与联合国教科文组织秘书处及相关机构、组织的联络工作。⑰承办国务院交办的其他事项。

(2) **省、自治区、直辖市教育行政机关**

省、自治区、直辖市教育行政组织机构为教育厅,下设办公室、督导室、普通教育处、高等教育处、职业教育处、师范教育处、人事处、计划财务处等。省、自治区、直辖市教育行政机关的直属机构一般有教育科学研究所、电化教育馆、省高校招生办公室、省高等教育自学考试指导委员会等。省、自治区、直辖市教育行政部门的基本职能是,在当地政府和国家教育部的领导下,统管本地区各级各类教育事业,研究和制订本地区教育发展规划,保证党和国家的教育方针政策的全面贯彻执行。具体包括:①贯彻执行国家的教育方针、政策、法令和规章制度,拟订执行计划、具体实施办法和适合地方情况的补充规定。②组织进行全省人才的需求统计,编制各级各类学校发展计划、招生计划,组织领导招生和学生升学、就业的指导工作。③在当地政府的领导下,协助教育部门进行思想政治工作。④协同有关部门管理本地区普通教育、成人教育、高等教育、职业教育的财务、基建,以及教职员工编制和劳动工资计划及分配工作。⑤审查并管理本地区高等教育专业的增设和撤销工作,指导高等学校的思想政治工作、教学科研工作和总务工作。⑥协同有关部门做好教师职称评定工作,统一规划在职教师进修和地、市、县教育行政干部的培训提高工作。⑦协同各级政策检查、督促地、市、县教育行政工作,组织好教育督导工作。⑧总结推广所属各级各类教育事业的工作经验。⑨组织和管理中心小学仪器的采购、生产、分发供应和勤工俭学。

(3) **省辖市、地区、自治州教育行政机关**

省辖市、地区、自治州教育行政机关为教育局,其内部机构的设置由当地人民政府决定,所以各地设置的机构不完全相同。一般设有办公室、普通教育科、职业教育科、成人教育科、计划财务科、人事科等。其主要职责包括:①监督检查所辖市、县、区教育行政部门贯彻教育方针、政策、法规和各类决定的情况。②在当地政府的领导下,协助市、县、区进行教育部门的思想政治教育工作。③在当地政府和上级教育行政部门的领导下,对所属师范学校、高中、完全中学和直属小学、幼儿园的领导班子建设、师资配备、财务拨款情况进行管理,检查所属市、县、区执行教育事业发展规划、财务管理和基建情况及教育行政工作的情况。④做好教育督导工作,严格执行国家规定的教学计划和上级教育行政部门规定的学年和学期工作计划。⑤做好教师和教育行政干部的学习、进修和培训工作,加强教学研究,不断提高教育质量。

(4) **县、市、区教育行政机关**

目前我国县、市、区的教育主管机关为教育局。教育局的机构设置和人员编制,视所辖业务范围、区域人口、地域大小及学校数量而定。其主要职责包括:①贯彻执行教育方针、政策、法规,根据上级要求及本地区的实际情况,制定落实计划及实施办法,以及拟定适合本地实际情况的补充规定。②制定本地区教育事业发展规划并检查实施情况。③在当地政府领导下,做好所属教育部门的思想政治工作。④做好教育督导工作,督导学校认真执行国家的教学计划、教学大纲和上级教育行政部门制定的学年、学期工作计划。⑤管理好用好教育经费,对教育行政机构和学校进行财务上的监督。⑥管理所辖中学、小学、职业中学、职业技术学校、学前教育机构、校外教育机构和乡镇教育行政组织。⑦做好教师和教育管理干部的培训工作。

(5) **乡镇教育行政机构**

目前,我国乡镇教育行政机构有乡镇文教组、乡镇中心学校、乡镇教育办公室和教育组几种形式。其主要职能包括：①贯彻执行教育方针、政策和中小学工作条例。②组织和指导全乡镇的教学工作，坚持以教学为中心，提高教育质量。③抓好思想政治教育工作，认真贯彻《学生手册》。④切实抓好普及小学教育工作，在抓升学率、巩固率、合格率、毕业率的同时也要抓好扫盲工作。⑤切实管好用好教育经费，要通过各种途径筹集教育经费，建立健全财务管理制度，坚持勤俭办学。⑥关心师生健康，搞好学校体育卫生工作。⑦搞好学校领导的配备和学校教师的调动、调整工作，定期对其工作进行考核，不断改善他们的工作条件。

130. 中国教育行政管理体制的特点是什么？

从传统意义上讲，教育行政权是国家行政权的一部分，为政府所独享，政府才是教育行政管理活动的真正主体。随着现代政府管理活动分工日益复杂，特别是教育行政管理活动因其对象如学校、教师具有高度的学术性、专业性，而要求教育管理必须具有专业化和民主化的特点。因此，在政府的统一领导之下，出现了相对独立的教育行政管理系统，它们根据法律的规定和政府的授权，专事教育行政管理活动，这便是现代意义上的教育行政管理。

《教育法》第十四条、第十五条对教育管理体制改革的成果进行了全面总结，同时也借鉴了一些国家在教育行政管理上的有益经验，对我国教育行政管理体制中的重大问题，作出了明确规定，体现了现代教育行政管理活动的要求。

首先，教育法确立了我国教育行政管理体制实行"分级管理、分工负责"的原则。"分级管理"是指各级人民政府对各级各类教育都负有不同的管理职能；"分工负责"是指在同一级政府内，各部门如教育、计划、财政、人事等部门根据不同的职能分工，对教育事业发展有不同的管理责任。

其次，教育法明确规定了中等及中等以下教育在国务院领导下，由地方人民政府管理，高等教育由国务院和省、自治区、直辖市人民政府管理。这就从法律上对中央和地方在教育事业上的责任和管理权限作了原则划分。中等及中等以下教育主要由地方政府统一规划和管理，并且地方政府要承担组织各方面力量发展中等及中等以下教育的主要责任；中央则主要是进行宏观管理，如制定国家教育教学标准，审定通用教材，组织督导和评估，以及利用经济手段进行调控等。而高等教育则由中央和省级政府管理；中央和省级政府应当对高等教育事业进行统一规划，组织各方面力量按照规划要求发展高教事业。

再次，教育法明确规定了教育行政部门的地位和基本职权，即国务院教育行政部门主管全国教育工作，统筹规划、协调管理全国的教育事业；县级以上地方各级人民政府教育行政部门主管本行政区域内的教育工作。这一规定表明，各级教育行政部门是教育行政权的主体，享有"主管"教育事业的法律地位。其他有关行政部门根据同级政府的授权，在各自的职责范围负责有关的教育工作，在性质上，这些行政部门并不是教育行政权的主体，它们主要是代表国家，以举办者的身份管理某些行业特点明显的学校，以及对行业教育进行规划和业务指导。

显然，教育法确立的这一教育行政管理体制，具有趋前性的特点，对我国目前正在进行的深化教育行政管理体制改革，具有指导作用。

131. 什么是学校教育制度？

学校教育制度是教育制度的主体。学校教育制度简称学制，是指一个国家各级各类的学校系统，具体规定着学校的性质、任务、入学条件、修业年限及彼此之间的关系。学制的建立为实施正规的学校教育提供了基本的制度保障。

学校教育制度是以一个国家各级各类具有不同性质和任务的学校为主体而形成的体系，这个体系通过教育行政机构来制定学历与学位相关规范与标准，统筹、规划、监督、落实统一的教育政策，使得求学者能够在统一的入学条件和学习年限中，整体达到国家要求的一定水平，从而在各级学校之间升学和转换。

学校教育制度是我国教育制度的主要部分，是依据受教育者的身心发展规律而系统实施的，具体包括学前教育、初等教育、中等教育、高等教育等四个阶段。

132. 什么是目标管理和管理目标？两者关系是怎样的？

目标管理是指管理者通过制定、执行、控制目标来进行领导和管理部署，它被称为现代企业之导航船。

管理目标是指个体或组织通过一系列的管理活动所要达到的结果。

由此可见,目标管理是一种管理手段,一种管理方式;而管理目标是通过管理手段达到的一种管理目的或结果。

133. 高等学校管理的内部目标是什么?

高等学校的管理目标,反映了高等学校对自身价值的追求。对于教育活动而言,它在促进受教育者的发展方面所具有的价值属性,构成了其内在价值。对于这种内在价值的追求便形成了高等学校办学和管理上的内部目标。内部目标是反映高等学校办学状态的目标,如在学科结构、教学质量、科研水平、师资队伍、办学条件等方面的目标。因而,内部目标也可以说是状态性目标。

134. 高等学校管理的外部目标是什么?

高等教育活动在其他活动领域所呈现的价值属性,即高等教育的外在价值,是高等教育通过人才培养促进社会进步、经济发展等所呈现出的价值属性。高等学校对于外在价值的追求便形成了高等学校办学和管理的外部目标。外部目标是反映高等学校社会功能,即在经济发展和社会进步中所起到的作用的目标,因而外部目标也可称为功能性目标。

135. 什么是继续教育?

继续教育是指脱离大学正规教育参加工作的在职专业技术人员和管理人员,为了适应与发展工作的需要,为了加深与提高专业技能,完善知识结构而参加的后续性进修。继续教育有针对性、实用性、先进性的特点,能够有效地将理论与实践相结合,使教育服务社会,加速技术成果转化为现实生产力。因此继续教育是高等教育、科研与实际工作三者的最佳契合点,受到国家的高度重视。高等教育法将高等学校和其他高等教育机构确定为实施继续教育的主体,是因为高等学校与其他高等教育机构具有得天独厚的教育资源，具备良好的办学条件，同时高等学校与其他高等教育机构又具有相当强的科研实力，在继续教育中可使受教育者接触和掌握最新科研成果，普遍提高实际工作部门的业务技术水平。

高等教育法规定："高等学校和其他高等教育机构应当根据社会需要和自身办学条件，承担实施继续教育的工作。"目前，许多高校已经把继续教育纳入学校整体规划，在实践中采取了灵活多样的继续教育的办学形式，如举办短期进修班、岗位培训班、专题培训班、科技成果推广班等。

136. 什么是国家教育考试制度，主要具有哪些特点？

国家教育考试制度是指由国家根据需要实施教育考试，并由国家就相应教育考试的批准、类型、内容大纲、标准、时间、考试结果的承认以及就教育考试机构的指定、建设和管理等所制定的规程或准则。是关于国家实施教育考试的职能、权限、办法等的规定。

我国的国家教育考试制度有以下特点：①由国家法律规定，受到法律的保护。②由国家教育行政机关执行，并由教育行政机关的职能部门或由教育行政机关授权、委托的教育考试机构举办国家教育考试。③对受教育者掌握由国家规定的内容及其在有关方面的发展水平达到国家规定的目标或标准进行测量、甄别。④根据国家教育考试制度认可的考试结果，具有法律效力。⑤在客观上与国家人事考试制度、劳动就业考试制度等相关联。

137. 国家教育考试制度包括哪些主要内容，健全国家教育考试制度有何意义？

到目前为止，我国的国家教育考试制度主要包括：普通高等学校招生全国统一考试制度；成人高等学校招生全国统一考试制度；硕士研究生入学统一考试制度；中等专业和高等教育自学考试制度；中国汉语水平考试制度；全国外语水平考试制度；计算机等级考试制度；国家学历文凭考试制度等。

建立、健全国家教育考试制度，客观上有利于理顺各种教育考试的相互关系,有利于人事考试制度和劳动就业考试制度的改革,有利于客观上评价教育和教学质量。而完善国家教育考试制度,保证和促进国家教育考试的科学性、公正性和全面性,对正确引导教育和教学活动贯彻国家教育方针具有极为重要的意义。

138. 我国关于国家教育考试制度的法规是怎样的?

我国教育法规定,国家实行国家教育考试制度。国家教育考试由国务院教育行政部门确定种类,并由国家批准的实施教育考试的机构承办。国家教育考试主要包括:①入学考试,如高考、中考、研究生入学考试等;②水平考试,如高中会考、汉语水平考试、外语水平考试等;③文凭方面的考试,如自学考试、学历文凭考试等。实行国家教育考试制度对于实现教育机会均等、保护受教育者的合法权益具有十分重要的意义。

139. 什么是教学管理,主要内容有哪些?

教学管理是指按照教学规律对教学活动进行计划、组织、指导、协调、监督和检查的过程,其目的是为了保持正常教学秩序和提高教学质量。教学管理的主要内容包括:制定培训方案和课程标准;制定课程教学计划,安排教学活动;提供课程教学条件保障;督促教学制度的贯彻落实,维持教学工作正常秩序;跟踪教学准备、教学实施和教学反馈,全过程控制教学质量;组织观摩课和优质课程评选;组织教学科研活动和教学经验总结交流;组织课程教学考核,实施教学质量测评;进行学籍管理。

140. 高等学校教学管理的基本任务有哪些?

高等学校教学管理的基本任务是:研究教学及其管理规律,改进教学管理工作,提高教学管理水平;建立稳定的教学秩序,保证教学工作的正常运行;研究并组织实施教学改革;努力调动教师和学生教与学的积极性。

141. 高等学校教学管理的基本方法有哪些？

从事高等学校的教学管理，要以唯物辩证法等科学方法论为指导，注意综合运用科学合理的行政管理方法、思想教育方法，以及必要的经济管理手段等，避免依靠单一的行政手段。要注重现代管理方法在教学管理中的应用，努力推动教学管理的现代化。

142. 高等学校教学投入与教学条件是什么？

学校要保证教学经费在全校总经费中占有合理的比例。要用好有限的教育经费，有计划、有重点、分步骤地加强教学基础设施建设，改善办学条件。要多渠道筹集教育经费，并随着收费制度的改革，逐步加强对教学工作的投入。

143. 什么是大学教学计划，制订教学计划的前提条件是什么？

教学计划是学校保证教学质量和人才培养规模的重要文件，是组织教学过程、安排教学任务、确定教学编制的基本依据。教学计划是在国家教委宏观指导下，由各校组织专家自主制订的，它既要符合教学规律，保持一定的稳定性，又要不断根据社会、经济和科学技术的新发展，适时地进行修订。教学计划一经确定，必须认真组织实施。

制订教学计划的前提条件是确定专业培养目标，必须遵循国家教育方针和教育要面向现代化、面向世界、面向未来的指导思想，依据国家教委制定的人才培养目标，结合学校实际，体现对学生德、智、体等方面的全面要求，体现不同层次、不同学校的培养特色。

144. 教学大纲的概念是什么？

教学大纲是以系统和连贯的形式，按照章节、课题和条目叙述该学科内容的教学指导文件。它根据教学计划，规定学生必须掌握的理论知识、实际技能和基本技能,也规定了教学进度和教学方法的基本要求。

145. 大学教学计划的内容主要包括哪些方面?

① 专业培养目标、基本要求与专业方向。
② 修业年限。
③ 课程设置(含课程性质、类型、学时或学分分配、教学方式、开课时间、实践环节安排等)。
④ 教学进程总体安排。
⑤ 必要的说明(含各类课程比例、必修选修安排、学分制或学年制等)。

146. 制订大学教学计划的一般程序是什么?

制订教学计划的一般程序是:广泛调查社会、经济和科技发展对人才的要求,论证专业培养目标和业务范围;学习、理解上级相关文件精神及规定;教务处提出本校制订教学计划的实施意见及要求;由院(系)主持制订教学计划方案,经院(系)教学工作委员会讲座审议,校教学工作委员会审定,主管校长审核签字后下发执行。教学计划要保持相对稳定,并根据需要,隔若干年进行一次全面修订。

147. 大学教学计划如何实施安排?

① 由教务处或院(系)编制分学年、分学期的教学进程计划,或称教学计划年度(学期)运行表,落实每学期课程及其他教学环节的教学任务、教室和场所安排、考核方式等。
② 由教师和有关职能部门编制单项教学环节组织计划,如实验教学安排计划、实习计划、军训计划、社会实践计划等。
③ 审定后的教学计划所列各门课程、环节的名称、学时、开课学期、考核方式(考试或考查)、开课单位和任课教师等均不得随意改动,执行过程中需要调整的,应严格按照审批程序执行。

148. 大学教学运行管理如何实施？

在教学管理中，教学运行管理是按教学计划对教学活动实施的最核心、最重要的管理，它包括以教师为主导、以学生为主体、师生相互配合的教学过程的组织管理和以校、院(系)教学管理部门为主体进行的教学行政管理。其基本点是全校协同，上下协调，严格执行教学规范和各项制度，保持教学工作稳定运行，保证教学质量。

149. 什么是大学实践性教学环节的组织管理？

实践教学是教学过程中一个极其重要的教学环节，各种实践性教学环节都要制订教大纲和计划，严格考核。实验教学必要时可能单独设课，或组成实验课群，也可在相关课程内统一安排。毕业论文(毕业设计)要符合教学要求并尽可能结合实际任务进行，要保证足够的时间。根据教学计划要求，应尽可能建立可保证各类实习和社会实践任务完成的相对稳定的校内外实践基地。社会实践的组织形式，在满足基本要求的前提下，也可让学生有选择地自行安排。

150. 如何实施大学科学研究训练的组织与管理？

课外科技活动要列入校、院(系)、基层教学组织及相关职能部门的工作计划，采取多种形式组织学生参加科学研究工作，把课内和课外、集中和分散安排结合起来，并为学生提供必要的物质条件和经费，组织有经验的教师对学生进行指导。

151. 如何实施大学日常教学管理？

日常教学管理要制订并严格执行教学计划年度或学期的运行表、课表、考表，保证全校教学秩序稳定。对这三项重要表格文件的执行情况要有管理制度和检查办法，执行结果要记录在案。在实施过程中，要经常了解教学信息，严格控制对教学进度和课表变更的审批，及时处理执行过程中出现的问题或事故。

152. 大学学籍管理主要包括哪些内容？

学籍管理的基本内容包括对学生的入学资格、在校学习情况及毕业资格的检查、考核与管理。学校应制订本校的学籍管理办法，并建立档案。在日常学籍管理中应重点管好成绩卡和学籍卡，做到完整、准确、规范、及时。

153. 大学教师工作管理主要包括哪些内容？

要根据学校教学工作总量和规定的师生比要求，确定学校教学编制。要分别制订必修课与选修课、基础课与专业课、理论教学与实践教学环节等不同性质、不同类别课程的工作量管理办法。要做好每学年（或每学期）教学余量的考核工作，考核内容包括：教学任务完成情况、教学态度、教学质量及效果、教学改革与研究和其他教学兼职（如导师、班主任）的完成情况。

154. 教学大纲的编制原则有哪些？

教学大纲的编制原则主要有：①目的性原则；②前沿性原则；③教育性原则；④启发性原则；⑤逻辑性原则。

155. 大学教学档案管理主要包括哪些内容？

学校应建立必要的机构和档案管理制度，明确各级各类人员职责，确定各类教学档案内容、保存范围和时限。教学档案内容一般包括教学文件、教学档案、教师业务档案、学生学习档案，教务处及院（系）级教学单位应指定专人负责档案工作，每年进行档案的分类归档。

156. 如何搞好大学全过程教学质量管理？

① 招生过程的质量管理，主要是把好新生质量关，搞好招生宣传、招生录

取、入学新生全面复审等工作。

② 计划实施过程的质量管理,主要是教学计划的制订和分步实施。

③ 教学过程的质量管理,主要是把好教学过程各个环节的质量关。

④ 教学辅助过程的质量管理,主要是提供充足的、最新的图书资料,提高计算机辅助教学、电化教育、仪器设备、体育场馆、多功能教室的服务水平和教学管理人员的服务质量。

⑤ 实行科学化考试管理,主要是建立科学的考试工作程序和制度,严格考试过程管理,进行必要的试题分析,做好考试及授课工作总结。

157. 如何进行大学教学质量检查?

要经常了解教学情况,加强教学信息反馈过程的管理。各教学环节的经常性检查,可以通过抽查学生作业、分析平时测验及期中考试成绩和试卷、召开座谈会、检查性听课等方式进行。定期的教学检查,一般可安排开学前的教学准备检查、期中教学检查,期末教学检查等。

158. 大学教学工作评价主要包括哪些内容,需要坚持哪些原则?

教学工作评价是宏观调控教学工作的重要手段。学校教学工作评价一般包括:校、院(系)总体教学工作评价;专业、课程和各项教学基本建设评价;教师教学质量及大学生学习质量评价等。教学工作评价需要一定的组织形式来完成。校、院(系)可成立教学评价领导小组,也可赋予教学工作委员会等组织以评价职责。开展教学工作评价,要明确目标,建立科学的评价指标体系;抓好基础,突出重点;坚持以评促建,重在建设的原则。坚持教学工作评价经常化与制度化原则。要把教学工作评价的目标与内容作为日常教学建设与管理的主要内容,实现教学工作评价与日常教学管理相结合,不搞形式主义。坚持教学工作评价和学校激励机制与约束机制相结合的原则。通过评价调动教师和干部的积极性,增强广大师生员工的凝聚力。

159. 大学教学基本建设包括哪些内容？

教学基本建设包括学科建设、专业建设、课程建设、教材建设、实践教学基地建设、学风建设、教学队伍建设、管理制度建设等。它们是保证教学质量的最重要的基础性建设，应以学校发展目标和总体规划为依据，统筹安排，精心组织，扎实支持大学教学。在每项基本建设中要不断提出改革措施，创造稳定、良好的教学环境。

160. 大学学科和专业建设主要包括哪些内容？

大学学科和专业建设主要包括如下内容：

第一，科学规划学校的学科和专业结构体系。要拓宽本科专业口径、扩大专业基础，主干学科或主要学科基础相同的专业应尽可能合并，增强学生适应性。

第二，稳定和提高基础学科水平，形成基础学科与应用学科互补；重视发展应用学科和专业，培养复合型人才；更新传统学科及专业，适度发展新兴学科、交叉边缘学科及专业；发挥本校优势，办出特色。

第三，注意根据学科与社会发展，适时进行专业设置、专业方向、培养目标和教学内容的调整。专业设置要依据国家教委和地方教育行政部门的有关规定上报审批。

161. 大学课程建设主要包括哪些内容？

课程建设要进行理论研究，明确总体目标、任务、指导思想和原则；要制订建设规划，进行有计划、有目标、分阶段、分层次的系统建设；要以建设优秀课程为中心，深化教学内容、课程体系的改革；要重视课程建设，改革专业的课程结构体系。要把重点课程建设和优秀课程评选作为一项整体工作，坚持评建结合，以建为主。

162. 大学教材建设主要包括哪些方面？

要制订切实可行的教材建设规划，加强文字教材、实物教材和视听教材建设的规划工作。采用推荐教材或自编教材及其他辅助教材、教学参考书时，要注重质量。要鼓励选用国家优秀教材，并结合教学内容改革与课程建设，依据教学大纲抓好讲义或自编教材。要做好教材质量评估和优秀教材评奖，不断提高教材质量。

做好教材的预订、发行管理工作，要制订预订工作原则和规范要求，开拓教材发行渠道，改革供应办法，方便学生、教师购书，防止教材积压、浪费。

163. 大学实践教学基地如何建设？

要支持校内外结合，做好全面规划。实验室建设一定要与学科专业建设、课程建设相匹配，防止分散配置、分散管理、局部使用、低水平重复的低效益建设方式，注意集中力量与条件建设好公共的基础性实验室；做好实验室的计划管理、技术管理、固定资产管理和经费管理，改进分配和设备投资办法，提高投资效益，提高设备利用率；组织实验室建设的检查验收。校内实习基地的建设，要突破仅限于感性认识、技能训练的旧模式，使之成为可模拟工业、社会等环境，进行综合教育训练的课内外实践教学基地，同时要改善实习条件，健全实习管理规章制度。建设相对稳定的校外实习基地，努力将实习与承担实习单位的实际任务相结合，做到互利互惠，以取得校外实习单位的支持。

164. 大学学风如何建设？

学风包括教师的治学作风和学生的学习目的、学习态度、学习纪律和环境建设。要支持组织建设、制度建设和环境建设，逐步形成好的传统。要坚持重在教育、建管结合、以建为主的原则，坚持"校、院（系）共同抓，教师人人管"的做法，把学风建设与学校德育工作相结合。

要通过教学改革，使学生变被动学习为主动学习，充分利用选修课、第二课堂等形式扩展学生学习的领域。要特别重视考风建设,通过严肃的教育和严格的管理,坚决制止作弊等错误行为,纠正不良风气。

165. 大学教学队伍如何建设?

通过体制改革,建立一支人员精干、素质优良、结构合理、教学科研相结合的相对稳定的教学梯队,校、院(系)、教研室均要制订教师队伍建设规划,层层负责,抓好落实。要提高教师的整体素质,在职与脱产培训结合,以在职为主;重点抓好中青年骨干教师的培养提高;注意选拔培养学术带头人和骨干教师,发挥学术造诣深、教学经验丰富的老教师的"传帮带"作用,培养优秀青年教师充实教学第一线。

166. 大学教学管理制度如何建设?

要制订并完备教学基本文件,包括教学计划、教学大纲、学期进程计划、教学日历、课程表、学期教学总结等。要建立必要的工作制度,包括学籍管理、成绩考核管理、实验室管理、排课与调课、教学档案保管等制度,以及教师和教学管理人员岗位责任制及奖惩制度;学生守则、课堂守则、课外活动规则等学生管理制度。

167. 如何健全教学的校级领导体制?

学校教学工作,要由校长全面负责,分管教学的校长主持日常工作,并通过职能部门的作用,统一调动学校各种资源为教学服务,统一管理教学工作进程及信息反馈,实现各项教学管理目标。要在党委的统一领导下,由校务会议讨论决定有关教学及管理的指导思想、政策、规划、重大改革举措等。要建立教学工作会议和各级领导定期听课、学习、调研的制度,提高决策和管理水平。学校教学工作要形成整体一致的目标系统,遵循学校建设总体目标,编制教学改革和发展的规划,确定学校各级教学管理目标。

168. 如何健全校、院(系)教学管理机构？

高等学校和教学管理机构一般包括校、院(系)两级。

校级教学管理职能机构要充分发挥教务处、学生工作处等部门在教学管理系统中的职能作用，明确各职能处及各类人员的岗位职责，协调好各种工作关系。建立必要的业务指导机构，如教材建设、外语教学、计算机基础教学等委员会，加强单项教学工作的咨询和指导。

教务处是学校管理教学工作的主要职能部门，教务处的工作状态反映了一个学校整体教学工作的状态。学校应健全教务处的科室结构，配备较强的管理干部队伍，明确组织教学改革和建设的责任，保证教学工作稳定运行，不断提高管理水平和工作质量。

在院(系)级教学管理机构中，由院长(系主任)全面负责系教学管理和教学研究等工作，分管教学的副院长(系副主任)主持日常工作。院(系)教学工作委员会是院(系)教学管理工作的研究、咨询机构，要定期研究并向院(系)务会议提出有关建议。院(系)务会议讨论决定本院(系)教学及管理工作的有关问题。

院(系)可设教学秘书和教务员，在院长(教学系主任)领导下，处理日常教学行政工作并从事教学状态、质量信息的经常性调查了解工作。

169. 重视教学基层组织建设，应该注意哪些方面的问题？

学科组(教研室)是按学科、专业或课程设置的教学研究组织。作为教学基层组织，其主要职能是完成教学计划所规定的课程及其他环节的教学任务；开展教学研究、科学研究和组织学术活动；组织师资的培养提高及提出补充、调整的建议，分配教师的工作任务；加强相关实验室、资料室的基本建设等。学科组(教研室)要重视开展教学研究和教学改革，不断提高教学质量和学术水平。

170. 怎样加强教学管理队伍建设？

加强教学管理队伍建设，要根据不同岗位的需要，建立一支专业理论与方法技能融合、素质较高、相对稳定的教学管理干部队伍。要有计划地安排教学管理干部的岗位和在职学习,掌握教学管理科学的基本理论和专门知识,提高管理素质和水平。要结合工作实际,有组织地开展教育科学研究与实验。要创造条件,开展国内外高等学校教学管理人员的相互考察、交流和研修,以便适应管理科学化、现代化的要求。

171. 如何理解中央集权制的教育制度的优缺点?

中央集权制的教育制度优点是:有利于加强政府的宏观调控管理,有利于从全局角度统筹规划;便于统一调节各地教育发展的不平衡,保持全国教育发展的整体水平;实行等级管理,有助于上下一致,保证高等教育学校办学的统一性,避免管理上的混乱。缺点是:一方面,由于权力集中而形成的刻板的科层化管理体制使教育管理缺乏弹性,难于因地制宜;另一方面,束缚了高等教育自主管理的积极性、主动性和创造性。

172. 如何理解地方分权制的教育制度的优缺点?

地方分权制的优点是:可以使高教管理具有弹性,避免一刀切;可以充分发挥地方、下级机关的主动性、积极性和创造性;有利于高等学校办出特色,便于地方根据本地区实际情况规划高等教育的发展。缺点是:难于统一规划,难于控制教育质量,容易导致地区发展的不平衡,也容易出现教育资源的某些浪费或结构性失调现象。

173. 怎样理解我国现行高校管理体制结构?

在外部管理体制方面,1995年以来开始建立"两级管理、以省级统筹为主"的体制,即中央与省(含自治区、直辖市)人民政府两级管理、以省人民政府统筹为主的宏观管理体制。近几年来,我国探索了建立这种新体制的共建、转权、合作、合并和参与联合办学的五条途径,并取得了可喜成绩。

在内部管理体制方面,实行的是党委领导下的校长负责制,是校长受国家委托,在党委领导和教职工民主参与下管理学校,对学校行政工作全面负责的一种学校领导制度。基本内容包括三个方面:一是党的领导,要求党委必须首先抓党的路线、方针、政策和国家法令、法规在学校中的切实贯彻和执行。二是校长对学校行政工作全面负责,校长对学校的教学、科研、思想政治教育和行政工作全面负责,并拥有相应的决策权、指挥权、人事任免权,经费使用与分配权。三是教职工民主管理,教职工代表大会是在学校党委领导下,教职工行使民主权利和民主管理学校的主要形式。

174. 高校进行目标管理的优点有哪些?

(1) **高校目标管理具有激励效应**

激励是一种心理过程,是"需要""动机"和"目标"三者相辅相成、互为因果的连锁反应。"需要"是人的积极性的内部动力,"动机"是推动人积极行动的直接动因,"目标"则是促使需要转化为行为动机的诱因。在高等学校目标管理过程中,目标成为学校全部管理活动的基础与核心。管理从确定目标、形成目标体系,到执行目标、检验目标,把学校全体人员的全部管理行为与目标组织起来,把学校的总目标、各部分的分目标以及每个人的目标结合起来,最终通过激发每个人的工作积极性来搞好学校管理工作。

因此,一个具有挑战性的、经过努力可以达成的学校目标体系的目标管理,对高校全体成员都将产生巨大的动员和激励作用。

(2) **高校目标管理具有自主效应**

目标管理强调自我管理、自我控制,重视人的作用的发挥和人的思想因素的作用。在确定目标过程中,主张让下级自定目标,或主动承诺目标,在完成目标过程中,反对上级或外部过多干涉,主张变"他控"为"自控",即独立自主地完成任务。

最好让职工对目标达成情况作自我评价。这种自主管理有利于建立工作责任感,有利于发挥下属的主动性、积极性和创造性,从而改变"管理只是上级的事"的观念。

(3) **高校目标管理是系统、整体的管理,具有整合效应**

学校管理目标是学校管理功能的体现,是衡量学校管理工作好坏的重要标准和尺度,学校管理的其他要素都是围绕这一要素组合起来的。学校目标管理通过让全体成员确定、认定、执行目标,使每个人都参与了学校全局性的管理,使全校形成一盘棋,从而纠正学校部门、个人之间由于本位主义和分散主义所可能导致的各自为政、互相扯皮等弊端。

175. 什么是管理目标?

目标管理是指管理者通过制定、执行、控制目标来进行领导和管理部属。一个组织必须建立其目标,作为该组织的方向。为达成其目标,组织中的管理者必须设定基本单位的个别目标,且个别目标应当与组织目标相一致,从而促成合作团队的建立,得以发挥整体的组织绩效。高校目标管理的概念引进自现代企业管理方法,高校目标管理的实质是学校的最高层领导根据面临的形势和社会需要,制定出一定时期内学校经营活动所要达到的总目标,然后层层落实。

176. 我国高校管理大致经历了哪几个阶段?

我国高校管理大致经历了三个阶段:

第一阶段,从京师大学堂到西南联大,此阶段我国高校管理全盘学习欧美高校管理体制,大学是独立自由的,通过大学内部的竞争机制来促进大学的发展。

第二阶段,学习苏联模式阶段,该阶段我国高校管理学习苏联的管理模式,突出行政管理配置资源,即一切管理目标均由中央政府设定。

第三阶段,行政与学术双主导阶段,该阶段是在改革开放条件下,推进高校管理改革过程中所形成的。

177. 如何运用目标管理思想进行高校管理?

随着社会主义市场经济体制不断发展和完善,高校管理改革也在不断深化。将目标管理引入学校的行政管理中,可以大大激发教职员工的积极性与创造性,可使各层次的领导和教师对工作有明确的认识和评估,有利于下一步工作的开展。运用目标管理方法进行高校管理是一种具有明确方向性和激励性的管理,在实践中需要以具体的措施来指导教职员工的每一步行动,不流于形式,这样才能在高校管理中起到纲举目张的作用。我们可以从以下三点着手:

(1) 科学地确定学校发展目标

高校的管理者应当了解自身高校的优势强项与自身不足,要有把握机会的长远眼光及危机感,及早发现存在的问题及隐患。在学校的规划中,必须把发展蓝图与中、短期目标统一起来。在学校发展的总目标确定后,应根据学校系统各部门职能属性的不同进行目标的分解。在实施计划的过程中,签订目标责任书,把高校全体成员认可的目标落实到具体部门及个人身上,明确各自的目标责任。

(2) 完善管理机制,积极实施目标

为了使高校各部门、各成员的目标能科学地组织起来且互不干扰,需要有一个高效的学校管理机构,通过科学授权与合理分工,目标实现过程中避免各机构与权责出现重叠交叉与管理真空,建设畅通的信息渠道与加强监督反馈,保障高校管理活动的运行状态与确立的目标体系相符合。

(3) 评测成效,利益挂钩

严格对照目标责任的相关约定,坚持以目标作为检查与评估的主要尺度,仔细审核行为结果与目标值的相符程度,作为衡量高校各部门与个人的行为绩效。为了防止在目标管理过程中过度追求短期效益而忽视了长远利益,应注意从目标的整体效应来评价短期目标行为的价值。将履行目标责任的行为绩效与奖励、惩罚结合起来,奖优罚劣,鼓励先进,激励后进,切实提高高校组织的整体效应。

目标管理是高校管理中的一种新型手段,正确实践可给高校管理带来巨大生机,因此,高校管理者应当认真、具体地去实施应用。

178. 什么是高等学校教育制度?高等学校教育制度的影响其因素有哪些?

高等学校教育制度即高等学校的学制,它规定着各类高等学校的性质、任务、入学条件、学习以及它们之间的关系。

各类学校教育制度的建立,均受到许多因素的影响,高等学校也不例外,总体上有三种因素制约高等学校学制的建立。

第一,社会生产力和科学技术的发展水平。社会生产力和科学技术发展水平是高等学校教育制度建立的主要依据。这是因为,学校制度除了要符合教育规律之外,首先要反映社会的需要。学制的建立是与社会生产力和科学技术发展水平相一致的,这从学制的发展历程便可看出。

第二,社会的政治制度。任何社会的学校教育制度,都是由其国家的政府制定并颁布的,由于国家政权都是掌握在统治阶级手中,为维护和实现本阶段的利益,学校教育制度直接反映统治阶级的利益和要求,反映各国的经济基础和政治制度。

第三,受教育者身心发展的总体水平及特征。教育的主要目的在于传授知识、培养技能,从而使受教育者身心和谐、全面发展。知识技能的传授顺序应与受教育者的身心发展总体水平及特征保持内在的逻辑统一,既不能相差甚远,也不能操之过急。所以在确定教育制度时,要充分考虑到受教育者的身心发展的总体水平及特征。高等教育承担着培养国家建设人才的重任,要实现人才培养的"知识—能力—人格"一体化,在制定高等教育制度时,更要充分考虑到受教育者的身心发展的总体水平及特征。

除此之外,民族的文化传统和外国的先进经验也是制定新的学校教育制度时需要考虑的因素。

179. 怎样理解我国高等学校的学制结构?

从形式结构上看,主要有两大类。一是全日制高等学校,包括普通高等学校和职业高等学校。二是成人高等学校,主要有:广播电视大学,职工大学及职工业余大学,函授学院及普通高等学校附设的函授部,教育学院及中学教师进修学院和夜大学等形式。从层次结构上看,有专科、本科和研究生教育三个层次。

180. 怎样理解学位制度的形成过程?

学位制度的形成过程主要有三个阶段:

第一,古代学位制度形成阶段,可追溯到中世纪的欧洲,最早的学士学位出现在13世纪的巴黎。

第二,现代学位制度的确立阶段,1810年创立的柏林大学把哲学科(文学科)提高到了同法学科、医学科、神学科平等的地位,在传授自然科学与社会科学知识的哲学科也设立了博士学位,并取名哲学博士(Doctor of Philosophy,Ph. D),这标志着现代学位制度的真正确立。

第三,现代学位制度的发展阶段,19世纪末20世纪初以美国学位制度确立为标志的现代学位制度对世界学位制度产生重大影响,使学位制度不断完善和发展。现代学位制度确立之后,促进了英、法、美、加等国的教育改革运动,进一步完善了现代学位制度。世界上各国现行学位制度主要有三类:一是德国等少数国家只设硕士和博士两级学位。二是大多数国家普遍设立学士、硕士、博士三级学位。三是如英国等国家设立学士、硕士、博士和高级博士四级学位。

181. 怎样理解我国学位制度改革?

我国自1981年恢复学位制度以来,学位制度不断完善。根据《中华人民共和国学位条例》及其实施办法,我国学位分设三级:学士、硕士、博士。授予学位的学科门类共有12个。

学位授权审核制度解决的是学位授予的法律依据和学位授予单位的资格问题,处理的是国家或社会与学位授予单位之间的法律关系。我国学位审核制度大致经历了中央集权阶段、审核权力部分下放阶段、部分高校自主发展探索阶段。博士点审批由国务院学位委员会组织会议审核;硕士点审批实现按需授权,已下放到成立省级学位委员会的省、市、自治区;博士生导师由博士学位授权单位根据有关规定自行遴选;学位授权点的学科结构更加合理与优化;学位授权审核向西部边疆少数民族地区倾斜等。我国学位授权审核制度存在的主要问题在于授权审定工作还不能与社会各方面的高速发展完全适应,硕士和博士研究生与学士本科生之间的数量比例仍存在很大差距。

学位申请者的培养制度要解决的是学位授予单位与申请者之间的教育问题,它所处理的是学位授予单位如何培养、学位申请者如何接受教育或通过学习达到学位授予单位所确定的标准等问题。在申请者的培养方面,我国已形成了多学科、多层次、多类型的人才培养体系,开始注重应用型人才的培养,但在培养方案和培养方式上相对单一,各院校、科研机构的培养方式大同小异,无法体现出不同人才培养之间的差异性。

学位授予制度解决的是学位授予单位授予学位的一些基本程序、仪式等。随着社会的进步与经济的发展,我国对全日制教育的学士、硕士、博士学位以及专业学位、名誉博士、第二学士学位、同等学力申请硕士博士等其他学习者学位的授予标准都给予了明确规定。一定程度上改变了学位类型和规格单一、结构不合理的状况,但在部分学位特别是学士、硕士学位的授予程序和仪式上还不够重视。

学位质量的评价制度解决的是科学的学位质量标准以及社会或学位授予单位如何评价学位质量的问题。为保证学位授予质量,国家建立了各级监督管理机构,开展各种工作对学位授予质量进行保证和监督。随着质量监督和保证机制的不断完善,学位质量检查和评价力度不断加大,评价方式不断丰富,我国的学位质量评价监督工作不断走向科学化、规范化。但我国的学位质量评价制度还存在一定问题,如评价工作随意性较大,缺乏政策法律依据;评价系统不够完善,存在一定缺陷;评价方式是典型的政府性评价,等等。需要构建政府或国家评价、学位授予单位自我评价、社会中介评价三位一体的学位评价体系,坚持以学位单位自我评价和以政府、社会评价并重为原则,推动学位评价制度不断走向完善。

182. 什么是学科?

学科是按学问性质划分的门类或研究领域,是高等学校专业性质分类的基本标准之一。教学的科目、学问的分支、学界或学术的组织是学科的三个基本内涵,在不同的场合和时间体现不同的内涵。

183. 什么是课程?

课程一词尚无严格的、公认的定义。可以认为课程是为实现学校的教育目标而规定的教学科目、结构及其进程,是为学生的个性全面发展而创设的学校环境的全部内容。狭义的课程,是指列入高校教学计划的各门学科及其开设顺序。广义的课程,指促进学生发展的全部环境,分科课程和综合课程、显性课程与隐性课程、核心课程与外围课程等都应包括在内。

184. 高等学校教学过程的特点是什么?

高等学校教学过程是一种特殊的认知和实践相统一的活动过程,由于高校所从事的是在中等教育基础上的专业教育,它的培养目标是把年龄在18岁—22岁左右的高校学生培养成各级各类的专门人才,因而,高校的教学过程有着与中小学教学过程不同的特点,主要体现在以下几个方面:

(1) **专业化逐步提高,专业性与综合性相统一**

高校的教育从根本上说是一种专业化的教育,其目的就是要为社会培养各级各类的专门人才。专业化程度逐步提高是高校教学过程有别于中小学教学过程的最显著特点。高校的教学过程主要是围绕着专业而开展的,并且随着年级的升高,教学过程中专业理论知识的传授和专业技能的培养所占的比重也越来越高。当然,高教教学过程专业化逐步提高的特点并不是说高等教育只进行专业知识的教学而不重视基础课教学,而是要求宽广的基础知识的传授与牢固的专业知识的掌握相结合,专业化越是趋向尖端,越需要坚实的基础。专业性和综合性在教学过程中的统一,体现了高等教学过程的特殊性。

(2) **学生学习的独立性、自立性和创造性逐步增强**

高校的教学过程虽然也是学生在教师指导下学习间接知识的过程,但高校学生的学习是一个独立性、自立性和创造性逐步增强的过程。独立性意味着学生对教师的依赖减弱,已经逐步走上能够自己掌握专业理论、初步从事科学研究和实践活动的过程;自立性意味着学生能够自己管理自己,自己确定学习时间、方法和内容,并且能够选择自己的发展方向和目标;创造性指学生在一定程度上能够在前人的基础上有所创新。这也说明高校的教学过程不仅是一个掌握知识的过程,而且是一个让学生在掌握一定专业理论知识的基础上,从事一定的科学研究活动,获得科学研究的方法和创造精神,发展一定创造能力的过程。

(3) **教学和科学研究逐步相结合**

将科学研究引进教学过程,是高校教学过程的一大特点,这也是提高教学质量、培养学生的创造性思维能力和实际运用能力的重要举措。一方面,进入高校,学生的学习能力和辩证思维能力都已发展到相当高的水平,具备一定深度的专业知识的教与学也为学生从事科学研究提供了条件。另一方面,高校教师的教学活动和其所从事的科学研究是紧密联系的,科学研究也是提高教师水平和加强学科专业建设的重要手段。因而,高校教学总是同一定的科研训练分不开的,学生在学习到科学知识的同时,也学习到科学研究的方法,具有科学研究的能力和严谨的科学态度,并且随着不同年级对科研活动的参与,教学的过程和科学研究的过程相互促进、相互结合。

(4) 教学与生产劳动和社会活动的联系逐步增加

与中小学相比,高校与社会生产和生活的联系更为广泛和深入,高校的教学过程也逐步加强与社会生产环节和生活实践的联系,使得教学过程不仅是一个掌握专业理论知识的过程,而且是一个学生将掌握的专业理论知识应用于具体实践活动,以充实知识、发展能力和培养实际应用技能的过程。众所周知,人类作用于世界的活动有两个方面,一是认识世界,二是改造世界。认识世界的目的是为了改造世界,而高校的教学过程同其他类型的教学过程一样,基本上属于一种认识世界的活动。高校所培养的人才将直接进入社会活动和生产劳动中去,为培养学生改造世界的能力,高校教学应尽可能地联系社会实际,在教学过程中加强实践性环节的教学,通过有计划地引导学生参加实践活动,使学生在实践中获得知识,提高能力。

185. 高等学校教学原则包括哪些方面?

教学原则是教学工作必须遵循的基本要求,它一方面要反映教学工作规律从而对教学工作提出要求,另一方面又是对教学工作中教学规律的总结和概括。根据高校教学过程的理论和高校教学实践的发展,高校的教学原则主要有以下六条:

一是科学性与思想性相结合原则。这一原则要求在高校的教学过程中,既要向学生传授正确的知识,养成严谨的科学态度,又要注重培养学生的思想意识,使知识传授与思想培养结合成一个有机整体。在坚持科学性与思想性相结合原则时,要做到以下两点:①教师要努力钻研业务,不断提高水平,跟上科学发展的潮流。②教师要有严谨的科学态度,做到教书育人。

二是知识积累与智能发展相结合原则。这一原则是指在教学过程中,既要向学生传授必要的基础知识和专业知识,还要注重从知识到智能的转化,发展智力,培养智力。知识和智能是两个既有联系又有区别的概念。首先,知识不等于智能,知识的积累并不会自然导致智能的提高;其次,智能的发展和提高离不开知识的学习和积累,智能发展的基本形式是对知识的分析、综合与运用,没有知识的积累,智能的发展和提高就成了无源之水、无本之木。在教学过程中做到知识积累与智能发展相结合的根本途径在于充分调动学生学习的积极性、主动性和创造性。坚持该原则要做到以下三点:①重视基础知识的学习;②重视基本能力的培养;③注意教学内容与教学方法的选择与应用。

三是理论与实际相结合原则。这一原则是指在教学过程中,要将理论学习与实践经验结合起来,培养学生把理论知识运用到实践中去,使其具备解决实际问题的能力。在贯彻该原则时需注意两点:①加强理论知识的教学,把理论知识讲透、讲活;②学校要为学生提供理论联系实际的机会。

四是教学与科研相结合原则。这一原则是指在教学中逐步加强科学研究工作,以培养学生的科研态度和从事科研的能力,这条原则集中反映了高校教学过程的基本特点。在高校中,教学和科研活动是相互促进的。一方面,高校的科研是与教学活动密切相关的;另一方面,高校所传授的知识,是处在科学发展前沿的知识。另外,独立进行科学研究的能力,也是高校重要的培养目标。贯彻该原则,要注意以下几个方面:①教师要搞好自身的科研工作;②寓科研于教学中;③培养学生的科研意识,对学生进行科研方法的训练。

五是因材施教和统一要求相结合原则。这一原则是针对学生之间既有个性上的差异,又有处在同一年龄阶段和学历层次的共同之处而言的。不同学生之间的个性差异是客观存在的,他们之间的共同性也是显而易见的,因此,这一原则就是既要强调高等学校教学过程中共性中的个性,又要重视个性发展离不开共性的支持。贯彻该原则的要点是:①坚持对学生的统一要求;②加强调查研究,了解学生情况。

六是教师主导性和学生的主体性相结合原则。这一原则是指在高校的教学过程中,要实现在教师指导下,充分发挥学生学习的积极性和主动性,培养学生的独立学习与探索研究的能力。贯彻该原则需要注意三点:①运用启发式教学,充分调动学生学习的积极性和主动性;②使学生理解学习的过程,掌握正确的学习方法;③对学生严格要求。

186. 高等学校新教师走上讲台,需要具备哪些条件?

为使高等学校新教师顺利走向讲台,学校方面应该给新教师提供有利的条件,同时新教师本身也要具备一定的素质,只有两方面条件同时具备,才能保证新教师顺利走上讲台。在学校方面,可以通过以下几个方面提供条件:

一是举办岗前培训。新教师岗前培训是教师培训工作的重要组成部分,是新教师走上岗位前期培训和青年教师整个职业培训过程中的一个重要环节,对促进新教师树立正确的教育思想、了解高等教育的原理、熟悉高等教育规律、掌握现代化教育技术,具有重要的现实意义。高等学校应举办新教师岗前培训班,邀请经验丰富的老教师从教学技能、学生管理等方面为即将上岗的新教师进行业务培训,帮助他们尽快掌握科学的教学理念和教育教学方法。通过岗前培训,新教师能进一步了解岗位职责,熟悉学校规章制度。

二是创建有利于教师成长的环境。学校应将管理和服务相结合,实行人性化管理,关心爱护新教师,使新教师感受到领导的关心、集体的温暖。确立"教育引导,加强管理,周到服务,使用与培养相结合"的原则,实行院长负责、系部专管、以老带新的管理体制,力图缩短新教师的适应期,使他们尽快实现从学生到教师的角色转换。同时,学校应重视对新教师的思想教育,引导青年教师认清自己的神圣职责和重要使命。通过开展多种活动,增强主人翁责任感和集体主义观念。

在教师方面,需要具备以下几个方面的素质:

一是心中要充满爱。要充满对教育事业的爱,对学生的爱,对所教学科的热爱,"没有爱就没有教育"。首先要热爱教育事业,一个对教育事业充满深厚情感的教师,会乐于献身教育事业,精心哺育一代新人,一名合格的教师会在自己教学工作中,严格要求自己,积极追求自我价值,全身心投入教育学生的活动中;其次热爱学生,一个对学生充满诚挚的爱的教师,会随时随地关心、爱护学生的成长,精益求精地提高自己的教育水平;最后热爱所教学科,对所教学科充满热爱的教师会深刻理解教材,不断提高业务水平,使学生学到知识,学会做人。

二是要不断提高自己的思想道德和业务水平。在政治素质上,新教师基本政治素质应该具备:一要有正确的政治信仰,确保立场上不出问题;二要有科学的世界观、人生观、价值观;三要有理性的工作、学习、生活、活动态度,切不可游戏人生。在业务素质上,一要有扎实的专业知识,二要掌握必要的教育理论和技能,三要具备良好的教学组织能力。

三是要有充分的心理准备,有持之以恒的信心和毅力。首先从心理上要进行角色转变,新教师是刚从学校毕业的学生,走上工作岗位意味角色转变;其次要有顽强的毅力,体现在不怕困难、知难而进,同时要持之以恒,保持旺盛的精力,要沉着、宽容、自制;最后要有良好的性格,体现在活泼开朗而不轻浮,热情大方而不做作,善良和蔼而不怯懦,谦逊文雅而不庸俗。

187. 高等学校科学研究的地位和作用是什么?

高等学校科学研究工作既是培养高级专门人才和提高教育质量的手段,又是直接参与社会主义现代化建设服务的重要途径,还是国家科技发展事业中必不可少的主力军之一。高等学校科学研究的作用为:一是提高教师素质水平的基本途径;二是发展学生智能的重要手段;三对建立新专业、发展新学科起着重要的作用;四是高校参与社会建设服务的主要渠道。

188. 高等学校进行科学研究的一般程序是什么?

高等学校开展科学研究一般采用以下程序:
(1) 科研的准备阶段
在准备阶段,科研人员要完成的任务有:
① 确定研究课题。课题的确定一般遵循下列原则:判断课题的价值,选题要满足经济社会和科学技术发展的需要,通过选题所进行的科研活动应是人们获得新知识、新技术的创造性劳动;考虑课题的可行性,即考虑完成课题的主观条件和客观条件,主观条件是指从事科研的教师的知识结构、思维特征和科研水平,客观条件是指进行科研的时间、经费、仪器设备等。

② 制定研究计划。制定研究计划,主要包括下列工作:确定研究对象;确定研究范围;明确研究的目的和意义;选择研究方法;确定主要资料来源;明确主要研究阶段和起止时间以及阶段成果形式和最终成果形式。

(2) 实施阶段

实施阶段是科学研究的具体操作阶段,在此阶段要完成的主要任务是:

① 搜集、获取事实资料。对于文献资料,主要用逻辑方法进行分析研究;对于数据资料,主要采用统计分析方法,对经过处理的数据资料进行分析研究,并把分析的结果用数据、图表或统计量数简明地展现出来。

② 分析处理事实资料。在获得大量丰富翔实的资料后,研究者要对资料进行分析和研究。

(3) 总结阶段

① 撰写论文或总结报告。在分析文献资料事实和数据资料处理结果的基础上,研究者应以论文或研究报告的形式表达出研究结论。

② 成果推广。实验室研究的成果,以及成果鉴定或论文评审,只表示科研取得了阶段性成功。因此,必须推广实验室成果,进行中试或应用开发,然后进行产业化生产,实现高校科研的经济效益和社会效益。

189. 高校教师如何对学生进行科研指导和训练?

学生在教师指导下进行研究,培养科研能力,是寓教育于科研工作的实践。学生的科研能力包括自学能力、获取信息能力和创新能力。

(1) 学生自学能力的培养和训练

教师指导学生自学,可以开设指导培养大学生自学能力的选修课或专题讲座,介绍科学的自学方法,培养和训练他们学会合理计划和安排自学。此外,教师还可以指定一个专题,定期检查自学结果。

(2) 学生获取信息能力的培养和训练

第一,教师要提高学生的信息意识;第二,教师要让学生充分认识到文献检索的重要性。

(3) 学生创新能力的培养和训练

第一,教师要注意发挥学生的主动性,调动学生的个性。教育过程应该是开放的，教师除向学生传授有定论的知识外，还要向学生介绍学界争鸣及科学领域内正在研究而未有定论的各种信息，以扩大学生的知识面，开拓学生的创新思路，并且引导学生积极参与社会调查和各种实践活动，以激发学生的社会参与意识和使命。第二，教师要注意训练学生掌握科学的研究方法。在科研活动中，教师可以让学生通过查阅文献、专题讨论、分析读书报告、组装调试仪器设备等方式进行科学研究方法的训练；还应鼓励学生自己去独立分析问题、解决问题，提出不同的见解，特别是创造性的见解，培养学生严谨的科学作风和高尚的科学道德。

190. 什么是高等教育全球化？

根据学者们对于全球化的定义以及高等教育学的相关概念，高等教育全球化应是指在经济全球化的背景下，高等教育的相关理念与活动在全球范围内、跨国性的相互影响，以及人力、物力、财力资源在高等教育领域中的全球性自由流动。

191. 高等教育全球化带来哪些职能变化？

（1）人才培养的全球化

高校人才培养的目标逐渐转向全球化人才的培养，目的在于培养出能够较好应对全球化问题，生存于"地球村"里的人才。教育所培养出来的人才要有关心全球的责任感和伦理观。与此同时，高等教育全球化培养出来的全球化人才将直接参与全球化的进程当中，为全球村的建设作出贡献。

（2）科学研究全球化

高等教育的第二个职能就是科学研究。当今世界科学发展使得各国已不能够满足于闭门造车，各国高等教育都在进行旨在适应当前形势和发展趋势的教育改革，面向世界，对外开放，进行国际间的学术交流和合作。

（3）社会服务全球化

高等教育全球化的第三个职能是带来社会服务的全球化。近50年来，社会服务被众多高校所接受，内容和形式很快发展起来，使得高等教育对社会服务的全球化内容增加,如人们寻求高等教育的途径已经不仅仅限于国内了,越来越多的人将视野放到海外,追求更高质量的教育服务。

192. 高等教育全球化的趋势表现在哪些方面?

(1) **面向全球化的高等教育改革进程加深**

高等教育全球化带来的一系列挑战要求我们积极地改革自身教育体制和观念中存在的缺点和不足。改革应本着"教育面向现代化,面向世界,面向未来"的改革方针,以培养全球创新性人才为主要目标。

(2) **培养全球化人才的观念成为各国共识**

"全球化人才"指有全球意识,具备解决全球问题能力的人才。21世纪科学高度发达,对各国的人才培养标准提出了新的要求,仅仅具有狭隘的国家意识的人才已无法适应全球化时代的挑战,具有全球性眼光,走可持续发展路线的人才培养方案受到人们普遍关注。

(3) **高等教育全球化与地方化共同发展**

高等教育全球化与地方化的矛盾在全球化思想产生之初就出现在人们的视野中。高等教育的全球化和地方化是相互关联、相互结合的。高等教育的全球化是高等教育地方化的全球化,高等教育的地方化是高等教育全球化的地方化。

(4) **高等教育全球化进程中的国际合作日益密切**

随着全球化进程的推进,越来越多的人认识到这把双刃剑所带来的"全球问题"也逐渐威胁到人类的生存与发展。校园暴力、学生德育水平衰退等教育问题纷纷呈现,解决这类全球化的问题仅靠一国的教育之力是不够的,各国之间必须建立密切联系,相互交流以谋求共同解决这类问题的办法与思路。

(5) **高等教育教学内容和手段全球化内容增加**

高等学校授课的全球化内容增加,主要涉及一些认识和解决全球化问题的课程。而要培养解决国际问题的人才,高等学校就必须编制出能够反映全球化内容、提供全球化技能的教材与课程。

(6) **高等教育全球化过程中失衡现象有所缓解**

20世纪90年代以来,在高等教育全球化利益共享的条件下,发展中国家的教育逐渐在高等教育的市场中占有一席之地。合作办学的出现,有效地缓解了高等教育资源流动上的不平衡。

193. 在我国的教学中应该采用什么样的理念和方法来取得双语教学的最好效果?

(1) 把握开展双语教育时机

一般来说,大学本科生经过前两年公共基础英语课的学习后,已经有了足够的词汇储备,听力也有所提高,这就为双语教学打下基础。此外,学生对相应的专业基础课也已有所了解,因此,从大三开始引入双语教学最为合适。

(2) 坚持"循序渐进"原则

双语的比例应根据课程的难度、学生现有水平和可接受的程度、教师的能力来适当调整,应随着学生外语水平的提高不断变化外语教学的比例和难度,有的放矢。

(3) 培养学生的学习兴趣

学生是教学的主体,在很大程度上左右着教学效果,所以要注重培养他们对于双语学习的兴趣。在双语教学中要充分调动学生的参与意识,采用参与式、发现式教学,小组合作学习等多种形式,最大限度激发学生的学习热情。

(4) 注重教材的选择

由于各高校的实际情况和学生外语水平的多样性,不可能使用完全一样的教科书。各高校在选择教科书时要慎之又慎,综合考虑学生的接受能力和教师的教学水平,突出正确性、前沿性和趣味性,符合课程教学要求,使学生既学到专业知识,又提高外语水平。

194. 人文教育的内涵是什么?

第一,以人为本的教育观。人文主义教育认为在教育中人才是最重要的,任何教育的开展都应该把人的需要放在最重要的位置上,人文主义教育追求的是"成人",在成人的过程中将教育的社会价值和个人价值有机地结合起来,从而达到个人和社会的共同发展。

第二,尊重主体的教育理念。教育者应努力发掘每个学生的价值、潜能、个性及优势,鼓励学生适度张扬个性,让学生做自己人生航船的舵手,而教育者则是为他们指引方向的灯塔。

第三,完美人性的教育假设。经由教育培养出的人具有积极向上的人生观,能正确认识自己,与他人友好相处,自觉履行社会责任,勇于接受来自各方的挑战,而这些特征无疑就是完满人性的体现。

第四,遵循自然的教育法则。人文教育强调培养生气勃勃、身体健壮、知识丰富和积极投入日常生活的人,提倡倾听人内心的呼声,反对强迫和约束。

195. 在当前形势下高等学校怎样开展人文教育?

第一,改进教学方法。将课堂主动权还给学生,最大限度发挥学生的主动性,使学生真正成为学习的主人,激发起内心对于学习的热情。

第二,改善师生关系。教师把自己所拥有和信奉的知识、价值观念及其背后的情感提供给学生,让学生独立思考并发表意见,参与研究与发现;学生在这个过程中学会借助教师的帮助去求知和做人,更多地把教师当成是自己成长路上的朋友和同伴。

第三,科学教育和人文教育并重。大量开设人文类选修课及人文社会科学知识专题讲座,但是在开课过程中要坚决摒弃简单的灌输和说教,不要流于形式,多开展讨论和实践,推动学生思考,使学生在实践中感受人文素质和人文精神的价值。

第四,激发学生积极情感。培养学生开放豁达的胸怀,学会以多元化的视角去相互了解,接纳他人,形成平等的价值观,在学习过程中充分发展健全人格,通过不断增强责任感和使命感实现自身发展,为社会进步作贡献,体会奉献乐趣。

第五,融合国际理解教育与民族传统教育。找出蕴藏在国际理解教育中的智慧,在思考问题时脱离狭隘,朝着更加开放和更具包容性的方向发展,建立在扎根于民族精神沃土的基础上。

第六,提高教师人文主义素养。教师应在教学的各个环节中渗透人文素质教育,不仅仅把专业知识和理论传授给学生,更要把人生观、价值观、思维方法和治学态度传授给学生,在工作过程中不断提升自己的人文主义素养,向学生言传身教真善美的内涵。

196. 高等教育大众化的真正内涵是什么？

高等教育大众化的进程包含量的增长与质的变化两个方面,是量与质的矛盾统一,同时高等教育大众化的前提是办学模式的多样化,核心是教学质量的多样化。此外,还具有开放性和灵活性的特点,要能满足不同类型学生的需求。因此,大学课程设置和管理方式上变得更加灵活,最大限度实现学校内部资源的合理利用,实现学生和学校之间的双赢。

197. 目前我国怎样才能保证高等教育大众化健康、良性地发展？

第一,平衡好规模扩张与质量提高的关系。高等教育大众化是一个长期的过程,不能过于冒进和走极端,数量的增长绝不能以牺牲质量为代价,必须认真评估高校自身的师资水平和办学条件。

第二,平衡好高等教育发展与社会需求的关系。按照社会对人才的需求来调整高等学校专业和课程设置。根据目前社会发展,结合高等教育人才培养周期对未来社会人才需求情况进行科学预测,培养出真正为社会发展所需要的人才,以此推动高等教育自身的良性发展。

第三,平衡好各层次院校之间的关系。一方面,政府要引导人们转变观念,认识到社会对于高层次技能人才的需求,引导条件适合的学生报考职业技术院校。另一方面,政府加大对职业技术院校的引导和扶持,帮助提高教学质量,吸引更多学生;将这些院校向社会开放,使资源合理利用。

198. 开展高校教师人事管理有哪些原则？

主要依据以下四个原则：

第一,与时俱进。最大限度满足教师个人需要,不断学习和借鉴现代人力资源管理的理念和方法,使高校的人事管理能够紧跟时代发展步伐。

第二,以人为本。高校管理人员要打破以往科层制管理下严格的等级关系,建立民主、平等的组织管理体系,明确树立管理即服务的理念,学会换位思考,充分体现尊重劳动、尊重知识、尊重人才、尊重创新的精神。

第三,柔性开放。对教师应该完成的工作任务和应该遵守的规章制度进行详细的说明和界定,帮助教师把握一个整体方向,其余的交由教师自由处理。

第四,科学激励。高校既要为教师提供良好的生活、工作条件,更要从满足教师的精神需要出发,努力营造尊重、和谐、愉快、进取的氛围,激发教师上进心和积极性,帮助其追求事业的成功和个人价值的实现。

199. 如何引导高校教师合理、有序地流动?

第一,全面提高认识,转变观念。搞好自身建设以增强对优秀人才的吸引力,正确运用竞争机制和政策导向有意识地引导流动,使人才队伍在流动中不断优化。

第二,切实实行教师聘任制度。从实际出发,根据学科和课程设置以及教学、科研任务的需要,科学合理设置教学、科研、管理等各级各类岗位,使人员安置符合岗位需要。

第三,逐步建立高校教师市场。面向社会公开招聘教师,改变我国高校中普遍存在的"近亲繁殖"式的师资结构,广泛吸纳社会各界的优秀人才走上高校的教学科研岗位。

第四,加强高校自身环境建设。高校必须逐步提高自身办学水平和社会声誉,加大对重点学科和课程的建设,全力推动科研工作的进行,创造宽松开放的学术氛围,为教师们提供富有吸引力的薪酬待遇和工作条件,吸引更多的有识之士到学校教学和科研的一线中去,促进学校人才合理、有序流动。

200. 高校教师社会角色的构成是什么?

教师是教育系统中知识经验的所有者和传授者,教师的角色职能在于把人类社会所积累的知识经验传授给学生,使他们获得一定的知识、技能和行为规范,形成一定的心理结构和健全人格,使人类社会得以延续和发展。

教师的社会地位决定了教师所扮演的社会角色,教师任务的多样化决定了教师社会角色的多样性。

(1) 教师是人类文化科学知识的传授者

教师按照一定的教育目的,根据一定的教学计划,有组织、有系统地将现代的科学文化知识传授给年轻一代,使他们在较短时间内掌握前人长期积累起来的科学文化知识。

(2) 教师是年轻一代个性的塑造者

教师不仅要传授知识,开发智力,而且要根据学生自身的特点,分析、引导和培养学生向不同方面发展。

(3) 教师是学生集体的管理者

教师要充当学生集体的管理者。这个角色主要表现在两个方面:一是学生集体的领导者,二是纪律的执行者。

(4) 教师是学生心目中的楷模

教师担负着传递社会和文化价值观与准则的任务,时常被学生看作代表或具有这种价值观的人,因此,在学生心目中,教师是一个楷模,是一个值得效仿的榜样。教师对于学生不仅是社会道德准则的传递者,更是社会道德准则的体现者。

(5) 教师是学生的朋友和知己

生活在现代社会的大学生,不仅希望教师成为他们步入科学殿堂的引路人,也非常希望教师成为真诚、坦率、无话不说的挚友。

(6) 教师是学生的"心理调节师"

在高校教育过程中,教师必须充分了解每个学生的情感、意志、能力、气质、性格等心理特征,尊重他们的人格,有的放矢实施教育,保证学生心理健康发展。

第三部分

高等教育法规与教师管理

201. 为什么要加强教师的职业道德修养？

加强教师职业道德修养，提高教师职业道德素质，既是人民教师的崇高职责和时代赋予的使命，也是教师自我完善的要求，它对于建设高素质的教师队伍，把青少年培养成为合格的建设者和接班人具有深远的意义。

(1) 加强教师职业道德修养，是完成教师的崇高职责和历史使命的需要

教师总是根据社会的要求，有目的、有计划、有组织地对受教育者——学生进行知识的传授、技能的培养和思想道德的教育，把他们培养成为社会所需要的人才。由于教师在社会生活中所处的特殊地位和作用，形成了教师职业劳动的特殊性和教师职业道德要求的特点，由此也决定了教师所特有的崇高职责和历史使命——教书育人。

(2) 加强教师职业道德修，是教育迎接21世纪挑战的需要

当今世界正在发生深刻变化。和平与发展仍然是时代的主题，世界格局进一步朝着多极化方向发展。许多国家都把发展经济、改善生活、增强国力作为主要任务。教育是培养人才和增强民族创新能力的基础，必须放在全局性战略性的重要位置。新技术革命席卷全球，知识经济对人类社会各方面产生着难以估量的影响。

第一，信息化社会将导致新的教育技术革命。在信息化社会，学校教育大量采用电子计算机，各种学科的教育教学软件系统被广泛开发与采用，学校教育、家庭教育、社会教育三个系统通过计算机联网相联结。

第二，国际化社会将产生新的国际教育观。随着交通、通信技术的高度发展和经济、科技、文化、教育等交流的扩大，各国之间的联系愈来愈紧密。

第三，成熟化社会将构筑终身教育的新体系。成熟化社会的重要特征就是闲暇时间的增多和更高精神生活追求，而充实人们的闲暇时间和满足人们的精神需要，自然是教育责无旁贷的任务。

第四，科技化社会将呼唤"学会关心"的主题教育。21世纪将是科学技术向更高、更新、更尖、更精方向发展的时代，它将给人类带来更丰富的物质财富，给人们的生活带来更大的便利。

(3) 加强教师职业道德修养，是实现从"应试教育"向素质教育转变的要求

21世纪，中国的基础教育向何处去？一项迫切的任务是从"应试教育"走向

素质教育,或者说摆脱应试教育模式的影响,建立和完善素质教育体系。应试教育的主要弊端是:一是驱赶全体学生去挤"独木桥",由此导致学校教育往往重视少数升学有望的学生,而忽视大多数学生。二是把整个中学教育纳入与高等学校招生考试对口的系列,在这个系列中,中小学成了大学的预备班,这样一来,普及教育的性质和任务被忽略了,"有理想、有道德、有文化、有纪律"以及德、智、体、美、劳全面发展的要求被忽略了,作为一个合格公民必须具备的文化和道德基础被忽略了。三是以单纯的分数标准来评价学生,容易导致一些学生高分低能,片面发展,被动发展。四是应试教育不仅束缚了学生个性上的充分发展,也制约了教师素质(包括思想道德素质)的提高和能力的发挥。

在教育过程中,教师的一言一行、一举一动,自然会对学生的思想感情、意志品质、道德情感等方面产生潜移默化的影响。由此可见,教师职业道德水平既是教师教育学生的重要手段,教师素质的重要内容,又是促进教师其他素质提高的重要动力。因此,努力提高教师道德修养,就显得十分迫切和需要。

202. 教师科学发展的理念包括哪些内容?

教师科学发展的理念主要包括以下三个内容:
(1) **以人为本,注重教师职业道德人格的培养**

"以人为本"就是要求社会要尊重人的权利,提高人的素质,改善人的生活质量,优化人的发展环境。教师的职业生涯发展,指的是教师个体将教育和教学工作不仅作为职业,而是作为事业、志业,作为生命和生活的组成部分,作为起步、生长和发展的历程。这又被称为教师的专业发展,包括教师群体的专业化发展和教师个体的专业化进步,后者是教师生涯发展的重心。教师职业和专业的成长,离不开职业道德的成长和进步,教师职业道德人格的成熟是教师职业和专业成熟的标志。

以科学发展观反思教师职业生涯规划和职业道德进步,提示我们高校教师,在学习知识、积累经验、提升技能、训练技术、掌握方法的同时,不要忘记职业道德人格的培养和塑造,做一个大写的人、高尚的人、和谐的人、受学生欢迎的人。

(2) 确定全面、协调、可持续的发展理念

全面、协调、可持续发展观的提出为教师职业生涯规划和职业道德的发展提供了科学的理论指南。

第一，教师应树立全面发展的理念。教师在职业发展的过程中，既要重视专业理想的确立和升华、专业知识的扩展、专业能力的发展，又要重视专业人格抑或是职业道德人格的形成。

第二，教师应树立协调发展的理念。协调发展包括三个层面：一是教师个体和学生群体的协调发展；二是教师个体和教师群体的协调发展；三是教师个体自身的协调发展。

第三，教师应树立可持续发展的理念。教师的可持续发展内含着教师发展的现代性、终身性、开放性、生态性、生活性、创新性和生成性。

(3) 构建和谐教师文化，促进教师生涯发展

和谐，是实现科学发展的途径，也是科学发展追求的目标。以科学发展观指导教师生涯发展还应该积极构建和谐的教师文化。

教师文化是指教师以不同文化内容相互联系的方式或模式。根据西南师大教科院李玲的观点，教师文化分为以下四种类型：

第一，个人主义文化。它是一种分离文化，指由于教师被一间间孤立的教室割开，各自独立进行课堂教学，相互之间信息隔绝而导致的一种个体本位的文化。

第二，派别主义文化。它是一种非正式教师群体的合作文化，是指教师有意无意而形成的，从属于相互分离的，甚至是彼此对立、竞争的非正式团体的一种文化。

第三，人为协作文化。它是学校教师正式群体的一种合作文化，是由学校行政领导靠行政命令的运作而人为形成的。

第四，自然协作文化。它是一种和谐的教师文化，是指教师间形成的约定俗成的互助、支持、信任和通达的交互模式。它产生于自然状态下教师内心深处感情发展的自然需要。

我们对不同类型的教师文化进行理性分析和有效整合后可以发现，构建和谐的教师文化，努力促进人为协作的教师文化向自然协作的和谐的教师文化转变，使教师的合作互助由外在的他律和强制，转为内在的自律和自觉，就成了教师文化建设研究的重要课题,也成了教师生涯和谐发展以及和谐职业道德人格形成的一项重要任务。

综上所述,以人为本、全面、协调、可持续发展观的提出,是发展理念上的一次革命,为我们教师的生涯规划和职业道德的建设及发展提供了科学的世界观和方法论。以此为指导,可以帮助教师更好地发展职业生涯实现生命的价值。

203. 如何理解道德发展的规律性?

道德发展有其自身的内在规律。规律是事物本身所固有的本质联系。在人类历史上,道德与不同的社会经济形态相适应,相继出现过不同的历史类型,并呈现出相对独立的历史过程和规律性变化。道德的发展规律概括说主要有如下四点:

第一,社会经济关系决定道德的发展。马克思主义伦理学依据历史唯物主义的决定论思想,认为道德作为上层建筑、社会意识形态,是社会物质生活条件的反映,是由社会经济关系决定的。这种决定作用主要表现在:社会经济结构的性质决定各种道德体系的性质;经济关系所表现出来的利益直接决定道德体系的基本原则和主要规范;生产关系中的矛盾和冲突决定道德领域内的对立和斗争;经济关系的变化引起道德的变化。

第二,道德演变的总趋势是不断进步。道德作为一种社会现象,同整个社会的发展相适应,也经历了一个由低级到高级的不断进步、不断完善的发展过程。表现在:①人类进入阶级社会以后,道德从一般的社会风俗中分化出来,成为具有特殊规定性和相对独立性的社会上层建筑、社会意识形态,并不断发展成为比较丰富、比较完备的特殊社会关系体系。②道德的社会功能,包括它的认识功能、教育功能和调节功能,运用于社会生活的范围不断扩大,同社会关系的联系日益增多和密切,越来越成为人们掌握社会状况和变化的一种敏感而有效的特殊手段。③道德日益从一种外在的社会法则,转化为个人社会交往和精神生活中不可缺少的重要内容,成为每个人实现人格完善和创造人生价值的重要动力和必要条件之一。④在阶级社会中,每种道德都在或长或短的期间、或大或小的范围,不同程度地促进社会的发展,而且,当一种道德的作用性质走向反面后,便会有一种新的道德应运而生,继续对社会发展起积极作用。

第三,道德的发展是变革与继承的统一。道德发展的历史表明,人类道德的发展过程是一个新道德战胜旧道德、新的道德类型代替旧的道德类型的不断变革的过程。但是道德发展的历史同时也表明,新道德对旧道德否定的同时也保留了旧道德中那些积极的、可供进一步发展的成果。

第四,社会变革是道德发展的动力。社会变革有两种形式,一是社会革命,二是社会改革。社会革命是指生产力的发展全面创造新的生产关系,改变旧的生产关系,由经济基础的变革而从根本上改革上层建筑的社会运动。社会改革则是在一定的社会发展阶段中,上层建筑或生产关系中的进步力量意识到强化经济基础与发展生产力的社会需要,自觉地采取政治、经济、文化等方面的措施,调整社会关系,推动社会发展。我国 40 多年来的改革开放就是这种情况,是社会主义制度的自我完善。

204. 高校教师的职业道德包含哪些基本内容?

对于高校教师职业道德的基本内容构成,学者们有不同的看法,按照高校教师担负的教书育人、科学和学术研究、社会服务三大职能的划分,将高校教师的职业道德规定为:高校教师教书育人的道德、高校教师学术研究的道德、高校教师社会服务的道德、高校教师人际交往的道德。

(1) 高校教师教书育人的道德

高校教师教书育人的道德包括:依法执教、廉洁从教,热爱学生、诲人不倦,以身作则、为人师表,严谨治学、探寻规律。

(2) 高校教师学术研究的道德

科学和学术研究是高等学校的第二大职能,也是高校教师的神圣使命。没有科学和学术研究做支撑,高等教育就失去生命力,高校教师的职业生涯也失去发展的希望、创造的前景和诱人的魅力。

(3) 高校教师社会服务的道德

服务社会是高校教师将学术研究成果转化为社会利益、社会效益的过程,学术研究过程旨在发明创造,服务社会则是知识的转化和物化。这一转化的过程,既包括科技知识的转化过程,也包括社会思想和道德的转化过程。

(4) 高校教师人际交往的道德

教育是育人的事业,高等教育也不例外,正确处理好人际交往之间的关系,遵守人际交往的道德,是高校教师职业道德的必修课。

205. 高校教师职业道德具有哪些特殊的属性和特征?

(1) 特殊性

高校教师的职业道德是高等教育的灵魂,无论是高等教育的目的,还是高等教育的内容,抑或是高等教育的方式方法,都包含道德的内容。高校教师的职业道德本身就是高等教育的工具和力量,或者说,是高等教育的本质,这是高校教师职业道德特殊的属性和品质。

(2) 先进性

高校教师的职业道德具有先进性的属性和特征,主要体现在两个方面:一方面,高校教师是社会中具有较高文化素质的成员,在社会中享有良好的社会声誉,其道德也无疑承担着对整个社会的引领作用;另一方面,高校教师的教育对象是大学生,大学生也是社会中高层次人才,培育高层次人才必须要求高校教师的职业道德具有较高水准,以实现先进性的要求。

(3) 示范性

师者,人之范也。高校教师的劳动对象是可塑性强、身心尚未完全成熟的大学生,任何一个学生都会具有向师性,都希望得到教师的关注和教诲,也会在无意中模仿、学习教师的精神、气质、人格和修养,高校教师的言谈举止、待人处事、行为修养,都会对大学生起到潜移默化的作用。

(4) 教育性

高校教师的职业劳动就是人与人之间的交往互动过程,高校教师的职业道德本身就是教育的工具、手段和力量。

(5) 继承性和时代性

高校教师的职业道德规范并非一蹴而就,而是随着高等教育的历史发展逐渐演变而成的,中国高等教师的职业道德也是在中华民族优秀传统美德的历史积淀中生成、继承和发展的。

(6) 奉献性

高校教师的工作是"树人"的工程,虽功在千秋,却难以取得立竿见影的效果。难以有可圈可点的轰轰烈烈,只有润物细无声的点点滴滴,只有长期的坚持、坚忍和平凡。

206. 教师职业道德与高校教师职业道德有何区别与联系？

教师职业道德是指教师在从事教育劳动的过程中形成的比较稳定的道德观念、行为规范和道德品质的总和,它是调节教师与他人、教师与集体及社会相互关系的行为准则,是社会对教师职业行为的基本要求。由于教师劳动的对象是人,教师劳动手段中还包括了教师自身的人格力量,这决定了教师的职业道德较一般的职业道德具有更高、更完善的水平和要求。

高校教师职业道德属于教师职业道德中的一种,但是高校教师的职业道德具有更高的标准和更丰富的内涵。这是由于高校教师担负着为社会培养高层次专业人才,发展科学技术及文化、服务社会的三大职能。高校教师不仅教书育人、为人师表,又是各个专业学术领域里的专家、学者,还是社会政治进步、经济发展、文化传承的专家和顾问。这决定了社会对于高校教师有着更高的期望,要求其人格、道德、修养等诸多方面具备更高的水准。

207. 为什么说高校教师职业道德对高校教师做好本职工作具有统领作用？

(1) 高校教师职业道德是高校教师步入高等教育职业殿堂的必修课

从某种意义上说,作为一名高校教师,一切成功,皆为职业道德修养的成功;一切失败,也皆为职业道德修养的失败。高校教师知识的专业化、技能的专业化与职业道德的专业化是同步,高校教师加强职业道德修养既是国家发展高等教育事业的客观需求,也是高校组织正常发展的客观需要,同时更是高校教师个体自身职业生涯健康成长、成熟,成功胜任本职工作的内在需要。

(2) 高校教师职业道德是高校教师胜任本职工作的重要资源

教师对教育本质的理解和认识,教师对学生的关心和热爱,教师自身人格修养的境界和水平，这些都是教师实施教育的动力系统和重要资源，这些也无一不是职业道德的内容。这是因为教育活动在本质上是人的生活和生命的过程，这一过程本质是人文的、人伦的、人性的、人本的、道德的，离开人本身的道德资源、人格魅力，教育就失去了生命力。

(3) **高校教师职业道德人格成熟是高校教师职业成熟的重要标准**

当教师的专业技能达到了很高水平的时候，也必然会伴随着教师在伦理世界中的成长和成熟。教师的专业成长是在一个三维世界中进行，第一是在知识的世界里获得对教育的理解和认知，第二是在教育的实践中获得教育教学的技术技能，第三是在伦理的世界中获得价值和意义的体验。这三个过程浑然一体，密不可分。而教师在伦理世界中的价值追寻是教师职业成熟过程中的动力系统，也是教师职业成熟的核心内容。

(4) **高校教师职业道德是照亮高校教师整个职业人生的光源**

高校教师职业道德是高校教师对高等教育本质和高校教师职业内涵的自觉理解和认识，是高校教师对自己和周围教育世界关系的认识、理解和把握。高校教师在专业或职业成长的过程中，必须经历一个专业知识积累、专业能力锻炼和专业道德养成的过程，抑或称为职业道德养成的过程。职业道德的养成对专业知识的积累和专业能力的锻炼具有统领的作用，它既是专业素质中的一种，又是专业素质的核心和灵魂，所以说是照亮高校教师整个职业人生的光源。

208. 确定教师职业道德的依据是什么？

教师职业道德作为调节教育工作者的行为准则，并非来自人的主观臆想或逻辑推演，而是有着充分的客观依据。

(1) **反映教师劳动的特点**

教师职业道德是从教师的劳动实践中引申出来的。教师劳动的目的是培养人，劳动对象是人，劳动工具是人（人的素质），劳动产品同样是人。教师劳动的这些特点，向教师提出了道德上的特殊要求，也指明了概括教师职业道德原则的方向，即必须首先反映教师劳动的特殊本质，使之成为与其他职业道德既联系又区别的标志。

(2) **符合当时社会经济政治的要求**

道德是上层建筑、意识形态之一,是由社会经济关系、社会存在决定的。社会经济关系首先是作为利益表现出来的,它决定着社会道德基本原则的要求,而道德原则和规范的确立,最终是为调整个人利益与社会利益的关系。因此,作为上层建筑、意识形态内容的教师职业道德,也必然由社会经济关系、社会存在所决定,并随着后者的变化而变化。

(3) **在教师道德规范体系中占主导地位**

我们是社会主义社会,教师职业道德的基本原则应当是社会主义社会对教育者行为要求的高度概括,是社会主义道德在教育实践中的集中表现。这种基本原则体现了教育活动中人与人之间最重要、最基本的道德关系,对教育者的思想、言论和行动具有最普遍、最根本的指导作用。可以说,这种基本原则是教师职业道德规范的灵魂与价值导向。

209. 树立自主创新观念有什么意义?

创新是一个民族进步的灵魂,是国家兴旺发达的不竭动力。发展社会主义市场经济,既要对传统的计划经济体制进行根本性的改革,又要在新的实践中不断探索和创造。教育是为提高科学文化水平和国民素质服务的部门,即属于第三产业。因此,教育应该适应市场经济的需要,同时保持自身的独立,坚持按教育规律办事,不能把教育等同于一般产业或企业而推向市场。教师之所以要树立自主创新观念,还与时代的要求和教育工作的特点相关。一方面,要建设中国特色社会主义,迎接世界新科技革命的挑战,需要大批富有创新精神和勇于开拓的人才,因此,培养创造型、开拓型人才,就成为教师的重要任务;另一方面,教育事业是富于创造性的工作之一,教学工作是一门艺术,因此,教师不仅要勤勤恳恳、勇于奉献,而且要成为教育事业的创造者,成为工程师兼艺术家,具有创新和开拓精神。

自主创新,就要解放思想。在中国这样一个世界大国建设中国特色社会主义,需要解放思想,实事求是。就发展社会主义市场经济而言,它的提出本身就是解放思想的结果,它的每一步发展,同样是解放思想的结果。因此,教育工作者在思想方法上,也要解放思想,反对墨守成规、故步自封;破除陈腐思想观念和作风,如保守狭隘的人才观念,师道尊严的家长式专制作风,等等。

自主创新,就要勇于改革。市场经济的发展大大增加了对人才的需求,有力地促进了教育事业的改革和发展的步伐。然而,教育领域长久以来约定俗成的一些东西又与时代的发展(包括市场经济的要求)相去甚远,必须加以改革。

自主创新,在教育领域总的来说就是要不断推进教育创新。为此,就要坚持和发展适应国家和社会发展要求的教育思想;通过深化改革不断健全和完善与社会主义现代化建设要求相适应的教育体制;推进素质教育,全面提高教育质量;充分利用现代科学技术,大力提高教育的现代化水平;坚持面向现代化、面向世界、面向未来,加大教育对外开放的力度。

210. 如何"以人为本"加强教师职业道德建设?

要把"以人为本"这一比较抽象的理念贯彻落实到教师职业道德建设的工作中去,需要作出各种努力。

首先,要形成以人为中心的管理理论体系。人是生产力诸要素中最核心、最活跃的因素。以人为本,重在建设,就必须紧紧围绕着如何尊重人、关心人、激励人和塑造人去进行。为此,高校领导就应通过各种渠道向师生表示尊重和理解,注重感情投资,提倡激励上进,鼓励民主参与,积极沟通意见,以便建立和谐的校园人际关系。

其次,要注重学术和学风建设。高尚师德的养成,既决定于教师自律的觉悟,又受环境的影响。大学既是培养人才的地方,又是科学研究的重要基地,注重学术与学风建设是影响大学以及整个高等教育发展进步的重要问题,更是影响教师道德建设的重要问题。

再次,要提高教师个人增进师德修养的自觉性。以人为本,对教师个人而言,就是把外在的教师道德要求转化为个人的道德素质,并落实到行动上,即把他律与自律相结合。这里的关键是教师个人的高度自觉能动性。

211. 高校教师在与学生关系中应遵循哪些道德规范?

教育活动是"教"与"学"两大主体围绕着知识传授和能力培养而展开的双

边活动。在具体的教育和教学活动中,教师必须处理多种人际关系,其中教师与学生的道德关系是教育过程中人与人之间最基本的也是最重要的人际关系,它的重要性并不在于关系本身,而在于它能对学生产生很大的教育效应。

(1) 调节师生关系在教育中的重要意义

调节师生关系是学生身心健康成长的需要,师生关系是否和谐、融洽,不仅决定学生的学习成绩,而且直接决定学生的生理、心理发育和人生观、世界观的形成,乃至影响着学生的一生。当师生关系融洽时,即使是严厉的批评,学生也能接受,理解老师的一片苦心。当师生关系紧张时,即使是发自内心的表扬,学生也会反感,认为老师是讽刺、挖苦自己。要想使教师的职责落到实处,使教育获得成功,首先必须建立良好的师生关系,使学生愿意接近老师,然后才能变被动教育为主动的接受教育。师生关系的和谐是教育获得成功的重要因素,也是成功教师必备的美德。

(2) 热爱学生,严格而科学地要求学生

热爱学生是教师的特有感情。这是由教师教书育人的职业特点决定的。教师热爱学生具有职业性、无私性、原则性和全面性的特点。

教师热爱学生,具体表现在两方面。

① 关爱学生

教师的教育对象是学生,教师关心爱护学生,把爱奉献给每一个学生,有利于教育教学工作的顺利进行,也有利于激发学生的学习积极性,增强学生的信心,使学生健康成长。关心爱护学生的具体要求包括以下几方面:

第一,要了解学生和信任学生。学生是有思想、有感情、有个性的、活生生的人。从表面上看,学生之间似乎差别不大,但实际上,每个学生都有自己独特的、与众不同的个性。如果教师不了解学生和信任学生,就不可能有对学生真正的爱,也谈不上对他们进行有针对性的教育。

第二,要成为学生的知心朋友。随着学生年龄的增长,他们往往会把自己的苦恼、心事和秘密隐藏起来,不愿意对家长或老师说,只在遇到自己无法解释和解决不了的问题时,才找人诉说、请教和指点。因此,一个好的教师应当主动与学生成为知心朋友,倾听他们的心声,帮助他们解决实际问题,包括内心世界的苦恼与忧愁。这样,教师才能更全面、更深刻地了解学生。

第三,要爱护每一个学生。教师教书育人,是为了学生的未来。作为教师,应该关心爱护每一个学生,从心里充满对每一个学生的爱。

② 平等对待和尊重、理解学生

尊重和理解要建立在平等的基础之上,没有平等也就没有尊重和理解。一方面教师要把学生当作一个有思想、有感情、懂得善恶的人来看待,对他们以诚相见、以朋友相知,与他们建立真正的师生感情。另一方面,教师要平等地对待每一个学生,特别是在先进生与后进生之间要一视同仁,绝不能对学习好的高看一眼,对学习差的就不理不睬、漠不关心,这样会伤害一部分学生的自尊心,影响学生的心理健康和成长,也会使整个教育活动受到不利影响。

平等地对待和尊重学生,特别要注意以下几点:

第一,要尊重学生的人格和自尊心。每个学生都有自己的人格和尊严,都渴望得到教师的尊重和信任。因为教师的尊重和信任,会使学生感到自己的品德、才华、能力得到承认,从而增强前进的信心,获得前进的动力,自觉地向着更高的目标发展。

第二,要平等、公正地对待每一个学生。学生的地位是平等的,每个学生都希望得到教师平等、公正的待遇。无论是先进生,还是后进生,教师都应一视同仁。

第三,要循循善诱,诲人不倦。教师对学生的爱和情,既是教师高尚品德的表现,又是一种教育手段,在塑造学生的灵魂和人格中是一种巨大的力量。热爱学生就是由衷地喜爱学生的纯洁心灵和强烈的求知欲望。诲人不倦是教师热爱学生达到一定程度而升华的一种崇高境界,它是一种美好而积极的情感,它能激起教师对自己劳动的兴趣和爱好,促使教师创造出各种优良的、受学生欢迎的教学方法。

第四,要严格要求学生。教师对学生的爱,要与"严"紧密结合在一起。首先,要严而有理。所谓严而有理,是指教师对学生提出的一切要求都要符合党的教育方针,都要有利于学生的生理、心理健康,有利于学生学业的进步和良好行为习惯的养成。其次,要严而有度。这是指教师爱学生,对学生提出的各种要求都要符合他们的身份、年龄和特点,如果离实际情况太远,要求过高,学生无法达到,这种严格也就毫无意义。再次,要严而有方。教师对学生的严格要求能否收到显著成效,关键在于方法。最后,要严中有细。细就是不放过所能了解和察觉到的任何问题。

(3) 为人师表，言传身教

教师与学生关系中的道德要求很多，从其实质来说，就是要做到为人师表、以身作则。为人师表，是指教师用自己的言行作出榜样，成为学生学习和效法的楷模和表率，即做到"学为人师，行为世范"。品德高尚、知识丰富、才能卓越的教师，才能成为学生的榜样。

第一，要言行一致，表里如一。教师是通过自己的人格去感化学生的，因此，教师必须具有言行一致、表里如一的品德，才能在学生身上产生潜移默化的作用。

第二，要以身作则，起榜样示范作用。教师的榜样示范作用，是教育学生的一种方法，或者说是培养学生成长的重要途径。实践证明，教师善于以身作则，用自己的好思想、好道德、好作风为学生树立学习的好榜样，能给学生以巨大的启迪和激励，乃至使学生终生难忘。

第三，要坚持"身教重于言教"。无声的身教胜于有声的言教，这是教育实践得出的结论。学生从教师的行为举止中直接获得实实在在的感受，获得"言教"的印证，这就会使他们对教师产生亲切感，从而增加教育的说服力和感染力，有利于促进学生正确道德认识的形成，并推动这种认识向道德行为习惯转化。

212. 高校教师职业道德评价的方式有哪些？

教师道德评价的方式有两种：自我评价与社会评价。

自我评价，是教师本人对自身的教育行为的道德反思形式。是个人对其行为是善是恶的一种判定。通常，伦理学把良心看作是人们道德自我评价的典型形式。良心，是人们根据某种道德原则和理想等所形成的内心最真挚的信仰，是人们在道德活动中所形成的道德认识、道德感情和道德意志的统一。良心不是抽象的，不同时代、不同社会阶层有不同的良心，即使同一时代，不同社会职业的人们也会有不同的职业良心。我国教师的良心，集中体现为对人民教育事业无比忠诚，对学生、对下一代成长无比关心，它能随时约束、指导教师的行为举动，是教师的内在调节器。当外在行为与良心相吻合时，教师会产生一种满足感、愉悦感；当外在行为与良心相背离时，教师则会产生内疚感、不安感。

社会评价,则是社会有机体对教师的教育行为的善恶性质的判断方式,其典型形式是社会舆论和传统习惯。社会舆论就是公众的议论,即一定社会的人们,从某种信仰、经验出发,对其关心的社会生活中的事件或对象所表达的某种倾向性意见和态度。舆论通常分为借助于报纸、广播、电视等手段加以传播的正式舆论和借助于口头传播形式的非正式舆论两种。传统习惯是一定社会、一定民族在长期的共同生活中所形成的、习以为常的社会倾向、行为习惯和道德心理沉淀等。传统习惯具有强烈的民族性、地域性和直接性的特点,因而常常左右着人们对某种行为的态度。任何民族的传统习惯既有其积极的一面,也有其消极的一面,在今天我们要建设社会主义精神文明,对传统习惯应采取批判地继承的科学态度。

213. 如何进行教师职业道德的内化?

教师职业道德内化的目的,是把他律的道德原则及规范转变为教师个体内在的道德品质。道德品质的形成是由两方面因素决定的。一方面,是由客观物质生活条件决定的,是一定社会关系的产物。另一方面,人作为自觉的行为主体,其道德品质是在社会实践的基础上,经过个人的主观努力而形成的。对个人来讲,它是一个自觉认识和行为选择的过程,是一个由道德认识、道德意志、道德情感和道德行为,即构成道德品质的各个方面或各种因素相互作用的综合过程。这一过程也就是教师职业道德要求内化的过程。

(1) 提高教师职业道德认识

教师职业道德认识,是指教师对教育劳动中客观存在的道德关系以及处理这些关系的原则、规范的认识。它包括职业道德观念的形成,职业道德知识和概念的掌握,职业道德判断能力的提高和职业道德信念的建立等。对教师道德行为规范的认识,包括对教育事业、对学生、对自己的认识,以及对教师与社会之间利益关系的认识等等。

(2) 培养教师职业道德情感

教师职业道德情感是伴随着教师的职业活动而产生的,是以职业道德认识为基础的。所谓教师职业道德情感,就是指教师在教育活动中,对于他人和自己的行为举止是否符合教师职业道德要求所产生的内心体验。这种职业道德情感同教师的职业劳动紧紧联系在一起。一方面,它建立在对教师职业道德规范认识的基础上,教师只有对自己职业的社会道德价值有了正确的认识,才能产生高尚的职业道德情感,认识和理解越深,热爱本职的自豪感和责任感也就越加强烈。另一方面,教师职业道德情感是教育实践的产物,是在长期的教育活动中逐步形成的。这种情感形成之后,便成为推动教师献身教育事业的一股强大的精神动力,促使教师能够几十年如一日,兢兢业业,诲人不倦,教书育人。

教师的道德情感是极为丰富的,概括来讲,主要表现在以下几个方面:

一是表现在对教育事业的热爱、眷恋和对学生的关怀、爱护方面。

二是表现在教师的自尊心、责任感、荣誉感等方面。

三是表现在对学生的尊重、友谊、热情方面。

(3) 坚定教师职业道德信念

所谓道德信念,就是人们对于某种人生观、道德理想和行为准则的正确性和正义性深刻而有根据的笃信,以及由此而产生的对某种道德义务的强烈责任感。

(4) 锻炼教师职业道德意志

教师职业道德意志是教师在履行职业道德义务的过程中,自觉地克服困难并作出行为抉择的毅力和坚持精神。教师的职业道德意志是在职业道德认识、职业道德情感和职业道德行为的基础上产生并发展起来的,是职业道德信念的体现。教师职业道德意志是作用于道德行为的一种坚强的精神力量,是克服行为中各种困难的内部动力,它主要表现在道德行为的自觉性、坚持性、果断性和自制性等方面。

一是自觉性。意志的自觉性是指对行为目的有明确而深刻的认识,并使个人的行为完全符合正确目的的意志品质。

二是坚持性。这种坚持性就是在行动中坚持目标,百折不挠地克服困难的品质。

三是果断性。所谓果断,就是适时决断的品质。

四是自制力。所谓自制力,就是善于掌握和支配自己言行的意志品质。

(5) 培养教师职业道德行为

职业道德内化的过程不只是由社会道德规范内化为个体道德意识,而是还要在个体的道德行为中体现出来。一个人的道德品质是否高尚,不在于他的言论多么动听,而在于他的行为是否高尚、言行是否一致。

道德行为作为道德品质的外部状态,表现为语言和行为习惯。在道德品质的构成中,道德认识、道德情感、道德意志和道德信念都属于道德意识领域,属于精神化的东西,还没有客观化、外在化,因而还不能构成主体的道德品质,道德品质只有通过道德行为才能表现出来。道德品质一方面表现为内化了外在道德规范后所形成的心理和价值意识特质,另一方面又表现为外在的行为活动和行为习惯,是知行的统一。

214. 义务在教师职业道德内化中的作用?

所谓义务,是指个人对他人和社会应尽的责任,它包括政治义务、法律义务、职业义务、道德义务等,我们这里所说的义务是指道德义务。道德义务与其他义务的区别在于,它不是靠外在的强制力量推动的,而是在人们内心信念的驱使下自觉履行的。履行道德义务不像履行其他义务一样,是与得到某种权利或报偿紧密联系,而总是以或多或少的自我牺牲为前提,在道德上尽义务,就是要自觉地作出有利于他人和社会的行为,当个人利益与他人或社会利益发生冲突时,就要牺牲个人利益以实现他人或社会利益。可见,道德义务是一种自觉无私地对他人、对社会所承担的道德责任,也是一定的社会道德原则和道德规范对人们行为的要求。道德义务大致分为三类:一是对社会、对人类应尽的义务,如爱祖国、维护世界和平等;二是对他人应尽的道德义务,如工作中遵守职业职责;三是对自己应尽的义务,如自尊、自爱、自重等。

义务对教师道德内化的作用在于:提高教师遵守社会道德的自觉性。道德义务一旦升华为道德主体的道德责任感,就成为道德主体的道德意识结构的一个有机组成部分。一名教师如果觉悟到自己应尽的义务,说明他能正确认识客观的社会道德要求,在处理个人与社会、个人与他人的利益关系时,能够自觉地使个人利益服从于整体利益,自觉地对社会、他人承担责任,因而也就能自觉地按社会道德要求去行动;自觉地做到对学生负责,引导学生沿着思想道德水平与专业知识技能水平齐头并进的方向前进,认真做好教书育人的工作,同时主动自觉地建立良好的师生关系;自觉做到对学生家长负责,主动与学生家长保持密切联系,通过各种形式向家长汇报学生在校表现,齐心协力,把学生培养好;自觉做到对教师集体负责,学生的成长是教师共同劳动的结果,教师间要互相配合,按照集体制定的培养方案和要求去教育、培养学生;自觉做到对社会负责,努力为社会培养合格的、高质量的人才。可见,教师一旦确立正确的义务观,就能自觉遵守教师道德要求,选择正确的教育行为,将国家和人民托付给自己的使命和要求转化为内心的需求,义无反顾地履行教师的职责,为教育事业无私奉献。

215. 良心在教师职业道德要求内化中的作用?

良心是和义务密切联系的一个重要道德范畴,如果说义务是一种自觉意识到的道德责任,那么,良心则是对道德义务的自觉意识,是一种蕴含于人们内心深处的使命和职责。

教师的良心是教师内在的呼声,也是教师的自我反省、自我检查和监督,是教师在精神上抵制错误道德动机,选择正确道德行为的调节器。其内化主要表现在以下三个方面:

第一,在行为之前,良心能帮助教师选择正确的道德行为。教师在对学生施以教育的职业劳动中,总要采取一定的行动,使学生在自己的教育下健康成长。在教师作出某种行为前,良心总是根据自己应该履行的道德义务的要求,对行为动机进行自我检查,想一想自己的道德选择是否合乎道德要求,是否以身作则、为人师表、以身立教,想一想"我这样做会有什么后果""我这样做符合不符合教育方针的要求""合不合教师的身份"。

第二,在行为过程中,教师良心起着自我控制和监督作用。教师良心是隐蔽的个人行为的调节器。教师的职业劳动在劳动时间的支配上,不像工厂、机关那样约束性强,除上课以外,教师对工作时间的支配自由度比较大。

第三,在行为之后,教师良心对自己行为的结果和影响起评价作用。在行为完成之后,教师良心往往又能对行为的后果和影响起自我评价的作用。教师都有这样的体验,当自己的教育观点、教育方案、教育行为被学生接受、认可、肯定时,当看到自己的心血和劳动产生了积极效果时,便会由衷地感到欣慰和满足。

216. 如何培养和增强教师职业良心？

教师职业良心在教师职业生活中有着巨大的作用，它往往左右着教师职业道德的各个方面，贯穿于教师职业行为的各个阶段，成为教师思想和情操的重要精神支柱。所以，必须重视培养和增强教师职业良心。培养和增强教师职业良心应该从以下几个方面着手。

第一，要具有对教育工作高度负责的精神。如果没有对教育工作高度负责的精神，教师职业良心的作用，就无从谈起。如面对一个学业上的后进生，具有高度负责精神的老师，就会主动帮助这个学生。这样做，教师在良心上就会得到安慰，否则，就会受到良心上的谴责，感到内疚。而对一个不负责任的教师来说，他会认为课上完了，就等于完成了任务，至于学生会不会，那是学生自己的事，与己无关。

第二，具有高尚的师德品质。一个具有高尚师德品质的教师，必然热爱教育事业，热爱学生，辛勤工作，甚至牺牲自己的利益，也要顾全大局。一旦自己做错了某事，良心上必然感到不安，千方百计要把损失补回来。而一个师德很差的教师，本来就不愿从事教育工作，看到学生就烦，这样的教师，必然不负责任，敷衍了事，得过且过，甚至做错了事，也认为无所谓，没什么了不起，其良心上也不会进行自我谴责，即使在舆论压力面前，也要千方百计为自己辩解，不肯承认错误。可见，具有高尚的师德品质是培养和增强教师职业良心的基础。

第三，要有知耻心、自尊心、自爱心。知耻心、自尊心、自爱心是职业良心中的重要因素。如果一个教师连起码的知耻心、自爱心、自尊心都没有，当然也就谈不上有职业良心。知耻心、自尊心、自爱心是培养和增强教师职业良心的关键。

217. 职业道德原则在高校教师职业道德建设中有何重要作用？

所谓道德原则，是指构成一种伦理体系的核心的、最为概括和抽象、最具普遍性的准则。在道德实践中，它是作为道德判断的根本依据、道德选择和评价的最后标准来起作用的。所谓师德原则，是社会对教师职业道德的最高概括，集中体现了师德的社会本质。其以普遍的形式解释了教育职业活动中形成的道德内容,体现着教育活动应追求的伦理精神,指导着教师职业道德建设的方向。师德原则主要包括公益性原则、公正性原则、人道主义原则、主体性原则。

高校教师的职业行为,必须服从和服务于高等学校的培养目标和组织属性。因此,追求、服从和服务于社会的公共利益,即公益性原则,成为高校教师职业道德建设的首要原则。

公正性原则是教育公正的价值追求在教师个体教育和教学实践层面的具体体现和客观要求,也因此成为高校职业道德建设的重要途径。

人道主义原则是作为伦理原则的人道主义在教育领域中的具体体现和运用。而将人道主义作为师德的基本原则,也是教育本质和高校教师职业道德建设的内在要求。

师德建设的主体性原则,指的是教师在职业劳动的过程中,既尊重学生的主体性,也尊重自身的主体性,使师生都能够成为主动进行自我教育,具有自主性、能动性和创造性的学习、成长和发展的主体。加强主体性对高校教师职业道德建设可以产生积极且巨大的影响和作用。

218. 为什么要坚持师德的公益性原则?

公益性原则是高校教师师德的首要性原则。坚持公益性原则主要有如下理由:

(1) 公益性是高校组织的特殊属性

公益性是高校组织的特殊属性。我国《高等教育法》规定,设立高等学校应当符合国家利益和社会公共利益。这些法律明确了我国高等学校的组织属性的公共性质。决定了高校不能像商业组织那样以营利为目的,而必须坚持公益性取向。高校组织的公益性,不仅是外在法律规定的,而且是高校组织的内在品质,是高校教育性、学术性、服务性的内在要求。高校作为教育性组织,教育性决定了高校必须以育人为目的,以追求公共利益为旨趣,必须以高尚的伦理道德为价值导向;高校是学术性组织,是科研的基地和社会的心脏。这些特有的功能无可置疑地体现了高校追求公益的性质。高校是服务性组织,具有公共服务的责任和义务。

(2) 公益性是高校教师劳动的本质特征

高校教师职业道德的公益性原则,具有伦理和经济意义上的利益属性和价值特征。首先,教师劳动的目的不是为了某一个人或某几个人,而是为了国家和民族的整体利益,为了社会的公共利益,为了整个学校的生存和发展,为了学生的成长和进步。总之,其为了公共利益,所以其必有公益性。其次,教师劳动的手段具有公共性。教师赖以生存的物质资源具有公共性,是政府的公共财政支付;作为保障教师教育教学、科研和社会服务活动得以顺利进行的知识和精神资源亦具有公共性。

(3) 公益性是高等教育产品对教师职业道德的客观要求

高等学校承担着教育教学、科研和社会服务的三大职能,其成果和产品是多样化的,但无论其形式如何,都对教师职业道德的公益性价值目标提出了客观要求。

首先,作为高等学校教育活动对象的产品——学生的价值追求,具有公益性。其次,作为高校教师从事科研活动对象——科研成果也具有公益性的客观要求。再次,教师从事社会服务活动的对象,也承载着服从和服务于公益的属性。

219. 高校教师应如何贯彻师德公正性原则?

师德的教育公正是现代民主政治对教育发展的客观要求,是学校组织核心价值观对教师职业劳动的客观要求,是教师威信确立的重要资源,是促进学生健康发展的重要力量。教师职业道德公正性原则,一方面要求教师坚持对学生一视同仁、平等相待,另一方面还要求教师要因材施教,坚持个性化的教育教学原则,即主张教师要设法使每个学生都能得到适合其个性和智力独特发展的教育。

220. 人道主义原则对高校教师提出了哪些具体的要求?

人道主义原则对高校教师提出的要求是多方面的。

第一,在对待和处理教育服务的对象——受教育者的关系上,要求教育者在教育教学及管理的过程中,尊重受教育者的主体地位、个人权利和人格尊严,肯定学生的独立价值,研究受教育者身心发展的规律和需要,以教育者特有的爱给予受教育者以理解、关系、严格要求和爱护,促进受教育者的身心得以健康、和谐、全面、幸福的发展,以完成教育的使命、实现教育的目标。

第二,奉行人道主义教育原则,要求教育者要研究受教育者身心发展的规律以及教育和教学的科学和规律,人性地、科学地待学生,按照教育教学及管理的规律来从事教育教学和管理工作,不能仅靠热情和爱心,以免无意中违背教育教学及管理的规律,犯下南辕北辙、适得其反的错误。

第三,遵循人道主义教育原则,要求教育者在教育教学及管理的实践中努力践行"使人成为人"的人道追求。把人作为教育的终极目的,以人为目的,而不是以人为手段,摒弃工具理性教育理念对教育的片面理解,认识"科学主义""技术主义"对教育的负面影响,视人本身为最高的价值之所在,把"使人成为人"作为教育的真义,引导和帮助学生寻找生命的意义,创造有意义的"人"的生活。

第四,师德的人道主义原则还包括对教育管理者的道德要求,包括对教育者自身的人道主义的尊重和关爱,提醒人们不要忘记教育者自身的自我完善与发展。换句话说,师德的人道主义原则关涉的是教育教学及管理过程中所有的人。

221. 如何全面、正确地理解师德的主体性原则?

对于师德主体性原则可以做多重辩证思考。

第一,师德的主体性原则是指教师在执业活动中,要把学生当作主体,尊重学生的主体地位和作用,把学生看成是与自己一样具有同等人格尊严的人,设法调动学生主动参与教育过程,主动进行自我教育的积极性、自觉性和创造性,把学习、成长和发展的主动权交给学生。

第二,师德的主体性原则是指教师在职业生涯实践中,在师德修养的过程中,具有主体的地位、价值、意义和作用。倡导教师在执业生涯实践中,充分发挥教师个体作为师德建设主体的自主性、自觉性、能动性和创造性。在自觉发挥主体地位和作用的同时,还要把自己当作需要不断加强自身修养、自觉进行终身学习和终身自我教育的客体,要生命不息、修养不停、学习不止。要告诫自己,教育者要先接受教育,自觉实现教师教育与教师自我教育的统一。

第三,提示教师在注重提升自身主体地位、发挥自身主体作用的同时,不要忘记自己的同行、同事以及学校的领导也是主体,关注教师群体、学校的领导以及校园生活中所有的人,建立起科学、合理、和谐、融洽的主体间关系,在尊重自己的人格、权利、地位和作用的同时,也要尊重他人的人格、权利、地位和作用,以构建和谐教师文化、和谐校园文化,使高校成为人的天地、人的家园。

第四,坚持师德的主体性原则,要求教师要把教育实践看作是师生主体的意义和价值生成和实现的过程。倡导教师通过开展教育实践活动,建构教育者和受教育者的主体性。在教育实践活动中遵循教育和教学的规律,开发人的智力、挖掘人的潜能,尊重人的价值,启迪人的心灵,使师生在教育和教学的实践中一同成长,共同生成主体的智力、能力、素质、精神与品格,共同创造和实现主体的价值和意义,以促进和实现人的全面发展。

222. 为什么说教书育人是高校教师的根本任务?

教师的使命首先是教书育人。从根本上来说,教书育人的使命是教师职责的集中体现。

(1) 教育的本质决定了教师的天职是教书育人

教育是培养人的活动,这一本质属性贯穿于一切教育之中。教育的核心价值是育人,其最大的特点是把受教育者当作具有主观能动性的、活生生的人来看待,立足于学生的整体生命,使学生生成必要的知识、能力,形成正确的人生观、价值观,最终成为一个拥有知识和智慧,能够担当社会主体责任的人。从这个意义上来说,教师的职责从来都不是单纯的传授文化科学知识,更重要的是培养人,是"铸人灵魂"。换而言之,教书育人是教师的内在职责。

(2) 教育教学过程决定了教师的天职是教书育人

教书和育人是不可分割的同步进行的过程。这一教育教学过程的特点要求教师担负起教书育人的职责。一方面,科学文化知识具有重要的政治思想和道德教育的价值,教学过程本身就具有一定的教育价值;另一方面,教师在传授知识的过程中,总要表现出自己的价值观念和价值理想,这必然会潜移默化地影响学生,使教书同时具有育人的功能。因此,教书和育人过程统一结合的特点,决定了教师的职责既是教书,更是育人。

(3) **当今时代的特点决定了教师育人是教师的天职**

当今社会是一个各方面都飞速发展的社会:科学技术日新月异,知识经济扑面而来,经济全球化的趋势锐不可当,文化与经济和政治的融合达到前所未有的深度。在这种时代大背景下,教书育人所培养出的人才,绝对不能凌驾于社会之上,他们必须与社会的需求、与时代的发展协调同步,成为经济发展和社会进步的重要推动力量。同时,他们又不能成为工具化的经济发展的牺牲品,他们还要有健全的人格和正确的世界观、人生观和价值观,具有完整的德性生命。所以,教师的职责,不仅仅是培养社会所需的人才,还要达到最终育人之目的。因此,既教书又育人是教师的分内天职。

(4) **教师的职业理想决定了教师的天职是教书育人**

职业是个人和社会的接合部。一方面,社会通过职业规定了人们对于社会应尽的职责,另一方面,个人通过自己所从事的职业向社会作出贡献并取得回报。教师职业对于教师来说,也具有同样的意义。教师只有通过教书育人的工作,才能承担起社会的义务和责任,同时在从事本职工作中实现自己的人生价值,追求崇高的职业理想,从而实现人生的真正目的。

总之,教书育人是教师的天职是由教育的本质、教学过程、时代特点和教师职业理想等多方面因素决定的。每一位高校教师都应该从教育的本质、规律和时代要求的高度出发,将"铸人灵魂"的工作融入教育教学的全过程,发挥教书育人主力军的作用。造就德才兼备的高层次人才是高等学校的根本任务和中心工作,也是评价一所高等学校办学水平的根本标志,当然也是高等教育的出发点和落脚点。所以,教书育人是高校教师永恒的使命,是高校教师所有工作的自足之本。

223. 高校教师在教书育人的过程中应遵循哪些道德规范?

高校教师在教书育人中的道德规范,是指教师在教书育人过程中,对于其道德要求、行为规范和道德品质等方面要求的总和,这既是社会对教师行为的基本要求,也是教师自觉自愿的内心立法。作为高校教师,应当从以下几个方面进行把握:

(1) 依法执教、廉洁从教

依法执教是注重从教师自身行为准则的角度出发,强调教师应该自觉依照国家的教育法律法规,履行教书育人的职责,为贯彻教育方案、培养全面发展的社会主义建设者与接班人。廉洁从教是高校教师教书育人的人格前提,也是教师育人的品德基础,教师只有品行高尚,才能教人为真、为善、为美,使学生形成正确的是非观和辨别美丑善恶的能力。

(2) 热爱学生、诲人不倦

热爱学生、诲人不倦是调整教师与学生相互关系的道德典范,也是教师教书育人的感情基础,同时也是教师热爱祖国、热爱人民、热爱社会主义教育事业的具体体现。高校教师只有做到热爱学生、诲人不倦,才能真正做到献身教育、甘为人梯。热爱学生、诲人不倦是高校教师做好教育工作的力量源泉,是完成教书育人、实现教育目的的重要条件。

(3) 以身作则、为人师表

以身作则、为人师表是指教师要躬身自明、严于律己、言行一致、表里如一,时时、事事、处处做学生的表率。教育劳动的特殊性要求教师在教书育人的过程中必须为人师表,不仅要用自己的学识去教育学生,更重要的是要用自己的高尚品德去影响学生。

(4) 严谨治学、探寻规律

教书育人是学校教育工作的中心工作,是实现教育目标的主要途径,是高校教师的主要职责。高校教师在教书育人的过程中要严谨治学,树立优良学风,刻苦钻研业务,不断学习新知识,探索教育教学规律,改进教育教学方法,提高教育教学和科研水平。

224. 教师个体道德品质是如何形成的?

教师个体道德品质的形成与发展是个复杂的过程,是教师在一定社会环境和物质生活条件中,通过一定的社会生活实践,尤其是职业生活实践——教育活动中,自觉接受社会道德教育,进行自我道德锻炼和道德修养的过程。

社会主义教师个体道德品质,是社会主义道德关系的产物,是教师在社会主义生产关系条件下,通过长期的社会和学习道德教育,在教育实践中,在扬弃教师道德传统的积极思想斗争中自觉培养和完善的。

第一,社会主义的崭新道德关系为社会主义教师个体道德品质的形成提供了社会基础。

社会主义教师与国家、与学校、与同事、与学生之间的道德关系具有社会主义性质。教师道德关系是社会主义道德关系体系的有机构成部分。教师个体道德品质是社会主义道德关系的反映,是社会主义基本道德原则的个体体现。教师在社会主义现实道德生活中养成献身社会主义现代化的集体事业的道德信念,民主、科学、创新、求实、艰苦奋斗的先进的道德意识。随着改革开放进一步深化,社会主义道德关系不断发展完善,教师的道德观念也在发生着变化,社会主义教师道德品质将会有新的发展和完善。

第二,社会主义道德教育为教师道德品质的形成,提供了良好的社会教育条件。社会主义道德关系是社会主义教师个体道德品质形成的社会基础,但是社会主义教师道德品质的养成不是自发的,是在社会主义道德教育的基础上形成的。社会主义道德教育体系为社会主义道德建设提供了系统的道德教育机制,这为教师道德品质的形成提供了良好的社会教育条件。

第三,社会主义教师的个体道德品质在教育实践中得到发展和完善。如果说基础教育和师范教育为教师职业道德的形成打下了基础,而教育的实践也就是教师职业生活的实践,才能使教师道德品质得到发展和完善。因为教育实践使教师投入现实的道德生活,获得实际道德体验,从而加深理解并修正初步形成的教师道德观念,促使道德观念转变为实际的道德行为,养成巩固职业道德习惯。

第四,社会主义教师个体道德品质是在马克思主义伦理道德思想的指导下,扬弃教师道德传统的基础上形成和发展的。道德具有继承性和相对独立性。现实道德总是历史道德的发展,社会主义教师道德是在对以往教师道德传统的批判继承中形成、发展和完善的。

第五,充分发挥教师的主观能动性,自觉积极地提升教师职业道德的自我修养。社会主义道德建设为教师自我职业道德修养的形成提供了良好的社会条件,但是教师道德观念的建立,良好品质的养成和完善还要靠教师的主观努力,教师必须自觉学习才能获得必要的教师道德观念,自觉地投身于教育实践才能获得直接的道德体验,得到实际的道德训练;积极自觉地开展道德意识领域的思想斗争，才能吸取优秀的教师道德传统，抵制落后的教师道德传统。

225. 教师个体心理品质有什么主要作用？

教师的个性"是教育工作成功的有决定意义的因素"，教师的个性心理品质在教育活动中有着极其重要的作用。

(1) 教师的个性心理品质是树立教师威望的基础

教师威望是一种无形的教育力量，然而教师如何在学生中树立威望，极大地影响教师人格的教育影响力。在教育活动中教师是施教者，具有知识权威、组织领导的地位，但教师若仅仅靠这个地位，以组织手段制约学生，非但不能树立自己的威望，反而会破坏自己的形象，其结果是挫伤学生的自信心，使学生成为盲目听从摆布的"小绵羊"，或者挫伤学生的自尊心，产生逆反心理，成为教育的叛逆者。

(2) 教师的个性心理品质是塑造学生健康人格的手段

塑造青少年健康和全面发展的个性是教育的基本任务之一。对于这个任务，除了教师通过一系列的教育活动去完成外，另一个重要的手段就是教师的人格教育作用。

第一，教师的个性心理品质是师生心灵沟通、创造良好教育环境和氛围的重要条件。教育活动是一个师生双向精神交流活动，师生之间的和谐关系，轻松愉快的教育情境，会使师生在教育活动中始终处于积极的最佳心理状态，最大限度地激发教师的教育潜力，调动学生的学习主动性，使教育活动收到最好的效果。

第二，教师的个性心理品质可以诱导学生学习上的情感转移。在传授知识的过程中常常会出现这样的情况：学生因为喜欢某位教师，而对其所教授的课程产生浓厚的兴趣，学习成绩越来越好。相反，学生因反感某位教师，而对某教师的课程产生厌恶，抵制情绪，学习兴趣和成绩不断下降，这种情况称为情感转移。十分明显，学生学习上的这种情感转移是正向还是反向，教师的个性心理品质起着关键作用。

226. 如何理解教师道德人格的力量与塑造？

(1) 教师高尚人格的力量

教师高尚人格的力量是教师以自身高尚的人格去影响、教育学生的感化过程，其过程是其他方式所无法代替的，其作用之大是难以估量的。

首先，教师职业这种以人格感化人格的特点，促进教师自身人格的提高。教师在以人格感化人格、塑造人格的过程中，会对自身的人格提出更高、更全面的要求。教师要点燃别人，自己心中先要有火种。只有具备了美好品德，才有资格去塑造学生的品德。

其次，教师以人格感化学生，促进教师威信的确立。威信是威望和信誉，是一种无穷的精神感召力。教师的威信是教育学生和做好教学工作不可缺少的条件。教师有崇高的威信，才能达到教育的最佳效果。当然，教师在学生中威信的树立，不是靠威吓、粗暴的手段来实现的。一个教师如果经常靠威严来逼迫学生服从，就会使学生敬而远之，甚至产生逆反心理，造成不良后果。

再次，教师的人格感化有利于对学生教育的实施。"身教重于言教""榜样的力量是无穷的"。这些格言都说明以身立教是强有力的教育手段。教师的思想、行为、作风和品质，每时每刻都在感染、熏陶和影响学生。

(2) 教师人格的塑造

个人性格、品格、风格的形成是建立在人性基础上的。一般说来，人格是由三方面因素塑造而成的：一是智力因素，包括人们的知识水平、才智高低和能力大小；二是道德因素，主要是指人们对自己、他人、社会的某种真诚的态度和倾向性；三是意志因素，主要是指人们克服内心障碍的自制力和克服外部环境障碍的坚韧性。人格三因素的塑造是相互依存、相互制约的，其共同作用使人形成一种比较稳定的内在的精神结构。

227. 如何理解人格与道德人格的关系？

人格，是众多学科共同面临的范畴，伦理学、心理学、法学、社会学、哲学等学科都有各自的理解和解释。心理学上，指人的性格、气质、能力特征的总称。

法律上,指作为权利义务主体的资格。人格包含两层面意思:一是指一个人在生活舞台上所表现的种种言行;二是指一个人真实的自我。伦理学上,称之为道德人格。

所谓道德人格,是指具有个体人格的道德性规定,是个人的脾气、习性与后天道德实践活动形成的道德品质和情操的统一。

道德人格与人格有着密切的关系。道德人格对人格作出道德规定,是从人们的道德关系和道德实践来考察、研究和确立人格的内涵,也是从善与恶、高尚与卑下的区分上来看待人格之间的差异。

伦理学研究中的人格概念和道德人格概念可以在同一意义上使用,但是道德人格与其他学术领域中研究的人格概念则不同。它们既有相同点,也有不同点。

相同点在于都是以社会的人作为研究对象;都是从某一个侧面指出人与其他动物相区别的内在规定性;都看到了个人在一定社会中的地位和作用是统一的;也都强调个体之间的某种差异性。

不同点在于,由于伦理学领域和其他领域在研究人格时的观察角度、侧重点和研究人格的动机不同,因此,不同学术领域对人格的定义、人格的描述、人格的区分、人格的内涵以及人格的评判标准也就不同。

228. 教师道德行为选择的意志自由有哪些特点?

教师道德行为选择的可能性只是外在的自由,这种自由能否实现,还依赖于教师的意志自由。教师的意志自由是教师道德行为选择的内在自由,也是教师道德行为选择的一个重要前提。

教师行为选择的意志自由表现了人的能动性和主动性,它使教师在多种可能性中根据自己的需要、信念和理想进行选择。社会提供的选择条件是确定,每个教师在这些确定的条件下都可以作出自我独特的选择。正是这种选择使教师获得独立的地位和人格。意志自由的教师按照自己的意愿而不是屈从于外界的压力去选择自己的生活方式、行为方式,并体现自己的价值。

意志自由是教师道德行为选择的重要前提之一,意志自由一方面是人的自我决定能力,另一方面又是被环境决定的不自由。意志自由与不自由集于一身,表现出与其他心理因素不同的特性。

首先,教师道德行为选择的意志自由不是抽象的自由,不是摆脱了一切欲望、冲动、需要等束缚的纯粹的精神性的自由,也不是只存在于幻想之中的虚无缥缈的境界,而是具体的现实自由。

其次,教师道德行为选择的意志自由也是普遍性与特殊性的统一。意志作为个人的东西,是特殊的。意志的出发点是特殊的个人需要,它所要达到的目的也是由特殊的个人规定的。但意志又不能仅仅停留在特殊性之中,它必须由特殊上升到普遍才能达到自由。

最后,教师道德行为选择的意志自由还是从主观进入客观,又从必然进入应然的过程。

教师道德行为选择作为具体的过程,是与教师的愿望、意向、决定分不开的,是一种意志活动向行为活动的过渡。

229. 如何培养教师道德行为选择能力?

(1) 培养教师道德行为选择能力的意义

教师道德选择是教师进行道德活动的一定形式。教师行为选择的正确性,一方面取决于教师个人的道德品质高低,另一方面同教师个人的选择能力有密切关系。事实上,在教师的行为选择中,这两个因素相互交叉、相互渗透,共同起作用。教师的选择水平,首先是以一定的道德品质为基础,而一个教师道德品质又通过具体的道德行为选择中表现出来。人们一般注重行为选择中教师个人的品德素质,而忽视了教师个人能力在道德选择上的作用。其实个体能力在选择中是很重要的,能力不强,势必影响选择的正确性。

(2) 教师道德行为选择能力的内涵

教师道德行为选择能力,是指教师对道德行为选择客体作用的能力和选择的能力。教师在选择道德行为过程中,既有对客体的作用,又有自身的能力潜在其中。选择的能力是教师道德行为选择构成的重要内容。

道德行为选择能力作为主体对客体作用和选择的能力,主要由比较力、分解力、鉴别力、取舍力和组织能力等要素构成。比较力是指确定事物异同关系的能力,即依据一定标准,将彼此有一定关联的事物加以对照,从而确定其相同和相异之点,把握事物的内在联系,认识事物的本质。鉴别力是指辨认、识别的能力。分解力是指对复杂事物和复杂系统进行分解,从中选择主体所需要的价值的能力。取舍力是指在选择过程中对选择对象取舍的能力。自组织能力是指主体在获得价值之后重新调整自身的能力。

(3) 如何培养教师道德行为选择能力

首先,要全面理解和掌握道德知识,加强对道德必然性的认识,这是提高教师道德行为选择能力的前提。教师道德行为选择能力的发展同教师个人对道德知识、道德必然性掌握的程度成正比例。道德知识越丰富、对道德必然性认识越深刻,教师道德行为选择能力就越强。

其次,要培养良好的思维能力。良好的思维能力是道德行为选择能力的基础,思维能力的发展,必将引起道德行为选择能力的提高。

最后,要在社会实践中锻炼道德行为选择能力。任何能力的发展都离不开社会实践的锻炼,教师的道德行为选择能力的提高也需要教师在道德实践中培养和发展。因为教师面临的社会生活是复杂的,环境提供的选择有时是人们无法预料的。这使每个教师的行为选择,在很多场合下,没有现成的答案。如果要正确地选择道德行为,使个人选择与社会要求相统一,就要在道德实践中,进行多方面的学习和锻炼,在实践中积累经验,这样道德行为选择能力就能得到不断升华和提高。

230. 怎样理解高校教师教书育人的德性发展?

教师是发展中的人,教师专业化的过程也是教师专业发展的过程。教师的专业发展是一个多元化、多层次的发展过程,既包括专业知识、专业技能、专业理论的发展,也包括专业情感、专业道德的发展。在教师专业化发展的过程中,教师专业道德的发展始终是教师专业发展的一个重要方向。现阶段,教师专业化和教师的发展理念正在发生着深刻的变化,呈现出追求全人发展、科学与人文整合、回归德性生命本身,回归生活世界的特点与趋势。在教书育人的专业实践中,人们正在力图突破传统的"知识论"教师发展观的流弊,进而转向"德性论"的教师发展观。

(1) 高校教师教书育人德性发展的条件

首先,良好的社会环境是教师教书育人德性发展的前提条件。教师专业化的发展总是与社会的发展相一致,我国现阶段的各种政策以人为本,都为高校教师教书育人的德性发展提供了坚实的社会环境保障。其次,良好的教育环境是教师教书育人的德性发展的必要条件。最后,教师自身的主观因素是教师教书育人德性发展的内在动力,这种内驱力源自教师自身的主观因素,源自教师对教育事业、对学生的关爱。

(2) 高校教师教书育人德性发展的要求

首先,高校教师教书育人的德性发展,要求教师从培养学生的逻辑理性的基础上,转向培养学生的伦理理性,避免"教书"而不"育人",重视对学生完整、和谐、自主的生命关怀。其次,要求教师从对学生知识的拓展转向对学生生命的创生,在关注学生不断获得知识的同时,更要关注学生个体作为人之生命的不断完善、不断发展和不断进步的过程。再次,还要求教师实现从主客观对立的师生关系转向相互提升、相互对话理解的师生关系。最后,更要求高校教师的专业发展不断从片面发展转向完整发展。只有完整、充满德性的教育,才能在教书育人的过程中使学生的整个人格得到和谐、持续、全面的发展。

231. 如何看待高校教师教书育人的美德境界?

在教书育人的过程中,不同的师德水平会产生出不同的师德境界,唯具有良好德性的教师才会形成高尚的品格,才会培养出优秀的学生,才能胜任教书育人的责任。从教师的专业成长角度来审视教书育人的德性境界,可以分为以下三个层次:

第一,求生之有我境界。这个境界是最低层次的师德境界。处在这个境界上的教师,是以"自我"或"自利"为中心的,他们的教育行为以自我的功利目的为出发点,他们对教育事业没有发自内心的热爱,其职业行为在本质上受外界支配。他们无法体会到教育劳动的乐趣,不能享受到专业发展所带来的幸福和快乐,他们的专业道德更不能用"德性"或"美德"一词来涵盖。

第二,执迷之忘我境界。在教书育人的过程中,真正的"德性"或"美德"境界,是从这个层次开始的。圣洁的道德是此种教师境界的核心,以无私奉献为内涵。处在这个境界层次上的教师,不仅仅是把从事教育事业当作自己谋生的手段,而是把教书育人当作自己实现人生理想和价值的一种事业。处在该层次的教师在教书育人的过程中体验到高度的内心愉悦和审美享受。

第三,超越之升华境界。理想的教师境界,不应该是以牺牲自我或放弃自我为代价的。完整的、更高层次的师德不仅是责任与义务、奉献与牺牲、无私与奉献,它更应该关注教师自身完整、和谐、可持续的生命发展,注重在培养师德中发展教师的教育激情、教育冲动和教育创造。作为教书育人的最高境界,其意义不是无私和放弃,而是生命力量和精神的升华。

232. 怎样理解高校教师"学术人"角色的功能及作用?

作为高校教师,不能仅仅成为已有知识的"传声筒",不能仅仅做照本宣科的"教书匠",而是还要进行学术研究,进行知识创新,做一个"学术人"。

"学术人"的角色本位决定了高校教师应将学术研究作为基本工作,这是因为高校教师这一职责既是高等学校的社会职能所赋予的,也是当今社会发展所要求的。

(1) 学术研究是高等学校重要的社会职能

众所周知,高校有三大社会职能,教书育人、学术研究和社会服务。其中,教书育人是基本职能,学术研究是重要职能,社会服务是从学术研究这一职能中衍生出来的第三职能。三者之间又是以学术研究为中心展开的,主要表现在:教师的学术研究成果能够为教学提供知识支持,研究中的学术思想、思维方式、知识深度和广度、创新能力和治学态度,对学生成才都具有很大的影响力,同时又能促进社会服务,为社会服务提供动力和基础。1998年颁布的《中华人民共和国高等教育法》第三十一条也明确将"学术研究"规定为了高等学校的三大职能之一,因此,高校教师进行学术研究,理应成为"学术人"。

(2) 学术研究是社会发展的迫切要求

当前,社会发展对知识的依赖程度越来越高,这并不只是对原有知识的依赖,还包括对新知识、新技术的依赖。时代需要进步,知识需要发展,技术需要革新,这一切都离不开以追求"高深学问"为基本使命的高等学校,离不开以学术研究为其重要职责的高校教师。高校作为社会领域中教育层次最高、学术层次最高、文化层次最高的教育机构,势必要求高校教师站在当代文化、科学、思想的最高点,必须以极其高尚的品格和崇高的境界,进行能够创造先进文化、先进思想、先进科学的高深学问的研究,必须全神贯注地从事具有前瞻性、原创性的科学和文化研究,否则就无法从事培养高层次人才的工作和活动,就无法完成先进文化和科学的创造任务。这也是时代的要求。

233. 高校教师的学术规范有哪些具体内容?

(1) **追求真理、学术至上**

一是要献身学术。高校教师"研究高深学问"这一学术使命,要求其学术研究活动必须服从真理的标准,必须体现学术的尊严。只有当教师从事学术研究活动,当真理成为其本体追求,当教师献身于学术之时,教师的学术研究活动才能趋向本真,教师的学术研究活动才能具有真正的价值。

二是要持之以恒。一个人要想在学术领域中占有一席之地,要想有一定的发言权,没有五到八年持之以恒的钻研,是不可能的。任何投机取巧、不劳而获的思想都是不可取的。

(2) **严谨求实,学术诚信**

一是要严谨治学。所谓严谨,就是严肃认真,严密谨慎,一丝不苟;所谓治学,就是学习、掌握并运用科学文化知识从事科学研究。严谨治学主要指治学态度和工作作风。

二是实事求是。人类的探索活动必须从实际出发,尊重客观事实,以实践作为检验真理唯一标准,必须具有实事求是的精神。也正是这种务实精神,使得理论的真理性得以保证,使得学术真正有力量。

三是诚信第一。诚信就是使自身行为符合道德精神与道德规范,特别是利益双方要共同遵守既定的契约,诚信之本就是守规、守约,有信任、有信誉。

(3) **勇于探索,学术创新**

一是要敢于创新。学术的生命力在创新,从事学术研究的高校教师应具有勇于探索、敢于创新的学术勇气和人格。创新是学术研究活动的本质,是学术研究的内在诉求。高校教师学术创新的基本内容就是发现新的事实和新的问题。对高校教师而言,学术活动不是一项单纯的工作,而是自我精神世界的构建,学术创新不但与职称、学术威望等密切相关,更是创造和表现自我人生价值的重要途径。

二是要勇于探索。缺乏勇于探索的精神，就不可能创新，就不可能发现真理。学术研究是一条艰辛之路，它不会永远停留在一个水平上，而是需要不断探索、不断前进。

三是要注重继承。真正的学术创新，是对以往研究成果的回应，是站在前人肩膀上的一种学术积累。学术是一代又一代积淀下来的，学术的创新、发展也只能建设在已有的基础之上。

四是要理性怀疑。学术研究贵在疑，它总是从"为什么"开始。但怀疑不是无根据的主观臆想，更不是无边无际地怀疑一切，而是要基于事实、基于真理的、有逻辑的怀疑。

（4）团结协作，学术民主

一是要相互协作。学术研究活动，是以个体的脑力劳动为基础的，学术研究的进展往往与个人创造力的发挥直接相关。但是，现代科学的复杂化大大加强，造成学术研究社会的趋势，学术研究需要以集体协作的方式来进行。脱离协作，一个人是很难成功的，个人能力再强，也总有局限性，相互协作可以弥补这一不足。通过协作，集百家之长，形成一种新的、比个人努力总和要大的力量和成就。

二是公平竞争。对于学术研究活动及其研究成果，每个科学工作者都有均等的争取机会。在大家都想参加某项学术教育和研究活动，或取得一定的学术地位和荣誉，但又不能得到满足的情况下，按照个人或集体的能力和取得的成果的可能性裁决次序，即能力优先，按"知"排序。而对于学术地位、荣誉及成果的取得，只能以其所获得的学术成果的实际水平来衡量。

234. 怎样理解高校教师学术研究的德性价值？

德性是一种道德的力量，与我们日常所说的道德规则不同，它讲求的是个人对幸福人生的自觉体验，具有精神性的内在品质。德性价值的着眼点在于"一种个人品性的培养，或一个人精神的提升活动"。德性作为人格主体的内在价值，当成为学术研究者的品质时，也就意味着其具有高尚的人格，是真正的学者、真正的大师。

（1）德性升华了人格的境界

人格在伦理学意义上，是指人的品格。在构成人格的要素中，德性是人格的核心,是人之为人的根本所在。学术研究是一项清贫职业,对于学术研究者,金钱、地位并不能打动他们。他们只对世间的未知充满着好奇之心,只想接近真理的世界。在这个共同体中,权力的大小,财富的多寡,并不表明人与人之间的贵贱,但是,心灵的高尚,求真的追求则是衡量高低的标尺。学术研究者能否成为大师,除了其出色的学术成果,最为关键的是存于人内心之中的德性。德性是人生最本质的东西,它使人从自然的存在走向精神的存在,提升了一个人精神生命的广度和深度。

(2) **德性提升了人生的价值**

科学人生观认为,衡量人生价值大小的标准是对整个社会的贡献。人生价值包括:个人对社会和他人的责任和贡献;社会对个人的尊重和满足。但是,人是生活在社会中的,人生所需要的一切都是从社会获取的,而且是在社会发展中实现人生价值的,因此,我们常常以个人对社会需要的满足程度作为衡量人生价值的标准。一个人的价值,不应该看他取得什么,而应该看他贡献了什么。学者的学术研究成果固然能体现个人的价值,如若没有德性,那么其成果可能会成为社会和人类的危害。反之,当德性成为学术人精神的灵魂,善成为人生的终极价值时,学术研究不再只是以求真为主导,还以至善为目的。研究者在学术研究中考虑到的不仅有个人价值,还有社会价值。在对社会或他人需要满足的同时,研究者实现了自我的人生价值,并获得了社会和他人对自己的尊重。在"责任"和"尊重"的螺旋式上升中,学术人一次又一次地实现着人生价值,最终成为具有真、善、美理想人格的学术大师。

235. 什么是高校教师的社会服务?

高校教师社会服务是对"服务"一词的双重限定,即社会的、高校教师的服务。高校教师社会服务是随高校社会职能的演化而产生的,是指高校教师为了满足社会的某些期待和需要,以教学和科学研究为依托,借助自身的专业特长和智能潜力,有目的、有计划地向社会提供的服务。服务社会是高校教师教学、科研职责的校外延伸,具有显著的智力特征,主要是指高校教师为企业、政府以及其他社会组织或个体成员提供信息咨询、专业策划、项目论证、调研、培训以及网络服务活动等,是符合高校教师自身特长的有偿性服务。这种社会服务的专业化需求,社会适应性和某些功利性补偿也对高校教师的职业道德提出了新的规范和要求。比如,袁隆平从 1964 年开始研究杂交水稻,使中国在矮秆水稻、杂交水稻育种和超级杂交水稻育种上三次达到了世界领先水平。随着杂交水稻的推广,中国十几亿人口缺粮的现状得到解决。同时,整个世界也从中受益。

236. 高校教师在社会服务中应遵循哪些道德规范?

(1) 利益交换中的道德规范

一是诚实守信。诚信是道德伦理中的核心要素,自古以来就是人类的美德,在人类所有的价值选择中居于重要位置,某种意义上说,只要有人际交往,就要求以诚相待。二是义利兼顾。高校教师在从事社会服务的过程中还要注意正确处理好追求利益和遵守道义的关系,树立科学的义利观,做到义利兼顾。

(2) 义务履行中的道德规范

一是遵纪守法。法制存在几千年,有其客观性和必然性。时至今日,在以法制文明为主要特征的现代国度里,遵纪守法已经成为社会成员的普遍共识,高校教师也不例外,必须在履行社会服务的义务中做到学法、知法、懂法、守法、护法。二是承担责任。责任是伦理学中的一个基本问题。我们每个人都在社会上承担相应的责任。教师在社会服务中要勇于承担责任,这是与教师对社会应尽的道德义务相对应的,它强调教师在社会服务的过程中对人的价值的关注,对服务对象者、对环境、对社会公益事业的贡献,是教师能够意识到的可以自觉承担的道德义务。

(3) 奉献取向中的道德规范

一是造福人类。一直以来,人们都对利用科技造福人类寄予厚望。确实,科技为近现代的发展带来了无穷的力量。高校教师"服务"社会更要重视造福人类的价值。二是追求公益。"公益"即公共利益,指的是非私有性质的利益。高校教师社会服务的过程正是教师追求公共价值和公共利益的过程,因此,追求公益是高校教师社会服务不同于一般性服务活动的本质所在。三是维护正义。正义可以从两个视角来理解:作为公平、公正尺度的正义;与恶质性的、违背人类利益有关的狭义理解,指的是维护他人的社会的正当权益,并与一切有悖于社会公理的行为做斗争的精神。首先,高校教师在从事社会服务的过程中有深切的社会关怀;其次,高校教师在社会服务的过程中要有正义之勇;最后,高校教师在社会服务的过程中要有英勇之智。

237. 高校教师应如何处理好校内尽职与校外服务的关系?

(1) 以服务校内为主

高校教师服务社会并不是其校内的本职工作,其参与社会服务的程度也是有限的,不能与校内的教学科研发生冲突,不能因为社会服务影响校内正常的本职工作。如美国许多大学都对教师在校外从事社会服务有明确的规定,如斯坦福大学的政策就提到:"教员首要的职业效忠对象是学校。其时间和精力应首先承诺给学校的教育、科研和其他学术项目。全时任用要求教员有在校院里有效出勤的义务——应当可以被学生和工作人员找到,在职期间的任何时间应与斯坦福的同事保持互动。"对于校外的社会服务:"校外专业活动是一种特权而不是一种权利,必须保证不至于干扰教师对大学的全时义务。"面对社会转型和社会功利的诱惑,教师容易在社会服务过程中产生价值选择的偏差。如有的教师把大部分精力都投入到社会兼职,以至于无暇顾及学校安排的其他正常工作。因此,高校教师一定要分清主次,正确处理本职与兼职的关系,坚持以服务校内为主的原则,从事社会服务时,不影响学校正常的教学科研工作。

(2) 正确处理利益冲突

高校教师从事社会服务的过程中,可能会遇到个人私利与其所服务的学校的利益冲突。斯坦福大学对利益冲突是这样定义的:"在个人私利与其对于大学的职业义务之间存在某种分歧,以至于一个独立观察者会合乎情理地对该个人的职业行为或决定是否是出于个人经济或其他收益的考虑发生疑问的时候,利益冲突就产生了。"例如,有些教师利用学校的资源如实验设施从事其校外社会服务兼职所产生的产品的研究和升级,也有的教师利用校内团队共同研发的产品在校外从事营利活动,还有的教师利用自己在学校实验室研发的专利与校外企业合资开办属于自己的企业等,这些都会使教师个人的经济收益产生疑问,产生利益冲突。这就要求教师要严格规范自己的行为,正确处理利益冲突。

238. 什么是高校教师的人际交往,具有哪些特点?

高校教师,是在高等学校中从事教育教学工作的专业人员,是直接与各教育相关群体接触的独立个体。在教育的过程中,教师既需要掌握基本的交往道德规范,又需要了解这一阶段各相关群体的特点,采取适当的调整,作出合乎情理的道德选择,实现顺畅的人际交往,为教育意义的产生提供可能。高校教师人际交往具有教育性、规范性和复杂性的特点。

第一,教育性:高校是为社会教育、培养有用人才的地方,高校的各项工作、各个活动、各种设施都对学生产生着相应的教育作用。作为高校精神活动重要方面的人际关系,当然也具有明显的教育作用。高校人际关系的教育性往往是潜移默化、直接作用于学生的,良好的人际关系,必然带来良好的教育成果。同时,人际交往也是一种重要的教育手段,教师通过与学生展开心灵上的沟通,可以更顺畅地开展教育活动,有利于教育目的的实现。

第二,规范性:高校由于其特殊的地位,与社会其他领域相比,其人际交往显得更为规范。在高校中对教师的人际交往都有明确的道德规范要求,作为一名教师必须谨记并遵守这些道德规范要求,并在行动中进行实践。

第三,复杂性:高校由于其职能的复合性和多样性,决定了高校教师人际交往的复杂性。高校教师既需要像中小学教师一样,处理好教育教学过程中的人际交往,还要处理好科研、服务中的人际关系。高校的机构设置更为复杂,人际关系自然变得更加复杂,因此,对于高校教师而言,就需要更为适合高校实情的道德规范作为指导,以应对复杂的人际交往。

239. 高校教师的人际交往分为哪些类型?

教师人际交往不能一概而论,它可以分成多种不同的类型。根据划分标准的不同,教师人际交往有多种分类方式,例如按照交往发生的关联性可以分为直接交往和间接交往,按照心理距离的不同分为同事型交往、朋友型和知己型交往,按照内在性质的不同分为选择型交往、公务型交往和集体型交往等等。按照交往主体的不同,我们将教师人际交往划分为教师与学生之间的交往、教师与教师之间的交往、教师与学校领导之间的交往以及教师与社会之间的交往四种类型。

240. 高校教师人际交往的重要性何在？

（1）高校教师在人际交往中实现职业目的

每一种职业都具有其特定的目的,有这一职业所赋予的职责。教师这一职业,被赋予的最重要、最根本的职责就是教书育人,因此作为一名高校教师,首先必须肩负起用教育来促进学生成长,为社会培养造就更多人才的职业目的。教育目的的实现离不开人际交往的开展,尤其是教师与学生之间的交往的开展。教育从某种意义上说起源于交往,交往是教育的存在方式。教育中的人际交往,不是那种定位于制度化教育中静态的师生关系,而应是生活世界中的交往,在这一层面上,更为关注的是教育的生活意义,是每个人从和别人共同生活中得到的教育。因此,教师在同学生的交往中可以更好地实现其教书育人之目的。

对于高校教师而言,在完成教书育人的职责的同时,还要搞好学术研究。要更好地实现这一职业目的,同样也离不开良好的人际交往。在学术研究中,高校教师无论是同一学科的,还是不同学科的,不论是同一学校的,还是不同学校的,在交往中,都需要相互学习,用一种开放的心态去对待他人的研究,用道德的行为去与学术同仁交往,这样才能有利于创造良好的学术环境,促进学术研究的发展。

（2）高校教师在人际交往中获得职业幸福

高校教师的人际交往还关系到教师幸福的获得,对于推进和改善教师职业生涯具有重要作用。每个人对幸福都有不同的认识,对于一名教师而言,幸福更多的是能够在教育的过程中获得成就感,是教师通过艰辛的创造型劳动,把学生培养成才后,因目标和理想的现实而在心理和精神上感受到的一种满足。教师的幸福根植于美好的师生情感中,然而,这种美好的情感不是学生赐予的,也不是自然生成的,而是教师在教育劳动中创造出来的。当教师把学生视为自己的儿女、兄弟、姐妹,给予无私的爱的时候,学生会把老师看作是自己的亲人,由衷地尊敬和爱戴,并且在长期的共同生活中,彼此建立起深厚的、纯真的、美好的情感,这是心与心的碰撞、心对心的交流。这份情感是无价的,能感受和享受这份情感是教师的职业生活幸福。物质生活的满足是幸福之必需的,但并不是幸福的唯一内容,也不能等同于幸福,对于高校教师而言,幸福更多地来自精神上的满足。高校教师的职业幸福除了来自教书育人的过程,还来自学术科研与服务使命的完成。因此,高校教师只有在与学生、与家长、与学校领导和同事以及与社会交往中,具备高尚的道德,实现良好的交往,才能创造和谐的工作环境,才能更好地完成教书育人、学术科研和服务社会的任务,以获得更多的职业幸福。

241. 高校教师的人际交往与职业生涯是怎样的关系?

高校教师的人际交往可以推进其职业的发展,这体现在两个方面:

第一,高校教师通过人际交往可以促进学校和社会风气的净化,为职业发展创造有利的环境。校园风气是一所学校的主流价值观的体现,是被这所学校的内部各主体所普遍接受的信仰和理念。它作为一种隐形的存在影响着各成员的思想和行为,无法被具体感知,但却渗透于学校的各个层面,对于一所学校的长远发展发挥着决定性作用。高校处于学校教育金字塔的顶端,因此,其学风的好坏,对于整个教育系统的风气有着重要影响。高校教师作为高校内部活动的主体之一,既被校园风气所感染,又在工作、生活的点滴中,影响校园风气的变化。这种变化是不确定的,有可能向着更好、更纯净的方向改变,但也有可能向着背离价值准则的不良方向退化。高校教师在人际交往中追求什么、尊崇什么将直接决定校园风气的主流方向。对于一所高校而言,是追求名利,还是崇尚学术,是以权为贵,还是以德为重,都是这所高校校风的体现,而这些正是建构于高校教师的人际交往之中的。高校教师能否获得对职业发展更为有利的环境取决于高校教师自身在人际交往中的建构与发展。因此,高校教师只有在人际交往中遵守职业道德,才能为自己提供更好地发展环境。

高校教师还可以通过人际交往为社会风气的净化作出贡献。社会风气是学校风气的上位概念,学校作为社会的有机组成部分,其风气的形成离不开社会风气的渗透影响,但对于社会风气而言,学校也并非无所作为,尤其是高等学校,它对于社会风气的净化是大有可为的。高校教师人际交往的教育性与深远性在这里得到了最好的体现。高等学校的学习是一个人的人生观、价值观、世界观建构的关键时期,而高校所培养的人才成为社会中坚力量的概率在各类教育中是最大的,高等教育培育造就的人才的价值选择将决定未来社会主流价值观的走向,即决定社会风气的方向。因此,每一名高校教师必须对学生负责,对社会的未来负责。教师通过自己在人际关系交往中所具备的道德修养,给予学生以道德的示范与感化,帮助他们树立正确的道德观,从而为社会风气的净化贡献力量。

第二,高校教师通过人际交往可以获得更多的社会认可,为教师职业赢得更大的发展空间。高校教师由于其职业的特殊性,在社会中扮演着特殊的角色。他们既肩负着教书育人的责任,同时也兼具学术研究与服务社会的义务。高校教师用高尚的道德情操,一方面潜心致力于学术研究,淡泊名利,将自己的聪明才智用于人类科技、文化事业的进步之中;另一方面,要乐于并善于走出象牙塔,走向实践,面向社会需要,做好社会建设的"后勤兵"。在这其中的人际交往活动中,高校教师高尚的道德修养,会为教师职业赢得更多的社会尊重,使教师获得更高的社会地位,树立社会大众对教师职业的信心,从而更乐于与教师进行合作,为高校教师各项活动的开展提供便利条件,推动高等教育事业的发展。

242. 高校教师在与学生、同事、领导及社会的交往中,应遵循哪些道德规范?

(1) 高校教师与学生之间交往的道德规范

一是尊重信任学生。在教师与学生的交往中,教师要尊重学生。教师信任学生,就要相信学生有上进的愿望,有改正缺点的勇气和能力,有巨大的潜能,要给在某些方面暂时落后的学生以鼓励和希望,帮助他们更好成长。

二是理解接纳学生。要理解接纳学生,教师要有一颗宽容的心。宽容是教师之爱的一种重要体现。

三是严格要求学生。教师必须严格要求学生,才能对学生的成长、成才起到很好的推动促进作用。

四是公正对待学生。高校教师能否公正地对待学生,对于学生的成长具有重要意义。

(2) 高校教师与教师之间交往的道德规范

一是融于集体，荣在集体。集体对于个体而言，是不可或缺的。教师不仅是以个人职业能力在从事教育工作，更是在集体合力的助推下来开展各项工作的。

二是尊重互敬，平等互谅。教师集体具有共同的目的和利益，形成良好的教师人际交往关系，必须遵守一些交往的具体准则，其中尊重互敬、平等互谅是首先要做到的。

三是取长补短，竞争共进。教师之间的个体差异决定了不同的教师具有各自不同的优势和劣势，而此时教师之间的取长补短、竞争共进显得尤为重要。

(3) 高校教师与领导之间交往的道德规范

一是服从支持领导。高校领导集体应能够掌握全局工作，他们的权威既是国家权力赋予的，又需要全体教师的服从支持。

二是理解支持领导。由于各种原因，学校领导和教师个体及集体进行交往的过程中，总会存在一些隔阂，这是不可避免的。只要能够理解支持，这些隔阂并非不可消除。

三是配合协助领导。服从支持与尊重理解是高校教师心理情感层面与高校领导交往的职业道德规范，而配合协助则为二者在实际行动中的体现。

(4) 高校教师与社会交往的道德规范

一是在与家长交往时，教师必须以关心学生为本，以尊重家长为怀，要学会与学生的家长真诚交流，通过学生家长了解学生，以便更好地因材施教，履行好自己作为教师的职责和义务。

二是处理好与其他高校教师的关系。在与其他高校教师的学术交往和专业交流的过程中，教师要保持一种开放和宽容的心态，虚心学习并乐于接受其他高校和学术伙伴的意见，坦诚地展开讨论，以实现互通有无、互相学习、加强交流之目的，共同推动学术的繁荣、教师的专业成长和教育事业的发展。

三是高校教师还需要学习与政府机关、企事业单位和其他社会服务部门以及非政府组织之间的友好交往，必须遵守尊重、理解和公正这三条基本原则。

243. 怎样理解高校教师人际交往的德性价值？

完整的教师伦理学应该既包括教师规范伦理学又包括教师美德伦理学，其中美德也就是我们所说的德性。教师德性伦理是教师个体对职业生命道德意义的内化、表达和张扬。德性是教师自我追求的道德，是教师开展教育性活动的动力，在教师人际交往道德中具有主体性的价值和意义。在人际交往中，德性的价值就在于造就了道德性的个体，使教师个人在人际交往中表现自己的优秀品质，合于德性的生活，使教师个人的生命得到完善，生命的张力得到激发，获得生命的意义，使个人的灵魂得到安宁，感受到真正的幸福。相反，没有德性，就没有主体的主动性的交往；没有德性，教师也无法在交往过程中收获幸福。因此，德性应成为高校教师人际交往中的基本道德追求。

244. 为什么说高校教师职业道德修养是高校教师职业美德生成的方法？

美德是一个伦理学范畴，它是指个人内在德性的完成或完善。从伦理学角度而言，人之所以为人，是因为他具有一种使其成为人的"德性"，同理，人之所以为师，是因为他有一种使其成为教师的"德性"，它蕴涵着教师理应有的师德。教师德性的养成不仅依赖于制度化的道德教育，更离不开生活化的师德修养。

道德教育仅为美德生成提供外在、客观的尺度。现代社会是一个被不同的文化、哲学与道德理论裂变分化的多元社会，当它处在一个道德规范体系不完善的特定时期，道德修养的多元化会导致人们在道德选择上出现困惑。而合理、科学的道德教育是国家、社会按照一定的道德原则、道德规范和道德要求，有目的、有计划、有组织地对人们施加系统道德影响的活动，它能积极引导道德主体美德生成的方向，能有力促成社会的和谐秩序。高校教师在制度化职业道德教育中，能全面掌握职业道德中的"应然"，明确职业美德修养的客观尺度和准绳。

道德修养是道德教育奏效的关键，是美德生成的必要途径。道德修养之所以关键，是因为没有修养的主观努力，道德教育只能起到使个体社会化的作用，无法使道德规范内化为个体美德。而个体美德的生成依赖于道德主体不断地从道德规范、原则和要求中汲取精神营养,追寻本职工作的社会价值,从而习得使之为师的德性。一个人如果想得到道德的享受,那他必须是一个有道德修养的、且修养境界较高的人。

245. 高校教师职业道德修养的方法和途径有哪些?

(1) 致知与践履

致知和践履相结合是师德修养的根本途径。美德修养离不开道德认识和实践,前者可称为致知,后者称为践履。

① 致知——学习

教师职业道德修养是一种理智的、自觉的活动,是一种改造自身主观世界的活动,单凭个人良心发现不能彻底修身,它依赖于科学理论、知识的引导。

首先,高校教师应深入研习马克思主义基本理论和中国各个时期的先进理论、思想,它们是教师师德修养的理论基础和理论依据。

其次,高校教师应全面掌握教师职业道德理论。仅了解马克思主义基本理论不能解决师德修养中所遇到的具体问题,需依托于教师职业道德理论来完成。

再次,高校教师应努力学习国内外教育科学理论。教育科学理论是人类长期教育教学实践经验的概括与总结,它反映着教育教学过程的客观规律。研习和掌握国内外教育科学理论促使教师进一步明晰教育的本质、目的和规律,树立正确的教育教学理念,克服教学实践中的盲目性。

最后,高校教师应不断汲取科学文化知识。不断汲取科学文化知识有利于教师正确理解同一时期的行为道德意义,增强教师辨别善恶的能力。

② 践履——实践

高校教师要达到崇高的职业道德境界,仅凭一般道德理论知识的习得无法实现,它依赖于道德实践的转化。

首先,马克思主义认识论指明实践是认识的起点和归宿。外在客观的科学理论、师德规范、科学文化知识的内化是在教师职业实践中完成的,亦为进一步的教师职业实践指明方向。

其次,麦金太尔阐明德性是一种与实践密不可分的获得性品质。任何道德品质并非天生,它是个体收获的对实践而言的内在利益。

最后,东京大学佐藤学教授提出在教师专业领域存在一种固有的"实践性知识"。所谓实践性知识,是教师在职业实践中内化的处理具体教育情境和教学实践的能力,它的独创性、生成性和内隐性决定难以通过间接途径获得,只能在具体的职业实践中习得和发展。

(2) 内省与慎独

内省和慎独被视为中国传统道德修养中的精髓,是个体自我修养的两个彼此联系、相互作用、不可偏废的方法。

① 内省

所谓内省是指道德主体对自身言行举止进行立时回忆,检查是否合乎道德并及时给与改正。内省是一种道德修养态度,亦为一种具体的道德修养方法。个体道德观的差异性和人之为师的实践智慧呼吁教师"日三省其身",以教师职业道德规范、原则和要求为依据反省其思想和行为,对不合乎道德的思想和行为给予及时的转变和纠正。

内省实质上是一种有益的思维活动,它一方面对个体自身的正确行为予以肯定,不断积累经验;另一方面又找出与规范、要求不吻合的行为,给予自我批评和指正。

② 慎独

"慎独"一词意思是最隐蔽、显微的事情,最能显现出一个人的本质和灵魂,真正品德高尚的人在独处、无人监督时,也小心谨慎,不做不道德的事情。

慎独是教师职业道德修养的有效方法之一。这首先是由教师这门职业的特征决定的。教师所从事的劳动大部分是个体性劳动,具有隐蔽性。这种个体性劳动要求教师在"隐"和"微"的地方苦下功夫。其次是由教师职业修养目标决定的。教师职业道德修养的直接目标是把客观的师德规范内化为教师的内在信念,并用这种内在信念来指导和支配自己的思想和言行。

高校教师要做到慎独,应从微、隐、恒三个方面下功夫。首先,高校教师对自己的小过错,切莫"因恶小而为之,因善小而不为",应经常反省自己的每一个不得体的动作、言语对周边人的影响。其次,在周边人未察觉的情况下,对自己思想深处的不良动机也不能姑息迁就。最后,慎独是一种具体的修养方法,亦是修养的至高境界,它是高校教师长期、持续修养的结果,教师在职业道德修养中应保持恒心,方可提升其修养境界。

246. 何谓高校教师职业美德修养的工夫?

工夫包含两部分。一是对宇宙人生的"觉解"。觉解是指个体自觉了解自身的行为目的。人之所以有觉解,是因为有心,而觉解程度不同的个体,将达致不同层次的境界。对人生有完全的觉解是知性,对宇宙有完全的觉解是知天,知性可达致道德境界,知天则可达致天地境界。二是"敬与集义"。对宇宙、人生的觉解,虽可达致道德、天地境界,但想永久处于此境界,必须耗费另一番工夫,即"敬与集义"。"敬"即"常注意",使个体勿忘所处境界的行为目的。人对宇宙人生的觉解,非一蹴而就,而是循序渐进。今日格一物,明日格一物,今日有得,即用敬守之,明日亦有得,又用敬守之,如此稳打稳扎,最后才能常住于天地境界。而"集义"是指在实践中按所处境界之觉解行事。

高校教师培养职业道德修养,旨在获得高尚师德、达致崇高师德境界。借鉴冯友兰的工夫说,高校教师若期盼早日达致较高职业道德修养境界并长期处于此种境界,应在致知中获得某种觉解,以"敬"守之,坚持在教育教学实践、社会实践中以此觉解行动。

247. 高校教师职业美德工夫"觉解"要经历哪几个不同的阶段?

高校教师职业美德工夫"觉解"是指个体自觉了解自身的行为目的,按照柯尔伯格的道德发展理论,高校教师职业美德工夫"觉解"也是一个由道德认识、道德情感、道德意志到道德行为觉解程度不断深入的过程。

第一阶段是形成正确的职业道德认识,既认识到教师职业的平凡性、伟大性,又领悟到高校教师职业独特的教育性、专业性和服务性。

第二阶段是陶冶炽热的职业道德情感,不断培育热爱学生,钟爱本职工作的职业道德情感。

第三阶段是磨炼坚忍的职业道德意志,不断从勇敢、自制力、果断性和坚持性等几个方面磨炼自身职业道德意志。

第四阶段是强化规范的职业道德行为,不断强化教师责任感,规范自身的行为。

248. 高校教师在市场化条件下应遵循哪些师德规范?

高等学校是知识创造的摇篮,创造知识的主体则是高校教师。高校组织的伦理性和公益性决定了高校教师不应该让功利化倾向、物质利益占据上风,从而背离自己的职业道德进行一些权钱交易,而应该追求作为一名高校教师道德的"应然"境界,以恪守高校教师应有的公益性和人道主义的职业道德原则,主要有三个方面:

一是克服功利倾向,恪守公益原则。不能以从事经济活动的心理来从事教育活动;要具有崇高的道德境界、强烈的社会责任感和耐得住清贫的情操和毅力,以三尺讲台为神圣光荣;在得到额外的课时费、课题费、创收费、各种津贴后,要依法纳税,自觉维护国家的经济秩序,遵守国家的经济法则。

二是转变传统角色,树立服务意识。自由交易关系出现在高等教育领域后,学生从教育对象转变为服务对象和教育消费者,学校成为教育服务提供者,作为学校代理人的高校教师,必须树立服务的理念,包括为学生的服务和为教育的服务。高校教师要从以自己的主观愿望出发转变为以学生的客观需要出发,帮助学生认识到不该做什么以及如何达成目标,成为学生学习的辅助者与引导者。随时随地观察和了解学生的动态,在学生遇到困难时,伸出援助之手。

三是树立竞争观念,发扬合作精神。当市场因素介入教育领域后,高校教师树立平等竞争的观念,发扬互助合作的精神就显得尤为重要。作为高校教师个体,要具有自我管理、自我发展和参与市场竞争的能力,同时作为高校团队组织的成员,还需要互助合作,以形成教育的合力。

总之,作为一名教育服务提供者的高校教师,必须树立平等竞争意识,发扬互助合作精神,发挥个人智慧和能力,以应对市场经济对高等教育的挑战。

249. 怎样理解国际化背景下高校教师角色的嬗变?

高等教育国际化以创新型的素质教育为载体、以国际化的教育理念和教学

方法为手段、以培养国际水平的人才为最终目标,因此高校教师角色发生了不可避免的嬗变,主要体现在三个方面:

一是由知识学习的命令者转变为未来生活的设计者。高等教育的国际化要求高校教师要有全新的教育理念,教师的学习范围必须不断扩大,以至于扩展到社会生活的各个方面,不再把学生的学习仅仅看作生活的一个先行的阶段性准备,而是看成生活的一部分。因此,高校教师应该不再扮演知识学习命令者的角色,而应努力成为学生未来生活的设计者。

二是由文化知识的传授者转变为知识体系的建构者。随着多媒体和网络技术在学校教育中的应用与发展,高效教师已不再是"讲坛上的圣人",不再是"先学先知"之师和权威的信息传播者。网络信息源为学生提供了获取知识的广泛途径,高校教师的教学方法必须由传统的单向灌输转变为双向建构,突出认知主体在建构中的作用,推进学生不断去开拓创新,发展自己,担当起学习促进者的角色,不断帮助学生构建知识体系。

三是由知识的权威转变为具有创新精神的良师益友。知识经济是创新型经济,国际化的高等教育要将学生培养成为具有创新能力的人才,不仅要求高等教师具有高尚的道德品质、渊博的专业知识、优秀的人格魅力,而且要求高校教师富有创新精神,善于构建创新的自由空间,能够借助以培养创新思维为核心的高超教育教学能力和艺术,感染和推动学生形成和发展创新的思维和能力。

250. 高校教师在国际化背景下应遵循哪些师德规范?

高等教育国际化是经济发展、文化沟通、信息交流技术发展、留学生市场利益驱动的必然结果,使我国高等教育的教育理念、培养目标、教育内容、教育合作、教育资源国际化,呈现开放性、民族性等特点。在这种背景下,对高校教师的职业道德修养提出了更高的要求,除遵守基本职业道德规范外,还要求做到以下几点:

(1) 遵守政治纪律,坚持四项基本原则

自觉加强政治理论学习,在教书育人过程中,自觉遵守政治纪律,坚持四项基本原则,坚持社会主义核心价值观和道德观,坚持科学发展观,坚持对学生进行社会主义、爱国主义和民族精神的教育。既要积极参与经济全球化和科技全球化的竞争，又要坚决抵制和反对某些西方大国企图利用经济全球化实现全球政治一体化的图谋，把高校学生培养成可靠的社会主义事业的建设者和接班人。

(2) 更新传统教育理念，吸收国际先进文化

一是更新传统教育理念，创造与时俱进的教育思想、教育内容和教育方法。二是在发扬我国优良传统文化的基础上，吸收国际先进文化。

(3) 增强教学反思能力，培养自主创新精神

在高等教育国际化进程中，高校教师更应加强自己的反思能力，根据本国文化背景、民族传统和经济基础形成自己独特的思维，培养自主创新能力。

251. 高等教育大众化对高校教师提出了哪些新的师德要求？

高等教育大众化是一个国家经济、文化发展的必然产物，是社会现代化的标志，也是高等教育现代化的基本特征之一。高等教育大众化要求高校教师不断提高自身的职业道德修养，在教学过程中，充分尊重学生民主权利，贯彻公平公正的原则；要关注学生个体差异，因材施教、诲人不倦；要高度重视学生的自主发展，培养学生的主体精神，从而使学生达到对教育教学意义的理解、生成和提升。

(1) 尊重学生的民主权利，贯彻公正公平原则

尊重学生的民主权利是教师公正公平的重要表现，坚持公平公正是教师最基本的道德要求。高等教育大众化的核心内涵是教育民主化，民主化的教育要求建立民主的师生关系。

(2) 关注学生个体差异，因材施教、诲人不倦

高校教师在教学原则和教学方法上，需要充分关注学生的个体差异，根据学生的差异性和多样化，有针对性地进行教育，根据不同的人给予不同的教导，做到真正的长善救失、因材施教；对学生要有足够的耐心、信心和爱心，不管学生求教多少遍，都要孜孜不倦，认认真真地教导他们，真正做到诲人不倦。

(3) 重视学生自主发展，培养学生主体精神

一是由重视知识的教授转变为重视能力的培养；二是不仅关注"教什么"，

更重视"如何教"。

252. 大学本科教学中常见的问题及对策有哪些？

大学本科教育是高等教育体系的基础层次的教育体系，它注重学生知识、能力、素质等各方面的培养，不仅为更高层次的教育机构输送优秀生源，而且为社会发展提供优秀的专门人才。

(1) **本科生教学中常见问题**

① 教学内容知识面狭窄

本科生的学习过程基本还是围绕一个教师、一本教科书。由于单个教师知识往往有限，单本教科书的教学内容也有限，常常出现学科教学内容的知识面狭窄的问题。

② 教学内容陈旧

一些高校没有结合学科发展及时更新教学内容，使用的教材内容陈旧，有的甚至使用多年没有任何更新。

③ 教学理念落后

仍然有一些教师只重视知识的积累而忽视知识的实际运用，忽视学生各方面能力的培养。

④ 教学方法不科学

一些教师在教学过程中不考虑学习心理规律，存在满堂灌现象，留给学生的思考与消化的时间太少，导致学生学习兴趣下降，教学效果较差。

(2) **本科生教学中存在问题的解决对策**

① 教师应当不断更新、丰富自己的相关知识

作为一名大学教师，学术修养是终生的任务，要形成良好的读书和学习的习惯，关注有关学科的新的进展。

② 转变教学思想，更新教学观念

改变过去以教师为中心、以教科书为中心的传统教学理念，坚持以学生为中心、以教师为主导的新的教学理念。

③ 改进教学方法，优化教学手段

教师应当根据课程的特点以及学生的情况，选取合适的教学方法。

253. 在教学大纲和教科书编制过程中，需要遵循哪些原则？

(1) **教学大纲要符合课程计划的要求**

课程计划是关于某专业的全部课程的整体规划，教学大纲则是关于某一门具体课程的实施方案。因此，教学大纲要符合课程计划的要求。

① 教学大纲要符合培养目标的要求，以保证人才培养的基本规格。

② 在教学内容的选择上，应当保持该课程科学体系自身的完整性和系统性。

③ 要注意与课程计划中有关课程的配合，处理好先行课程、平行课程和后继课程的关系，做到既相互衔接，又避免重复。

(2) **坚持科学性与思想性**

一方面要注意有关具体结论和方法必须是科学的和可靠的，另一方面要注意思维方式和哲学观点的正确性。

① 教学内容应当以成熟的知识为主，在选择成熟知识时，应注意排除陈旧繁琐的东西，及时增加可靠的新成果。

② 必须以辩证唯物主义为指导，对各种非唯物主义的学术观点，如有必要介绍，也要以正确的立场、观点和方法进行分析，帮助学生提高判断能力。

(3) **理论与实际相统一**

教学大纲与教科书编写应当遵循理论联系实际的原则，做到理论与实践、知识与技能、观点与材料的统一，实现学懂会用、学以致用。在教学大纲中，根据需要安排一定比重的实验、学习和实践环节，并规定具体要求。教科书要以材料论证观点，以观点统率材料。

(4) **科学体系与教学法要求相统一**

每门科学都有其自身的系统性，编排每门学科的教学内容时必须符合相应的科学体系，否则容易造成学生所学知识的片面性。大纲和教材应结合专业需要和教学法要求，建立严谨的课程体系。在具体课程的内容结构上，要按照学生接受知识的规律，由易到难、由繁到简，循序渐进地编排内容。同时，精简与培养目标关系不大的内容，对于特别艰深的要在基础课中限定深度或移到专业课程中展开。

(5) 少而精的原则

在贯彻少而精原则时,要注意控制分量,精选内容,着重处理好提高教学质量、完成教学任务与学生实际接受能力之间的关系。

(6) 教科书的形式要有利于学习

教科书的内容结构要层次分明,语言叙述要简练、准确、生动、流畅,逻辑严明、详细得当,标题和论点要鲜明醒目,字体大小要适宜,封面、图标、插图要美观清晰。总之,要符合卫生学、心理学、教育学和美学的要求,成为帮助学生学习的有力工具。

254. 课堂教学的语言信息是如何传递的？

语言是主要的教育信息形式,它在教育过程中应用得最为广泛。在教育过程中,对语言的要求如下:

① 规范:语言在语音、语法、修辞、写法等方面有通用的规则和标准,这就是语言的规范。

② 简明:简明的语言一方面可以提高教师传递知识的效率,另一方面可以节约学生接受知识的时间。

③ 语音清楚:在讲课时,教师应该使用普通话,发音正确,音量和音速适中。

④ 语调节奏优美:讲话时声音节奏要有高低起伏的变化。

⑤ 生动:指在表达教育内容时,尽可能选择有表达力、感染力的语句。

255. 课堂教学的符号信息是如何传递的？

符号就是人们在意识交流时所采用的信息的抽象形式,文字、数字、口语等实际上都是符号。在使用时要注意以下几点:

① 规范:使用的符号要准确,讲究规范。

② 简明:符号使用的目的是使信息形式简单化,使用的符号要少而精。

③ 系统:在教学过程中,符号与符号之间要相互配合,从整体上提高教学效率。

④ 清晰:符号的视觉形式要醒目、有规则、美观,即笔记清楚、排列整齐、大

小适中,使学生一目了然,留下鲜明深刻印象。

256. 什么是案例教学法,有哪些步骤?

案例教学是一种通过模拟或者重现现实生活中的一些场景,让学生把自己纳入案例场景,通过讨论或者研讨来进行学习的一种教学方法,主要用在管理学、法学等学科。教学中既可以通过分析、比较,研究各种成功的和失败的管理经验,从中抽象出某些一般性的管理结论或管理原理,也可以让学生通过自己的思考或者他人的思考来拓宽自己的视野,从而丰富自己的知识。

案例教学法起源于20世纪20年代的美国哈佛商学院,它的实施分为四个步骤:

第一,组织准备。教师根据教学内容,结合学生的基本情况对学生进行分组,对该案例分析的重点、难点作简要概述,并指出应准备的相关资料和需要注意的问题。

第二,组内分析与讨论。各小组成员根据搜集的资料进行具体分析、讨论,得出结论。然后小组选出代表进行发言。

第三,组间分析与讨论。各小组的发言人对本组的观点、结论进行阐述,然后小组之间在教师的指导下进行分析、讨论。

第四,总结讲评。教师对讨论情况进行总结和讲评。需要注意的是,教师不应简单地判断谁对谁错,而是应该对学生分析问题的思路进行点评,让学生在分析能力和解决问题方面有所提高。

257. 案例教学法有哪些优点?

案例教学法在实施中,可以选取实证性、分析性、模拟性和调研性的案例来进行分组讨论。通过案例和讨论,做到:

① 生动直观,激发学生的学习兴趣,提高学习的主动性。
② 有助于学生将理论知识转变为实践技能。
③ 能够培养和强化团队合作意识。
④ 能够培养学生发现问题、分析问题和解决问题的能力。

这些都使得案例教学法具有以下优点：

一是鼓励学员独立思考。传统的教学只告诉学生怎么去做，其内容在实践中可能不实用，且非常乏味无趣，在一定程度上损害了学生的积极性和学习效果。但在案例教学中没人会告诉学生应该怎么办，而是要自己去思考、去创造，使得枯燥乏味变得生动活泼，而且案例教学的最后阶段，每位学生都要就自己和他人的方案发表见解。通过这种经验的交流，既可取长补短、促进人际交往能力的提高，也可起到一种激励的效果。一两次技不如人还情有可原，长期落后者，必有奋发向上、超越他人的内动力，从而积极进取、刻苦学习。

二是引导学员变注重知识为注重能力。现在的管理者都知道知识不等于能力，知识应该转化为能力。管理的本身是重实践重效益的，学生一味地学习书本的死知识而忽视实际能力的培养，不仅对自身的发展造成障碍，其所在的企业也不会直接受益。案例教学正是为此而产生、发展的。

三是重视双向交流。传统的教学方法是老师讲、学生听，听没听、听懂多少，要到最后的测试时才知道，而且学到的都是死知识。在案例教学中，学生拿到案例后，先要进行消化，然后查阅各种他认为必要的理论知识。这无形中加深了对知识的理解，而且是主动进行的。捕捉到这些理论知识后，他还要经过缜密思考，提出解决问题的方案，这一步应视为能力上的升华。同时，他给出答案也要求教师随时加以引导，这也促使教师加深思考，根据不同学生的不同理解补充新的教学内容。双向的教学形式对教师也提出了更高的要求。

258. 任务教学法和项目教学法二者有哪些相同点与不同点？

任务教学法和项目教学法二者之间既有相同点也有不同点。

从概念上来说两者是不同的。任务教学法是指将教学内容设计成一个或多个具体任务，在教师的指导下，学生以任务为驱动，通过完成任务，来培养发现、分析和解决问题的能力，培养独立探索能力与团队合作精神的一种教学方法。项目教学法是指将内容设计为一个完整的项目，在教师的指导下，学生以小组协作方式制订计划，团队协作完成整个项目，从而达到学习知识，培养分析和解决问题的能力以及培养团队合作精神的目的。

但是，从概念上我们可以明显看出二者之间也有相同之处。第一，它们都是教学方法中的两种不同类型的具体教学方法,都是教学方法的具体体现。第二,两个方法都是在教师的指导下,引导学生完成教学内容的过程,其基本流程和理念是相同的。

二者的不同点主要表现在以下几个方面:

一是开放性。与任务教学法相比,项目教学法的突出特点是开放性,即学生完成项目的过程中,可以自由探讨完成项目的各种方式、方法,学生有广阔的发挥空间。因此,在项目教学法的教学过程中,往往更需要学生发挥自主性。

二是综合性。在任务教学中,任务的内容往往比较单一,而在项目教学中,项目的内容往往比较综合和完整。学生完成项目常常需要运用许多学科和专业的知识,也更需要学生具有相应的多方面的能力。因此,项目教学法对学习的培养是多方面的,包括学习能力、解决问题的能力和团队合作的能力。

三是实践性。任务教学中的任务设计往往注重学科内容,而项目设计则更加注重社会需求,因此,项目教学的内容往往更具实用性。

259. 如何理解大学生的科研素质?

形成科研能力所需要的大学生自身的基础素质,我们称之为科研素质。主要包括以下几个方面:

第一,高尚的学术道德。学术道德是指人们在科学研究活动中表现出来的道德水平。良好的学术道德主要体现在如下几个方面:一是坚持虚心态度和学习精神;二是淡泊名利,严谨治学。

第二,扎实的科研基础。首先,要有宽厚扎实的知识基础。其次,能够灵活运用科学研究方法、假说方法、分析与综合方法、归纳与演绎方法等。

第三,强烈的求知欲和坚强的意志。

第四,创新意识。科学研究的根本特征在于探索未知和创新。

第五,学会观察与思考。科学研究包括两类活动:一是观察,二是思考。观察是科学研究的开端,它为科学研究搜集经验和事实材料,通过观察客观事物的性质、状态、数量等特征积累资料。无论在观察、实验的过程中,还是形成假说的过程中,都离不开思维活动。可以说,创造性思考是科学家的基本功。

260. 为了有效地培养大学生的科研能力,教师应当具备哪些条件?

教师要培养大学生的科研能力,第一,自己应该具备必备的科研素质,至少应包括如下几点:

① 高尚的学术道德。坚持虚心态度和科学精神,淡泊名利,严谨治学,尊重他人的劳动成果。

② 扎实的科研基础。要有宽厚扎实的知识基础,能够灵活运用科学研究方法。

③ 强烈的求知欲和坚强的意志。必须具有坚韧不拔,百折不回的意志。

④ 创新意识。必须具有很强的创新意识,坚持独立思考,不人云亦云。

⑤ 学会观察和思考。无论在观察、实验的过程中,还是在形成假说的过程中,都离不开思维活动。

第二,教师应该培养大学生的自学能力。可以开设指导自学的课程或讲座,直接讲授自学方法;开设"导论类课程",提供自学方向;采用问题式、讨论式教学,激发求知欲;直接指定自学内容,定期检查自学结果。

第三,教师应该培养大学生获取信息的能力和创新能力。培养获取信息能力的方法有:提高学生的信息意识;让学生参与获取信息的实际工作,培养学生的动手能力;重视文献检索课;强化自身修养,提高抵御信息垃圾的能力。

261. 在高等学校,大学生参与科研项目的方式主要有哪些?

一是直接负责科研项目。这种方式需要由学生自己申请,负责规划组织研究队伍,亲自参与科学项目。比如,常常有一些组织向全社会定期进行科研项目招标,学生也可以参加投标。但是,由于承担科研项目需要一定的研究实力和研究基础,所以能够由学生独立承担的科研项目一般都是比较小(资金少、科研时间短、队伍人数少)的项目。这种方式对学生科研能力的培养是全面的,但要求学生有很强的独立工作的能力,一般只有高层次的学生,比如博士生,才能够以这种方式参与科学研究项目。

二是独立承担科研项目中的一定环节或一部分。科研项目往往由许多环节或者部分构成,比如文献调查、实际问题调查、分析讨论、研究成果的成文等。有时,学生可以承担一定的环节,比如文献调查就是学生经常参与的环节。学生以这种方式参与科研项目时,由于负责的工作范围较小,同时又有一定的独立性,所以容易完成,又能够锻炼独立工作的能力。

三是做导师的科研助手。如果学生与老师的关系比较密切和稳定,就可以以科研助手的方式参加科研项目。科研助手的工作一般随着科研项目的进程发生变化,学生能够参与科研的全部过程,但又不是完全独立的,许多工作都是在导师的指导下完成的。这种参与科研的方式,有助于学生了解科学研究的各个环节,并且有利于学生学习导师的治学态度,培养其科研道德。

在一些国家,担任导师的科研助手是研究生参与科学研究的主要方式。我国的一些大学也有导师如果没有科研项目就不能招收研究生的规定,其目的就是为了发挥科研项目在培养大学生科研能力方面的作用。

262. 大学生思想品德教育的方法有哪些?

(1) 说服教育

说服教育是指通过摆事实、讲道理的方式培养大学生的思想品德的方法。常用的形式有课堂讲授、报告、谈话、讨论等。教师要根据学生特点选择合适的方式进行教育。一般应注意以下几点:

① 以理服人。首先要把理讲透,说清;其次为了提高说服力,还要注意有关事实。

② 以情感人。"感人心者,莫先乎情。"教师掌握和正确运用"以情感人"原则是非常重要的。情感能够加强说服教育的感染力,能够改变枯燥说教现象,让学生在情感交流中潜移默化,让学生心情舒畅地提高思想认识。

③ 以表扬鼓励为主。一般来说,每个学生都有优点与不足。教师要及时发现学生的长处,加以鼓励,对学生的不足,也应当及时批评。但是,教师要注意说服教育给学生的印象,不要把说服教育变成"长官训话",要让学生在教师说服教育的过程中明确努力方向、坚定信心、立志成才。

(2) 典型示范

典型示范法是用先进的典型人物或典型集体的事例来教育学生的方法。这种方法的原理主要是通过典型人物或事例把政治思想和道德规范具体化和目标化,从而为学生提供形象生动的思想品德教育。

教师在运用典型示范法时,要注意如下几点:

① 善于发现和培养典型。运用典型示范法的关键是要有好的典型。因此,教师要善于发现和树立典型。

② 通过宣传典型来培养大学生思想品德。为了使典型起到良好的教育作用,教师要注意适当地宣传典型。在宣传典型的过程中,要注意实事求是,这是使大家认同典型、发挥典型的正面作用的重要条件。

(3) 行为实践

行为实践法是指教师通过指导学生参加各种实践活动来培养其思想品德和养成良好行为习惯的方法。行为实践法对于培养学生的良好道德行为的作用尤其明显。具体来说,行为实践法对大学生品德培养的作用主要表现在下面两个方面:第一,有利于把道德观念外化为道德行为。第二,有利于培养道德意志。

教师在指导学生进行行为实践时,需要注意如下几个问题:

① 行为实践是全方位的。在指导学生进行行为实践时,教师要注意行为实践的内容是多方面的:既包括课程计划中的各种实践活动,比如各种实习等,也包括课程计划以外的社会实践活动,比如学校组织的各种社会服务活动、课外实践性活动和社团活动等,还包括一些日常生活中的实践,比如要求学生在日常学习和生活中遵守规章制度等。因此,行为实践实际上是一种全方位的实践,掌握这一原则对提高行为实践培养学生思想品德的作用是非常重要的,不然就容易造成学生在一些场合表现很好,在另一些场合却表现不佳,反而导致学生出现虚假行为等不良现象。

② 指导行为实践是经常性的。行为实践对人的思想品德的培养作用,主要体现在贵在坚持上。因此,作为教师,要注意对学生行为实践指导的经常化,而不能松一阵紧一阵、时而指导时而放任。这样,就可以帮助学生在一贯的良好行为过程中提高道德行为能力,固化良好的行为习惯。反之,如果学生不同时间内分别表现出良好行为与不良行为,则不良行为就会冲淡良好行为对学生的

培养作用。

③ 要及时了解学生的行为状态。教师及时了解学生的行为状态是正确、及时地指导学生行为实践的前提。

④ 要注意自己的形象。人的行为有一定的模仿性。对于青年学生来说,行为的模仿性会表现得更为明显。"其身正,不令而行,其身不正,虽令不从。"因此,教师在指导学生的行为实践时,要十分注意自己的行为,注意通过自己的良好行为,为学生树立学习的榜样,同时,这还有助于树立教师的威信,提高学生对教师指导的接受程度。

(4) 情境熏陶

情境熏陶是指通过各种情境对学生进行积极的影响,潜移默化地培养学生的思想品德。生动性和间接性是情境熏陶法的重要特点。

运用情境熏陶法需要注意如下问题:

① 要选择和创造有利于学生身心发展的情境。情境可以分为两类:一是自然情境,这是物质环境信息所形成的,比如秀丽壮美的河山、优美的生活和学习环境等,良好的自然情境能够使人感受到自然的美好,从而产生心情愉快、精神振奋的作用。二是社会情境,这是人类行为信息所形成的,良好的社会情境能够使人感受到协作与友爱、公正与向上的气氛。

② 情境熏陶是长期过程。

③ 教师要注意自己的形象。

(5) 引导自省

引导自省是指学生在教师引导下对自己的言行进行反思,不断总结提高思想修养的方法。作为教师,在使用引导自省法时需要注意如下问题:

① 积极、正确地引导。

② 要使学生客观地认识事物。

③ 要培养学生的自控能力。

(6) 评价激励

评价激励是指通过对学生的思想品德表现进行评价来激励学生发展的方法。在进行品德评价时,要注意如下问题:

① 要注意评价的及时性和针对性。

② 要注意评价的深刻性。

③ 要帮助学生树立信心,深刻认识问题。
④ 要注意评价的全面性、准确性和公正性。
⑤ 要注意发挥学生互评和自我评价的作用。

263. 在德育过程中,教师应该怎样积极正确地引导学生?

(1) 要勇于打破常规思维,树立全新育才观

人们常说:"正人先正己。"这句话说得非常有道理。我们的一言一行在某种程度上都会对学生有一定的影响。所以,要教育好学生,就一定要先从自己身上下功夫。平时不仅要注意自己的所作所为,而且还要不断改进,争取在人格上对学生起到感召作用。第一,树立全新的育才观念。作为一名教师,一定要重视挖掘课本中现成的德育素材,让学生从课本中那些古今中外优秀人物的身上看到作为现代人应具有的人生观和世界观,以及自身肩负的对国家未来和民族命运的责任。第二,要有把课堂还给学生的想法。以往的课堂,都是教师教多少学生学多少,整个课堂完全由教师掌控。这样的课堂容易让学生感到乏味、枯燥,教师也会感到筋疲力尽。因此,我们教师一定要有一个比较深刻的认识,打造高效课堂,把课堂还给学生。第三,要有充实自我的教育观念。教师是课堂的主导,怎样在有限的时间内授予学生无限的知识?除了将目光延伸到课外乃至社会生活中,还需要充实自我,提高自身的修养。俗话说得好:"打铁还须自身硬。"只有不断地完善自己,才能在课堂上吸引、调动学生。

(2) 要有富于魅力的教师人格和自由的思想

"学高为师,身正为范。"教师作为德育的主导者,在教学中要把言传与身教结合起来。教师在教学中不仅要爱护学生、尊重学生,还要严格要求自己,认真教学,做好学生的道德模范。此外,教师还要在学生中树立积极健康的道德舆论导向,做学生的道德榜样。"近朱者赤,近墨者黑",久而久之,学生在一个良好环境中就会逐渐形成正确的道德观。教学的内容丰富多彩,其中既有古代的贤者、英雄,又有精妙绝伦的议论、描写,当然也有让我们感叹、愤慨不已的社会现实。在讲解的过程中,教师既要表达清楚作者的见解和态度,同时也要通过自己的情感态度激发学生,让他们学会正确地看待人生中的一切。比如当人生处于困境时,要坚强,不丧气、不退缩,勇往直前,永不放弃。

(3) 要有活水源头一样的知识

第一,要有用之不竭的学科知识。教学要保证质量,离不了教师的学科知识。教师只有不断地学习,给自己"充电",提高专业素养,才能在教学中解答学生的不同问题,也才能让学生心服口服地接受你在其他方面给以的启迪。所以,成功的教师一定有超群的学科专业知识,帮助学生掌握正确的学习方法,这既有利于学生专业知识的提高,又可以帮助学生塑造理想的人格,可谓一举两得。第二,要有丰富的社会知识。教师应该在教学中增加社会知识的含量,如涉及历史、法律、环保等方面的知识。新的时代有新的要求,所以,教学也要紧随时代的步伐,将课堂知识加以延伸,让学生提前了解社会、感受生活。

(4) 要善于营造轻松的课堂氛围

轻松的课堂氛围,可让我们的教学达到事半功倍的效果。当我们把课堂还给学生时,学生可以做自己的主人,自发地调动自己的知识储备。比如同一篇文章,可以"仁者见仁,智者见智";围绕同一话题,学生可以发表不相同甚至截然相反的看法;在此过程中,教师不仅要组织而且要适当地给予点拨和鼓励。而这一系列环节只有在轻松的课堂氛围中才能完成。在这样的环境中,教师的及时肯定不仅增强了学生的自信,而且让他们懂得了协作的重要。

21世纪是一个知识与品德并重的时代,所以教师除了授予知识之外,更要注重德育,使学生成为社会需要的人才。

264. 为什么遵循道德行为往往需要意志支持才能实现?

道德观是一种社会意识形态,是人们对于道德规范的认识。意志由人的意愿与毅力构成,是人们自觉地确定目的,有意识地根据目的支配、调节行动,克服困难,实现预期目的的心理过程。道德意志主要包括果断、独立、自控等品质。道德行为受道德观的影响,但是道德行为还需要意志的支持才能实现,具有良好的道德观不一定能够带来良好的道德行为。意志作为人自觉衡量和考虑实现目的并支配行动的心理过程,是人行动的内在决心,是一种在主观认知基础上,将自身目标贯彻其中的推动力。它不等于人的实际行动,但当其与现实的道德规范相连接时,道德才真正成为鲜活的内容。从道德认知走向道德行为,实现道德的知行合一需要知、情、意、行的配合一致,道德意志是其心理保障,是实现道德行为的动力。如果说道德情感是道德认知走向道德行为的激励因素,那么道德意志便是克服障碍并实现行为、从知到行的一个重要转化过程。

例如,目前社会上比较常见的婚外情问题。从道德观上来说,已婚成年人普遍认同忠贞、专一、诚实的婚姻道德观,也会希望自己的伴侣遵循这样的道德观。但如果没有意志的支持,当事人在面对诱惑的时候,很有可能会经不起考验,出现道德行为与道德观背道而驰的现象。

265. 大学生发展评估指标主要有哪几方面?

大学生发展评估就是根据培养目标,对学生德、智、体、美等方面的发展水平进行判断。评估的内容一般分为五个方面:①政治思想评价,主要看学生的政治思想、品德、态度、行为、情感等;②学力评价,即学习效果评价以及学习过程的诊断性评价;③智能评价,是通过智力测验或者考试,测评学生的学习成绩,供学生学业及就业参考;④体质健康评价,是对学生的身体发育、体力、精力、卫生习惯等作出评定;⑤个性发展评价,即对学生的兴趣、意志品质及个性特长的评价。

上述方面可以归纳为对大学生的品德、认知能力、心理素质、社会能力、身体素质五个方面的评估。

(1) 品德评估

道德品质是指一定社会道德原则和规范在个体思想和行为中表现出来的较为稳定的特征和倾向。个人的品德体现在他一系列的认识、情感和行为中,一般由四个方面构成:道德认识、道德情感、道德意志、道德行为。

(2) 认知能力评估

认知就是接受、加工、储存各种信息的过程,也是人脑对客观事物进行反映的活动过程。认知过程一般包括产生感觉、知觉、思维、记忆等活动。认知评估的内容主要包括:①评估注意的发展水平;②评估记忆的发展水平;③评估思维的发展水平。

认知能力的评估要依据一定的指标进行。认知能力的评估指标对应于认知的各个方面,一般指注意能力、观察能力、记忆能力、想象能力和思维能力等。具体方法一般涉及观察法、测试法、情景测验法等。

认知能力的评估过程一般为：首先，制定或者选择评估评价指标；其次，利用各种方法收集评价信息，比如观察、测试等；再次，判定评价对象达到评价标准的程度，给出测量结果；最后，依据需要对测量结果进行分析、综合，得出进一步结论。

（3）**心理素质评估**

心理素质是人对事物的反应与态度方面表现出来的品质。心理素质的评价方法有心理测量和日常观察两类。常见的心理测量有智力测验、性格测验、操作灵敏度测验、品格测验、能力测验等。心理素质评价的内容比较多，主要包含情绪和意志等方面。

（4）**社会能力评估**

社会能力一般包括社交能力、协作能力、组织与领导能力、审美能力等。一般地说，社会能力评估的最可靠方法还是实际观察，但是这种方法需要的时间较长。因此，一般采用面试或心理测试的方法来评估社会能力。

（5）**身体素质评估**

身体素质评估就是评估身体的发展水平和状况。身体素质评估可分为运动能力评估、发育状态评估、健康评估三类。

266. 大学生发展评估的方法有哪几种？

大学生发展评估方法可分为：考试和行为评估。其中，考试用到的试题可分为主观性试题和客观性试题，行为评估又可分为观察与调查。

（1）**考试**

① 主观性试题

概念：主观性试题是由评分者通过分析判断来确定分数进行评定的，一般没有唯一的标准答案，允许学生自由表达见解。

试题类型：试卷中的论述题，以论文形式作为考核标准的论文题目等。

评分标准：通常为语言定性描述。比如"优、良、中、差""分析深刻、特别优秀、分析较深刻"等。

适用范围：适用于测量较高层次内容，如分析概括能力、组织表达能力、讨论问题能力等等。

优点:主观性试题的答案反映了学生的思维过程,有利于教师从中分析学生存在的问题,为教师调整教学内容和方式方法提供较全面的信息。

缺点:由于答案不唯一,所以比较难采用机器阅卷,因而在评分过程中的工作效率较低,需花费大量精力来仔细阅读学生的答案。由于依靠教师的主观评价给分,考试结果的客观性也较差,容易产生争议。

② 客观性试题

概念:客观性试题有严格量化的评分标准,答案往往具有唯一性。

试题类型:选择题、是非题、匹配题三种类型,其中选择题应用最为广泛。

评分标注:根据标准答案定量给分。

优点:第一,评分标准客观,争议少;第二,由于通过符号表示答案,可利用机器阅卷,提高了阅卷速度,节省了人力物力而又保障了阅卷质量;第三,由于可通过符号表示答案,提高了学生的速度,为增大题量提供了条件,从而可扩大考试的覆盖面,提高检测内容全面性。

缺点:由于答案唯一,对于某些本身就存在多种答案又难以穷尽各种可能的内容(如某些文科类课程)不太适用。此外,符号表示答案无法反映学生的思维过程。

(2) 观察与调查

① 观察

概念:指通过观察学生各方面的表现来评价其发展水平的方法,是一种最简单、最基本的评价方法。

优点:简单。

缺点:在完全自然的情况下进行观察,这种方法需要较长时间才能得到可靠的结果。有时为提高效率,采用面试等短期的主动试探的观察方法,或者有意设置情境的观察方法,但结果的可靠性不是很高,因为对于某些考查项目应试者是可以伪装的。

② 调查

概念:指通过座谈、访问、问卷、测验等形式,系统地向熟悉被测评对象的第三者或被测评对象本人收集信息,来评估被测评对象的发展水平的方法。

优点:时效性强。

缺点:较为复杂。座谈题目、问卷内容等的制订,调查对象的典型性和数量,分析的手段方法等都会对最终的结果产生影响。

267. 大学生的培养有哪几种培养层次,其教育特点分别是什么?

我国现行高等教育可分为三个培养层次,由低到高为:专科教育、本科教育和研究生教育。

(1) 专科教育的特点

专科教育是在高中或同等学力教育基础上进行的比本科学习年限短的专业教育。主要特点包括:①以应用型人才为培养目标;②以市场为导向的专业设置;③以能力为本位的课程设置;④实践教学环节相对突出。

(2) 本科教育的特点

本科教育是高等教育的主体。主要特点包括:①培养目标的特征。具有爱国主义和国际主义精神,拥护中国共产党的领导,拥护社会主义,愿意为社会主义事业服务;逐步树立无产阶级的阶级观点;较好地掌握本学科所需的基础理论、专门知识和基本技能,具有初步的科研能力和一定的分析解决问题能力;具有健全的体魄。②专业设置的特征。专业设置既要考虑社会需要的行业特点,也要考虑科学知识的分类体系特点。③教育制度的特征。教育制度的模式有学年制和学分制两种模式。④学位特征。达到一定的条件,可以获得相应系列的学士学位。

(3) 研究生教育的特点

研究生教育是继大学本科教育后的高一级教育,是高等教育体系中的最高层次。其主要特点有:①培养层次特征。培养层次包括硕士学位研究生和博士学位研究生两种。②培养目标特征。以培养德才兼备的高级专门人才为目标,比本科教育有更高的要求。③教育对象特征。教育对象的思想政治和专业方面已具有较好的基础。④师资力量特征。以高等学校中学术造诣最高、科研能力最强的师资为导师。⑤培养方式特征。一是采用导师制实行个别化培养;二是采取理论学习与科学研究相结合的方式,掌握理论和培养能力并重。

268. 如何培养科研型人才？

科研型人才往往在学习和日常生活中表现出较强的科研能力，教师要注意发现和重视学生所表现出来的科研能力。对于具有这种潜力的学生，教师要有意识地安排他们参加一些科研活动，上课时要鼓励他们谈自己的观点和问题，也可以指定一些课外参考书或者科技期刊要求他们阅读。如果有机会，也可以指导他们撰写发表一些科技论文或者带领他们参加各种学术会议，使他们感受学术研究的气氛，增长见识。

目前我国设立的研究型学位制度，特别是硕士、博士等高级学位层次的教育，可以看作专门为培养科研型人才所设立的培养制度。

269. 在研究生教学过程中，什么是研讨课，主要步骤是什么？

(1) 研讨课概念

研讨课，是教师和学生围绕教学内容以及相关的理论或实践问题，展开独立思考，进而共同探讨的一种交互式教学路径。它的特点是：具有突出的互动性，可以全方位调动学生的参与热情；将合作精神引入学习过程，有利于实现和强化学生之间的合作；有利于提高学生的综合素质，如交流、讨论、发言、观察的能力等。目前，我国许多高校都把研讨课作为研究生学位课程的一种教学方式。

(2) 研讨课步骤

① 由教师宣布本次课的讨论主题。

② 学生利用相关教学工具报告自己的观点或研究进展。

③ 针对报告内容，课程参与者(教师、学生等)向报告人提问，可针对报告提出自己的不同观点，或要求报告人对某些内容进行解释或表达看法。

④ 教师进行专题评点，简短地对讨论进行总结。对课堂中出现的有关学术问题的争论一般不作"是"或者"否"的评价，以免影响学生在课堂上自由地进行学术思考和交流。

270. 在研究生教学过程中,研讨课主要分为哪些类型,各自的优缺点是什么?

目前比较典型的研讨课大致可以分为三种类型:圆桌式研讨、小组报告、师生角色互换。

圆桌式研讨,顾名思义。其优点是有利于发挥学生的主动性,可以提高学生的课堂参与度和研究探索能力,并且能在学生之间形成一定的竞争氛围。但这种研讨式教学最大的局限性就是,只适应于小规模授课,如果学生人数多,就难以使每位同学都得到表现的机会,会降低学生参与研讨的积极性。

小组报告就是把学生分成几个小组,以小组成绩作为小组成员的课程成绩。其优点是能够锻炼学生分工合作和人际沟通的能力,但是这种方式对学生的能力要求较高,此外,也容易造成小组的大部分工作主要是由几个成员完成,而其他成员搭便车的现象。

师生角色互换。其优点是让学生在充当教师角色的过程中查找资料、备课讲课,能够锻炼他的知识探索能力、组织策划能力和口头表达能力。缺点是学生需要花费大量时间准备,费时费力,而且由于一些学生的讲授质量不高,导致别的同学无兴趣听课,影响了这些学生对课程整体内容的了解。

271. 在研究生教学过程中,什么是问题驱动教学法,有哪些实施步骤?

(1) 问题驱动教学法概念

这是一种以学生为主体,以专业领域内的各种问题为学习起点,以问题为核心规划学习内容,让学生围绕问题寻求解决方案的一种学习方法。教师在此过程中的角色是问题的提出者、课程的设计者以及结果的评估者。

它的特点是能够提高学生学习的主动性,提高学生在教学过程中的参与程度,容易激起学生的求知欲,活跃其思维。但是对教师的要求较高,教师必须具备较强的课堂掌控能力和引导能力。

（2）实施步骤

① 教师提出问题。教师要在课前准备好问题,这一步骤中教师不仅要熟悉教学内容,还要了解学生对所学内容的基础知识的掌握情况,这是成功实施问题驱动教学法的基础。

② 分析问题。这一阶段以学生活动为主,争取让每个学生都提出自己的观点和看法。教师在此阶段主要发挥引导作用,当讨论跑题或者学生误解问题时及时给予提醒引导。

③ 解决问题。让学生们提出解决问题的方法,可以让学生用报告的方式与全班进行交流。

④ 结果评价。包括自我评估、小组互评及教师评价等,评价内容为小组整体表现、问题解决方法的合理性、各人贡献等。

272. 问题设计原则有哪些？

① 要有明确的目标。问题设计必须紧紧围绕教学目标,教师要尽量了解教材和学生的具体情况,设计的问题要明确。

② 由浅入深。设计问题时,要给学生以清晰的层次感,由易到难,以便增强学生的自信心,激发学生学习兴趣,促进学生积极思考。

③ 难度适当。过于简单的问题难以激发学生兴趣,但如果问题太难,学生就会望而生畏。

④ 面向全体学生。在设计问题时,要注意调动每一个学生的学习积极性,力争让每个人都有发挥和表现得机会,做到人人参与,人人有收获。

273. 教师进行对话教学应注意哪几方面的问题？

研究生已经具备了大学本科的知识基础,具有从事科学研究工作或承担专业技术工作的初步能力。一般来说,教师利用对话形式对学生进行培养时,需要注意如下几个问题：

一是注重创建对话氛围。对话需要有一定的氛围,主要是引导学生思考有关问题，启发学生，激起其参与对话的冲动。同时还要建立师生相对平等的对话气氛，让学生能够轻松地表达自己的想法和问题。

二是问题要有挑战性。提出的问题要有一定的难度，这样才能使问题具有"研究性"，引起学生的兴趣和激发学生思考。

三是要避免随意性话题。教师要注意发挥自己的引导作用，防止讨论偏离主题。

四是评价要适时适度。教师应当鼓励学生把自己的想法说出来和大家讨论，教师对学生发言中的问题，应当及时指出并提出建议，但不宜频繁给出好或坏的评价，特别是一些批评性评价。在学生之间有争议时，也不要过早地表态支持某一方，这样容易损害对话的活跃性。在对话结束时，教师可以对学生的发言进行中肯的评价，对于学生提出的一些有研究价值的内容，要鼓励学生进一步研究。

274. 在专业学位培养过程中，课程设置主要分为哪几类？

专业学位具有职业化、研究性的特征，培养的是适合该专门职业需要的实务型高级人才。因此专业学位教育的课程设置比较突出基础性、实践性、选择性，力求基础理论和专业知识相结合。一般来说，主要有基础课程、专业课程和实践课程三类。

(1) **基础课程的设置**

基础课程在各个学校之间一般具有一定共性。比如各学校的MBA课程计划都包括会计学、经济学、财政学、组织行为学、营销学、统计学和运筹学等商务基础学科。两年的全日制教学计划将有大半年或一年的时间用于学习基础课程。

(2) **专业课程的设置**

专业课程的设置一方面要把最新理论、观点、成果融入教学中去，另一方面则要体现各个学校的特色，以保证所培养的学生具有一定特色。比如国外MBA专业各个学校特色设置就有较大差异，哈佛以综合管理专业为特色，耶鲁以金融和非营利行业为特色，沃顿商学院以金融、期货、股票为特色等。

(3) **实践课程的设置**

实践课是直接培养学生的专业技术和能力的重要课程，这需要加强教学实践基地建设，为学生运用理论创造性地寻求解决方法，培养学生的创造能力和解决实际问题的能力提供条件。比如，教育硕士专业学位教育中，一些学校设置了如基础教育改革研究、中国教育现状调查与研究、世界教育展望这类课程，使学生获得更多的实践经验。

275. 专业学位教育的教学组织形式有哪几种？

专业学位教育的教学组织形式有课堂教学、讲座与论坛和社会实践三种。

(1) 课堂教学

专业学位教学仍然以课堂教学为主，但常常将学科知识的讲授与研讨、案例教学、模拟教学等多种方式结合起来进行。

作为一种传统的教学方式，课堂讲授在专业学位教学中仍然是重要的，特别适用于理论知识的传授。但是在面对专业学位学生进行讲授式教学时，授课教师要注意联系实际，启发学生主动思考。专业学位教育的这种教学方式，对教师本身的理论功底和讲授技巧，以及控制课题气氛的能力等，都有较高的要求。

研讨有助于激发学生主动思考，训练分析能力和创新能力，学生也能在研讨中学会如何善于接受或者反驳别人的观点。在研讨中，教师对研讨气氛的把握和引导都非常重要。

案例教学是专业学位教学中最常用的方法。一般由教师提供某个典型事件及其背景，让学生通过已有知识分析问题。通常案例教学没有唯一答案，通过案例分析可以提高学生分析问题和解决问题的能力。

模拟教学能够培养学生的实际工作能力以及在实际工作环境中的适应性。

项目驱动教学是由教师精心选择一些与实际结合的研究项目，指导学生组成相应的项目团队并推举项目负责人，制订项目实施方案，然后加以实施，最后总结汇报。

(2) 讲座与论坛

讲座是课堂教学的重要补充。邀请一些专家来为学生举办讲座，不仅可以帮助学生增长知识和开阔视野，了解相关专业的前沿进展或热点，而且有助于提高思想品德和人文修养。

论坛也是课堂教学的重要补充。通过定期举办专业性论坛,请有关专业的资深专家就业界的热点、前沿问题进行分析,可以提升与会学生的专业素质。

(3) 社会实践

社会实践是指组织学生到某些具体的岗位进行实习,增长工作经验。比如很多学校都建立了校外实习基地,或者与很多大型企业签订了暑期工作制度,让学生在实践中发现工作上存在的问题,结合自身的知识来分析问题、解决问题,将理论知识转化为实践技能。

276. 在选择教学设备过程中要遵循哪些原则?

教学设备选择恰当,能达到事半功倍的效果。因此,在高等教育教学过程中,选择恰当的教学设备十分重要。

教育过程是一种信息传递过程,现代化的教学设备能够提高信息传递的效率和效果。随着科学技术的发展,当前应用于教育教学中的教学设备可谓琳琅满目、种类繁多。如何选择恰当的教学设备显得十分重要。总的来说,选择设备的出发点应该是最大程度地改善和提高教育教学效果。具体来说,需要注意两条原则:一是要注意发挥教学设备的长处。每一种教学设备都具有一定的特性,主要表现在传递的范围、表现力、参与性和受控性等方面,不同的教学设备具有不同的功能,"骏马驰千里,犁田不如牛",选择教学设备应注意发挥其长处。二是依据教学内容选择教学设备。如,外语学科经常选择语音设备,理化学科选经常选择实验设备,中文、历史学科经常使用电视教学设备等。

277. CAI 教学有哪些特点?

CAI 教学,全称计算机辅助教学,是在计算机辅助下进行的各种教学活动,以对话方式与学生讨论教学内容、安排教学进程、进行教学训练的方法与技术。

CAI 教学模式的特点主要有:①交互性。在 CAI 教学模式中,学习不再是被动地接受,而是掌握了学习的主动权。学生可以根据自身不同的基础情况,选择不同的受教方式。②多样性。计算机具有处理文字、图形、图像、动画和声音等信息的能力。多媒体利用计算机这一特性可以进行形象生动的教学,使得教学更具有立体感,直观感。③适用性。随着网络的普及应用,基于网络的多媒体 CAI 教学也日趋形成,通过计算机网络,教学可以扩展到家庭教育、社会教育等等。④时效性。随着计算机 CPU 运算速度的提高,CAI 系统的反应时间也得到了极大的改进,可以及时了解学生的学习情况。⑤对于 CAI 课件,我们集中优秀的教师进行开发,从而提高了教师素质,同时也对提高学生的能力和水平产生了深远的影响。

278. 校园网络的功能主要表现在哪些方面?

随着我国教育与科研网的发展,越来越多的高校建立了校园网络,对学校教学、科研、管理等水平的提高起了很大的推动作用。其基本功能表现在:

一是管理。建立在校园网络基础上的学校管理信息系统(MIS)可以为学校人事、教务、财务、日程安排、后勤管理等方面,提供一个先进的分布式管理系统,从而提高管理效率,达到事半功倍的效果。

二是教学。校园网使传统学校教学的教学方法发生了变化。它给学校教学带来的最大影响是建立了在校园网上的计算机辅助教学(CAI)。CAI 系统使学生可按自己的进度安排学习,做到因材施教,提高教学效果和质量。学生在多媒体网络教学系统中学习,并通过网络与教师进行交流,达到个体化学习和群体化学习相结合的目的,学生有更大的学习自由,教师也可以通过计算机网络减少重复劳动,用更多精力改进教学,提高质量。

三是科研。校园网络可使用户共享各类计算机软硬件资源及学术信息资源,为科学研究服务,从而提高科研效率。校园网络还能使科研人员通过对外联网检索世界各地的信息资料,还可以与世界各地的专家探讨最新的思想和科研成果,发表、交流各种学术观点,交换论文等,可大大降低科研成本。

四是图书馆自动化。数字图书馆的资源数字化、联系网络化、获取自主化等优点是传统图书馆无法比拟的。每个用户都可以通过校园网络方便地对图书馆的图书、文献信息进行检索与阅读。读者可以访问图书馆的联机数据库,可以在自己家中和办公室通过校园网络阅读报刊和检索资料。

五是强化对外交流。校园网络还可以与其他的计算机信息网络或国际学术型计算机网络互联,获得更齐全的网络功能,了解和获取各种所需要的信息。

校外用户可以通过因特网访问学校的网站,了解有关信息,扩大学校的影响。

279. 什么是启发式网络教学模式?

启发式网络教学模式可以体现在网络课件中。教师在教学中为了引出某一概念(定理或知识点),可以首先提出一些相关性的问题供学生思考,然后再给出定理。也可以设计几道题由学生解答,然后自动给出批改结果,并说明这些题中出现的问题,最后介绍概念和定理。选择题的设计思想与此类似,对于答错的题并非马上给出答案,而是显示一个提示点,要求学生在提示点下重新做题,这样能够启发学生独立思考问题,培养学生分析问题、解决问题的能力。

280. 什么是参与式网络教学模式?

参与式网络教学模式是引导学生积极参与的一种教学模式。其基本教学理念是强调教师、学生平等地参与整个教学过程,包括在确定教学内容和教学方式的选择等各个环节上都倡导民主教学,切实提高学生的参与意识和参与度。在关注学生学习效果的同时,更重视教与学的过程,兼顾知识的传递、学生综合能力和素质的提升。这种模式可以培养学生的参与意识、动手能力和思维能力,并能激发学生的学习兴趣。

可以使用各种方式引导学生参与,如在讲解化学产品各种原料的配比与性能指标之间的关系时,要求学生输入一定的配比,由系统自动计算出这种化学产品各项指标的优劣,学生通过系统可以了解到自己配制的产品在哪些方面不符合要求,从而对正确的配制比例产生深刻的印象。

281. 什么是协作式网络教学模式?

协作式网络教学模式中既有人机交互,也有人人交互。为了便于学生之间或学生与教师之间交流学习经验,互帮互助,网络课件中都要设计诸如"讨论区"或"在线答疑"等功能模块来满足协作学习的需要。

网络教育中有两种交互方式:一种是非实时交互。网络课件为每一个学生和教师建立一个电子信箱,如果学生有疑难问题,可以随时点击诸如"答疑信箱"等功能按钮,立即切换到电子邮件撰写界面,学生完成后发送邮件。教师收到邮件可分别回信解答。另一种是实时交互。一般开发为网络论坛方式或者即时通信软件方式,所有在线学生可以通过该界面参加讨论,提出问题或回答问题。

网络教育中的交互还有一个重要特点,即学生们可以匿名讨论,这样就消除了某些学生心中的心理压力。

282. 什么是 WebQuest 教学模式?

WebQuest 是美国圣地亚哥州立大学的伯尼·道奇和汤姆·马奇等人提出的一种新型网络教学模式。WebQuest 教学模式是在网络环境下,以探究为取向,由教师引导,以一定的目标任务驱动学生对某个问题进行探索的学习活动。

WebQuest 教学模式把发现式学习、协作学习有机结合起来,利用情境、协作、会话等方式,在教师的指导和帮助下,充分发挥学生的积极性、主动性和创新精神,使用丰富的网络资源,在自主探索和互动协作的学习过程中完成学习任务。

WebQuest 由问题与情境、目标与任务、资源与过程、评价与结论等模块组成。

① 问题与情境模块:根据学习目标、课程目标以及学生已有的知识创设丰富的教学情境,提出并描述具有研究价值的问题。

② 目标与任务模块:对情境与问题模块中提出的问题进行分析,明确要达到的目标以及要完成的任务。

③ 资源与过程模块:向学生提供所需的信息资源;设计问题的解决过程;向学生提供相关的探究路径;引导学生根据教师提供的资料和工具进行自主探索。

④ 评价与结论模块。学生通过自主探究、网上交流、协作探讨,形成对问题的结论,并利用互联网等展示学习成果,对整个探究过程进行评估和反思,形成新知识和新观点。

283. 在研究高等教育方法过程中，需要注意哪些问题？

(1) 要多方面思维

研究高等教育方法过程中，要放开思维而不要限制思维，特别是要坚持辩证思维。要充分认识到，对于某一个教育问题，解决的办法往往是多方面的。因此，在进行高等教育方法研究的时候，要注意不要把自己所熟悉的方法夸大成唯一的方法，也不要因为自己的方法比较成功而放弃对其他方法的探讨。

(2) 要善于利用理论工具

高等教育是针对大学生的。大学生身心相对比较成熟，对事物有较高的判断能力。因此，高等教育方法也需要有一定的理论深度。要特别注意的是，高等教育方法的研究不能局限于层次很低的直觉经验范围，要讲究研究的深刻性。

每一位大学教师都有自己的教育工作经验，这种经验是十分宝贵的。但是，经验如果没有理论的指导，就会长期停留于较低的层次上，导致教师难以深入的提高。因此，教师要注意自己的理论修养，特别是一些与高等教育方法有着相对密切关系的理论，比如哲学、心理学等，更要注意平时多学习，一个人的修养有多高，他的研究水平就有多高。作为教师，要牢记这一点。

(3) 要注意条件和可重复性

由于高等教育方法的实施对象是心理和身体都相对成熟、个性各异的大学生，所以影响高等教育方法效果的因素是相当多的。对于某种教育方法来说，可能在某种条件下效果很好，而在另一些情况下很可能效果为零。因此，我们总结和提出某种高等教育方法时，要注意对其应用条件的说明，以便他人能够判断在何种条件下使用这一方法。

高等教育方法的价值在于它具有一定的可重复性，即在所规定的条件下，同样的高等教育方法能够再次使用。否则，就没有推广的价值。因此，教师在提高某种可以推广的高等教育方法时，一定要慎重，注意是否可以被其他人、其他学校在相似的条件下使用。如果难以重复使用，则说明我们对这种教育方法所要求的条件还没有掌握，还要进一步进行研究。

(4) 要注意心理素质

由于高等教育方法的实施对象是人,所以即使其他因素不变,大学生的心理素质也会对教育方法的效果产生一定的影响。比如,一种新的教育方法如果长期使用,大学生往往会感到没有新鲜感,因此效果会受到影响。所以,高等教育方法要讲究常变常新。这一点显然是高等教育方法与一般工程技术方法的重大差别。

284. 研究高等教育方法主要有哪些目的?

教师研究高等教育方法,改进高等教育方法,主要有以下几个目的:
(1) 提高教育的效率

教育效率有两个方面,一是学习效率,指学生的学习效果(比如学习量、学习质量、掌握学习内容的深度)与学习这些内容所花费的时间、精力、经济成本的比值。二是教师的工作效率,即一定的讲授效果(比如讲授的内容量、讲授的质量等)与讲授这些内容所花费的时间、精力、经济成本的比值。

对于一个人来说,接受教育要占人生中相当长的一段时间,因此,如果能够提升教育效果,则对于社会、对于个人都有很大的贡献。因此,设法提高教育效率,也就成为研究高等教育方法的主要目的之一。

(2) 保证教育公平

高等学校内部的教育公平表现在为每一个学生提供充分的、平等的发展机会上。从伦理角度来说,人们只能接受由于学生自身的原因导致的发展差异,而不能接受由于学校和教师的原因而导致的学生发展的差异。实际上,由于各种原因,教育公平方面总会存在一定的问题,现实中能够做到的往往只是"相对公平"。但另一方面,人们对绝对公平正义总有着不懈的追求,总是试图进一步改善教育公平。因此,改进教育方法,提高教学公平的程度,就成为教师改进高等教育方法的目的之一。

(3) 促进学生素质全面提高

从目前的高等教育方法来看,帮助学生加强知识记忆和理解的方法比较多,但能够有效地培养创造能力、培养心理素质、培养社会能力,甚至培养品德的方法都比较少。因此,许多教师开展研究,就是为了在这些方面探索比较好的教育方法。

(4) 改善学生的学习感受

人生中相当长的时间要在学校中度过,大学生活也是人的整个学习生活的一部分。而且,大学生所处的人生阶段也是人生中最美好的时期之一。但是,从另一方面看,大学生活又是非常紧张的,高难度的学习、大量的考试等往往会给大学生以很大的压力。显然,这些情况在一定程度上降低了大学生的生活质量。

为此,许多教师研究高等教育方法,目的就是为了改善大学生的学习感受,比如设法使学生能够在愉快的情绪中接受教育,提高学生的参与程度以及促进学生的主动性等。

285. 高效能教学过程对教师提出了怎样的挑战?

高效能教学过程对教师提出的挑战包括:

一是研究高校。高校是高等教育的源头活水。需求分析是一切现代经营活动的起点,倾听用户意见是现代经营的重要策略,一流企业无不以用户为师,重视征询意见。海尔集团首席执行官张瑞敏对此有深刻理解。他指出:"从本质上讲,海尔营销不是卖出东西,而是买。买的是用户的意见,根据用户的意见改进,达到用户满意,最后买到用户的忠诚度。"如果我们掌握了高校的"用户需求",摸透了高校的"用户意见",与高校结成了"双元共赢"协作关系,就等于接通了教育的源头活水,所以我们要坚持不懈的研究高校。

二是研究学问。学问是高校教育的价值基点。知识经济时代,企业所提供的服务和商品中,绝大部分价值来自知识产权,而不是车间流水线上的体力劳动。同样的道理,能带来知识产权的学问,就能成为高校培养人才和服务高校的价值基点。高校的学科、专业、课程、教学内容,无不源自教师长期钻研、创造、积累而成的学问。这些学问的水平和质量,一定意义上决定着高校人才培养的水平和质量。毫不夸张地说,学问是高校的专利股和生命线。从这个角度看,高校真正的"支柱产业"莫过于学问:学问兴,则高校兴;学问衰,则高校衰;学问亡,则高校名存实亡。因此,高校要把做学问放在生命攸关的位置,尽一切努力守好这块阵地,把好这个制高点。

三是研究学生。学生是高校教育的宝贵资源。学生所具有的知识、经验、阅历、能力等,是高校教育不可忽视的资源。如果我们能够让善于教学的学生登上讲台,让善于研究的学生参加课题,让适合学习的学生留在教室。研究学生可为高校教育打开一笔取之不尽、用之不竭的教育资源宝藏。

四是研究教育。教师属于专业人员,其工作的专业性和职业性显而易见。教师是复合型的人才,有两门专业是必备的,一门是构成教学内容的学科专业,它使教师成为某领域的专家;另一门就是教育专业,它使教师成为教育工作者。每一位教师都应成为这样的"双料专家"。我们经常会遇到"茶壶里煮饺子,有货倒不出"的情况,这就是第二专业没有修炼到家,当一名教育工作者还不够格,所以,教师要努力钻研教育理论,掌握教育规律,追求教育艺术,成为教育的专家。教学是一门科学,也是一门艺术。教师要玩转教学,玩转课堂,需要有高超的技艺,特别是导学组学的功底。

286. 实施高效能教学过程当前最大的难点在何处?

为有效解决高效能教学过程中的难点,教师可以从以下几个方面进行解决:

第一,快速了解学生和他们的学习兴趣。了解学生是教学的基础,唯有了解学生并与之保持亲密的互动关系,才能在班级生活中随时提供学生专业方面的协助。此外,了解学生的学习兴趣,可以让老师了解学生参与学习的情形,以及学习困难的原因,从而为拟定有效教学策略提供参考。

第二,合理分配教学时间。教学时间的分配对教师教学品质而言,是相当重要的内容。教师应在教学计划拟定初期,考虑时间因素对教学活动的影响,并拟定各种应对的策略。换言之,教师必须清楚多少时间做多少事。

第三,有针对性安排教学场地。教师可根据学科教学性质,规划教学场地,使教学活动顺利进行,并提升学生的学习兴趣。具体可在场地、设备方面多用一些心思调整,从而完善教学场所,促进学生形成良好的学习气氛,以收到情景教学的效果。

第四,恰当运用弹性课程。弹性课程时间规划是让老师发挥教育技能的最佳时机,教师可以根据教学上的实际需要,设计各种弹性课程强化学生的学习活动。弹性课程的实施可以让教师充分发挥教学自主权,落实"教师本位"的课程设计与实施。

第五,大量搜集教学参考资料。教师平时要注意有计划地搜集教学参考资料,作为教学活动实施的辅助。唯有充实并有计划地搜集教学参考资料,才能提高教师在教学中的把控能力;同时,减少教师在教学历程中的挫折感,改善学生的学习效果。

287. 什么是 MOOC 课程?

MOOC 是 Massive(大规模的)、Open(开放的)、Online(在线的)、Course(课程)四个单词的首字母组成的缩写,指大规模的网络开放课程。它是由很多愿意分享和协作,以便增加知识、提升能力的学习者所构建起来的。2012 年,美国的顶尖大学陆续设立网络学习平台,在网上提供免费课程,Coursera、Udacity、edX 三大课程提供商的兴起,给更多学生提供了系统学习的可能。2013 年 2 月,新加坡国立大学与美国公司 Coursera 合作,加入大型开放式网络课程平台。这三个平台的课程全部针对高等教育,并且像真正的大学一样,有一套自己的学习和管理系统。并且,它们的课程都是免费的。

288. MOOC 主要有哪三大教育平台?

(1) edX

由美国哈佛大学和麻省理工学院(MIT)成立的 edX 所提供的免费开放课程。2013 年 2 月,edX 表示,它已经将新增的 6 所国际大学,包括澳大利亚国立大学、荷兰代尔夫特理工大学加入了其组织的 X 大学联盟。

(2) Udacity

Udacity 由大卫·史塔文斯(David Stavens)和另外两个创业伙伴塞巴斯蒂安·史朗(Sebastian Thrun)和迈克尔·索科尔斯基(Michael Sokolsky)在 2012 年共同创办。而在这之前,早在 2011 年秋天,就已经有 16 万人注册了史朗博士的"人工智能入门"网络课程。

Udacity 的课程仅限于它最初创立时就有的数学和计算机科学,并且着重于实际应用,比如教你"如何建立一个博客","如何构造一个网络浏览器"等。Udacity 的一个目标就是让学生能有更好的职业发展。

Udacity 的课程不是由教师自行设计,而是与谷歌或者微软等公司共同设计推出的。Udacity 与 Coursera 等提供大学课程的竞争者的不同之处是 Udacity 在选择教师时依据的并非是他们的学术研究能力,而是他们的教学水平。

(3) Coursera

Coursera 由加州斯坦福大学的计算机科学教师吴恩达和达夫妮·科勒(Daphne Koller)于 2012 年 4 月创立,获得了风险投资公司 Kleiner Perkins Caufield & Byer 和 New Enterprise Associates 的初始投资 1 600 万美元。截至 2013 年 3 月,该公司已注册的学生超过 270 万。

Coursera 提供的课程来自 33 所著名大学,包括普林斯顿大学、布朗大学、哥伦比亚大学、杜克大学、香港大学和台湾大学等。香港中文大学已在 2013 年 1 月份加入 Coursera 平台,并承诺从 9 月开始向该平台提供至少五门课程。

Coursera 在世界各地与 62 所大学建立了合作关系,它表示这种增长将允许它不断扩展课程科目,增加不同语言的课程设置,这些语言包括中文、西班牙语、法语和意大利语。

289. MOOC 的主要教学方式有哪些?

只要能上网,所有人都能注册 MOOC 课程,教师不能与学生进行单独交流。所以 MOOC 的呈现与互动方式是针对大规模人群设计的。注册同一课程的学生可以通过加入当地的学习小组或者在在线论坛上讨论等方式,来互相促进学习。该课的成绩,也是由学生互评产生的。

MOOC 的主要构成是课堂演讲视频。在这以前,可汗学院(Khan Academy,是由萨尔曼·可汗在 2006 年创立的一家非营利教育机构,通过网络提供一系列教学短片)就已经开始提供免费、简短的教学视频。因为有了这个成功的先例,MOOC 的制作者了解到了简短的重要,所以通常将视频的长度限定为 8—12 分钟。视频可能会中途暂停数次,以测试学生对知识的掌握(比如弹出一个小测试,或者让学生写一段程序代码),然后系统自动给出反馈。该课程的助教可能会查看、管理在线论坛,有些课程也会有作业和考试。

290. 什么是微课?

微课是指基于教学设计思想,使用多媒体技术在 5 分钟左右时间就一个知识点进行针对性讲解的一段音频或视频。

在教学中,微课所讲授的内容呈点状、碎片化,这些知识点,可以是教材解读、题型精讲、考点归纳;也可以是方法传授、教学经验等技能方面的知识讲解和展示。微课是课堂教学的有效补充形式,微课不仅适合于移动学习时代知识的传播,也适合学习者个性化、深度学习的需求。微课的核心组成内容是课堂教学视频(课例片段),同时还包含与该教学主题相关的教学设计、素材课件、教学反思、练习测试及学生反馈、教师点评等辅助性教学资源,它们以一定的组织关系和呈现方式共同营造了一个半结构化、主题式的资源单元应用小环境。因此,微课既有别于传统单一资源类型的教学课例、教学课件、教学设计、教学反思等教学资源,又是在其基础上继承和发展起来的一种新型教学资源。

291. 制作微课有哪些要求,微课又具有哪些特点?

微课可以使用手机、数码相机、DV 等摄像设备拍摄和录制,也可以使用录屏软件录制音频或视频,录屏软件有 Camtasia Studio、Screen2swf、屏幕录像专家等。

(1) **微课的特点**

① **教学内容较少**

相对于较宽泛的传统课堂,微课的问题聚集,主题突出,更适合教师的工作需要:微课主要是为了突出课堂教学中某个学科知识点(如教学重难点、疑点内容)的教学,或是反映课堂中某个教学环节、教学主题的教与学活动。相对于传统一节课要完成复杂众多的教学内容,微课的内容更加精简,因此又可以称为"微课堂"。

② **资源容量较小**

从文件大小上来说,微课视频及配套辅助资源的总容量一般在几十兆左右,视频格式须是支持网络在线播放的流媒体格式(如.rm,.wmv,.flv 等),师生可流畅地在线观摩课例,查看教案、课件等辅助资源;也可灵活方便地将其下载保存到终端设备(如笔记本电脑、手机、MP4 等)上,实现移动学习、"泛在学习",非常适合于教师的观摩、评课、反思和研究。

③ 教学时间较短

教学视频是微课的核心组成内容。根据认知特点和学习规律,微课的时长一般为5—8分钟,最长不宜超过10分钟。因此,相对于传统的40分钟或45分钟一节的教学课例来说,微课可以称之为"课例片段"或"微课例"。

④ 资源组成/结构/构成"情景化"

微课选取的教学内容一般要求主题突出、指向明确、相对完整。它以教学视频片段为主线统整教学设计(包括教案或学案)、课堂教学时使用到的多媒体素材和课件、教师课后的教学反思、学生的反馈意见及学科专家的文字点评等相关教学资源,构成了一个主题鲜明、类型多样、结构紧凑的"主题单元资源包",营造了一个真实的"微教学资源环境"。这使得微课资源具有视频教学案例的特征。广大教师和学生在这种真实的、具体的、典型案例化的教与学情景中可易于实现隐性知识、默会知识等高阶思维能力的学习,并实现教学观念、技能、风格的模仿、迁移和提升,从而迅速提升教师的课堂教学水平、促进教师的专业成长,提高学生学业水平。就学校教育而言,微课不仅成为教师和学生的重要教育资源,而且也构成了学校教育教学模式改革的基础。

⑤ 主题突出、内容具体

一个课程就一个主题,或者说一个课程一个事;研究的问题来源于教育教学具体实践中的具体问题:生活思考、教学反思、难点突破、重点强调、学习策略、教学方法、教育教学观点等具体的、真实的、自己或与同伴可以解决的问题。

⑥ 草根研究、趣味创作

正因为课程内容的微小,所以,人人都可以成为课程的研发者;正因为课程的使用对象是教师和学生,课程研发的目的是将教学内容、教学目标、教学手段紧密地联系起来,是"为了教学、在教学中、通过教学",而不是去验证理论、推演理论,所以,微课的研发内容一定是教师自己熟悉的、感兴趣的、有能力解决的问题。

⑦ 成果简化、多样传播

因为内容具体、主题突出,所以研究内容容易表达、研究成果容易转化;因为课程容量微小、用时简短,所以传播形式多样(网上视频、手机传播、微博讨论)。

⑧ 反馈及时、针对性强

由于在较短的时间内集中开展"无生上课"活动,参加者能及时听到他人对自己教学行为的评价,获得反馈信息。较之常态的听课、评课活动,"现炒现卖",具有即时性。由于是课前的组内"预演",人人参与、互相学习、互相帮助、共同提高,在一定程度上减轻了教师的心理压力,不会担心教学的"失败",不会顾虑评价"得罪人",较之常态的评课就会更加客观。

(2) 制作微课的要求

① 录制时调整电脑分辨率为 1 024×768,颜色位数为 16 位。PPT 尽量做到简洁、美观大方。(尽可能使文件小,易于传输。)

② 时间须严格控制在 5 分钟左右。

③ 内容碎片化,非常精炼,在 5 分钟内讲解透彻,不泛泛而谈。若内容较多,建议制作系列微课。

④ 在编写微课内容时,基于教学设计思想,完全一对一地启迪解惑。

⑤ 微课的内容、文字、图片、语言等须准确无误。

⑥ 讲解时,声音响亮,抑扬顿挫。语言通俗易懂、深入浅出、详略得当,不出现"你们""大家""同学们"等大众受众式用语。

⑦ 若在讲解中使用课件,课件有视觉美感(建议 PPT 尽量采用单色,突出简洁)。

⑧ 视频画质清晰。

⑨ 建议能看到教师头像。PPT+视频的录制模式下,头像不遮挡教学内容。

⑩ 要有片头片尾,显示标题、作者、单位等信息。

⑪ 视频格式为:FLV、MP4,视频尺寸为:640×480 或 320×240。音频格式有:AAC (.aac, .m4a, .f4a)、MP3 和 Vorbis (.ogg 和 .oga)。

292. 什么是教育法?教育法有什么特点?

教育法是由国家制定和认可并以国家强制力来保证实施教育活动的行为

规则的总称。教育法属于国内法,由主权国家的立法机关以宪法为依据,制定适合于本国国情的行政法律规范,无国际效力,不需国际公认。它是规定教育管理过程中不同于主体及其权利与义务的法律。

教育法的特点是指其作为独立的法律部门与其他法律部门相比所具有的自身特点。

(1) **主体多元性**

教育活动包括举办教育、管理教育、实施教育、接受教育、参与和支持帮助教育等诸多方面。这些活动涉及教育行政机关、其他国家机关、社会组织、学校、社会团体、家庭和公民。这些公民、法人、组织在教育活动中享有广泛的权利和承担着多方面的义务,从而使教育法的主体呈现多元性。

(2) **适用范围的广泛性**

① 教育对象的广泛性。我国宪法赋予每个公民有受教育的权利和义务。

② 教育法调整范围的广泛性。我国发展教育事业,采取多种形式办学,国家以法的形式干预教育的功能逐步扩大,使教育适用范围涉及现代社会的诸多方面。

(3) **法律关系的多样性**

在现行教育活动中,相当部分是以国家或教育行政机关为一方,调整教育活动中的行政关系,属于行政法律关系。同时,也涉及如教师聘任、学校间联合办学等平等主体间的民事法律关系。教育者与受教育者之间又存在着一种特殊的法律关系,从而使教育法律关系呈多样性,并且往往相互交叉,使法律关系复杂化。

(4) **法律后果的特殊性**

在对违反教育法行为的处理方式上,与其他法相比,教育法有自身的特殊性。

① 注重保护受教育者,尤其是青少年学生。

② 注重保护教师的特殊职业权利。

③ 注重维护学校的正当权益。

从形式上分析教育法的特点,在教育法之上不存在统一的行政法典,教育法有一定的变动性。或从内容上分析教育法的特点,教育法的规定具有行政法所具有的公定力(公定力即行政法所规定的事项,表达国家的指导思想,为此该事项具有公认而确定的效力)。教育法的规定具有行政法所具有的强制性。教育法解决纠纷的手段也不同于其他法。

293. 我国国家举办的高等学校实行的是什么内部管理体制？

高等学校的内部管理体制是高等教育法立法的难点。对于国家举办的高等学校，我国《高等教育法》明确规定，实行中国共产党高等学校基层委员会(即学校党委)领导下的校长负责制。

按照《教育法》和国务院发布的《普通高等学校设置暂行条例》的规定，高等学校校长的任职条件包括以下四项：①具有中华人民共和国国籍；②在中国境内居住；③有较高的政治素质和管理高等教育工作的能力；④具有较高的文化水平、专业技术理论和知识。

高等学校的校长全面负责本学校的教学、科学研究和其他行政管理工作，行使以下职权：①拟定发展规划，制定具体规章制度和年度工作计划并组织实施；②组织教学活动、科学研究和思想品德教育；③拟定内部组织机构的设置方案，推荐副校长人选，任免内部组织机构的负责人；④聘任与解聘教师以及内部其他工作人员，对学生进行学籍管理并实施奖励或者处分；⑤拟定和执行年度经费预算方案，保护和管理校产，维护学校的合法权益；⑥章程规定的其他职权。

294. 高等学校教师的权利和义务有哪些？

(1) 教师的权利

教师的权利，是指教师在教育教学活动中享有的由我国《教育法》《教师法》等国家法律赋予的权利，是国家对教师在教育教学活动中可以为或不为以及要求他人相应作出或不作出一定行为的许可和保障。

教师的权利主要包括三个方面：一是教师实施某种行为的权利，或称教师积极行为的权利。如《教师法》规定，教师有"从事科学研究、学术交流、参加专业的学术团体、在学术活动中充分发表意见"的权利。二是教师要求承担义务者履行法律义务的权利，如《教师法》规定，教师享有"按时获取工资报酬"的权利。三是当教师的合法权益受到侵犯时，教师有权通过行政和司法渠道确认和保护其合法权益。高等学校教师的权利具体有以下几点：

① 进行教育教学活动,开展教育教学改革和实验

这项权利简称"教育教学权",是教师为履行教育教学职责而必须具备的基本权利。其内容包括教师可依据所在学校的教学计划、教学工作量等方面的具体要求,结合自身的教学特点自主地组织课堂教学;可以按照教学大纲的要求确定其教学内容和进度,并不断完善教学内容;可以针对不同的教育对象,在教育教学的形式、方法、具体内容等方面进行改革、实验和完善。

② 从事科学研究、学术交流,参加专业的学术团体,在学术活动中充分发表意见

这项权利简称"科学研究权",是教师作为专业技术人员所享有的基本权利,也是我国宪法关于公民科学研究权和言论自由权等基本权利的具体化。其内容包括:教师在完成规定的教育教学任务的前提下,有权进行科学研究、技术开发和技术咨询等活动;有权将教育教学中的成功经验或专业领域中的研究成果撰写成学术论文、著书立说;教师有权参加学术交流活动,并在学术研究和学术交流中发表个人观点,开展学术争鸣;教师有权参加依法成立的学术团体并在其中兼职。

③ 指导学生的学习和发展,评定学生的品行和学业成绩

这项权利简称"管理学生权",是教师在教育教学过程中居于主导地位所享有的权利。其内容包括:教师有权根据学生的身心发展情况因材施教,有针对性地为学生提供学习、升学、就业等方面的指导;有权运用正确的指导思想、科学的方式方法发展学生的个性和能力,提高学生的素质;有权对学生的德智体美劳等各方面的发展状况作出实事求是的、客观公正的评价。

④ 按时获取工资报酬,享受国家规定的福利待遇以及寒暑假期的带薪休假

这项权利简称"报酬待遇权",是我国宪法关于劳动权和休息权等公民基本权利的具体化,也是教师享有的一项实质性权利。

⑤ 对学校教育教学、管理工作和教育行政部门的工作提出意见和建议,通过教职工代表大会或者其他形式,参与学校的民主管理

这项权利简称"民主管理权"。其内容包括:教师享有对学校和教育行政部门工作提出批评和建议的权利;有权通过教职工代表大会、工会等组织形式及其他适当方式就学校改革和发展等重大事项参与学校的民主管理。

⑥ 参加进修或者其他方式的培训

这项权利简称"进修培训权",是教师在继续教育方面享有的权利,规定这

项权利的基本目的是提高教师的思想品德和业务素质,以保证教育教学质量。其内容包括:教师有权参加进修和接受其他多种形式的培训,提高业务水平和政治觉悟;学校及其他教育机构和教育行政部门应开辟多种渠道,采取各种形式为教师创造参加进修和培训的机会。

(2) **教师的义务**

教师的义务,是指根据《教育法》《教师法》及我国其他有关法律、法规的规定,教师在其从业过程中必须履行的责任,是国家对教师必须作出一定行为或不得作出一定行为的约束。

① 遵守宪法、法律和职业道德,为人师表

宪法和法律是我国整个国家、各种社会组织和所有公民一切活动的基本准则,任何组织和公民都必须遵守。

② 贯彻国家的教育方针,遵守规章制度,执行学校的教学计划;履行教师聘约,完成教育教学工作任务

这条义务的基本内容包括:教师在教育教学活动中,应当全面贯彻国家关于教育必须为社会主义现代化建设服务,必须与生产劳动相结合,培养德智体等方面全面发展的社会主义事业的建设者和接班人的方针。

③ 对学生进行宪法所确定的基本原则的教育

教师有义务对学生进行爱国主义、民族团结的教育,法制教育以及思想品德、文化、科学技术教育,组织、带领学生开展有益的社会活动。

④ 关心、爱护全体学生,尊重学生人格,促进学生在品德、智力、体质等方面全面发展

教师在教育教学活动中不仅要关心、爱护学生,更要尊重学生人格。

⑤ 制止有害于学生的行为或者其他侵犯学生合法权益的行为,批评和抵制有害于学生健康成长的现象

教师在学校工作和与教育教学工作相关的活动中,对侵犯其所负责教育管理的学生之合法权益的违法行为给予制止。教师有义务批评和抵制社会上出现的有害于学生身心健康成长的不良现象。

⑥ 不断提高思想政治觉悟和教育教学业务水平

教育教学工作责任重大、专业性强,教师应不断学习,加强自身的思想道德修养,提高自身的教育教学专业水平。

295. 高等学校学生的义务有哪些？

(1) 学生的基本义务

① 遵守法律、法规。

② 遵守学生行为规范，尊敬师长，养成良好的思想道德和行为习惯。

③ 努力学习，完成规定的学习任务。

④ 遵守所在学校或者其他教育机构的管理制度。

(2) 高校学生的特殊义务

根据《高等教育法》第五十三条规定："高等学校的学生应当遵守法律、法规，遵守学生行为规范和学校的各项管理制度，尊敬师长，刻苦学习，增强体质，树立爱国主义、集体主义和社会主义思想，努力学习马克思列宁主义、毛泽东思想、邓小平理论，具有良好的思想品德，掌握较高的科学文化知识和专业技能。"该条规定一方面确认了高等学校学生的基本义务(这些义务在《教育法》中已有规定)，另一方面又针对高等学校学生的具体情况提出了更高的要求，这些要求以义务的形式体现。

2017年9月1日起施行的《普通高等学校学生管理规定》对高等学校学生的义务进行了完整的表述："学生在校期间依法履行下列义务：①遵守宪法、法律、法规；②遵守学校章程和规章制度；③恪守学术道德，完成规定学业；④按规定缴纳学费及有关费用，履行获得贷学金及助学金的相应义务；⑤遵守学生行为规范，尊敬师长，养成良好的思想品德和行为习惯；⑥法律、法规及学校章程规定的其他义务。"

296. 如何理解"依法治教"？

(1) 依法治教是依据法律管理教育

依法治教是指依据法律来管理教育，也就是在以法律为依据的前提下，综合运用法律手段、经济手段、行政手段和其他必要的手段来管理教育。具体而言，依法治教是指国家机关以及有关机构依照有关教育的法律规定，在其职权范围内从事有关教育的治理活动，以及各级各类学校及其他教育机构、社会组织和公民依照有关教育的法律规定,从事办学活动、教育教学活动及其他有关教育的活动。

(2) **依法治教是现代教育发展的客观要求**

在社会主义市场经济体制运行的条件下,人才需求呈现多样化、多层次化、综合化和知识更新快速化的特点。教育要适应社会进步的需要,远非单一的行政管理所能胜任,依法治教已成为现代教育发展的客观需求和教育改革与发展的必然产物。

(3) **依法治教是教育发展的重要保障**

依法治教是现代教育发展的客观要求,依法执教是教育发展的重要保障。依法治教的实现,就是教育管理法制化的实现。这就必须具有完备的教育法律体系、健全的民主监督制度、公正严格的执法制度、廉洁奉公的执法队伍、全民的教育法律意识等保障教育发展的条件和制度。

297. 我国高等教育的基本原则有哪些？

高等教育的基本原则是高等教育发展所必须遵循的基本要求和指导原理。我国高等教育的基本原则是根据我国教育方针和高等教育的客观规律制定的,它既是对我国高等教育实践经验的总结,也是在借鉴国外高等教育经验的基础上丰富和发展起来的。《高等教育法》将我国高等教育的若干基本原则以法律的形式固定下来,使其法制化、规范化。根据《高等教育法》的规定,我国高等教育的基本原则可以概括为七个方面。

(1) **积极发展高等教育的原则**

我国高等教育在 1949 年以后得到了较大的发展,取得了不少成绩,但与我国社会经济发展的客观需求相比,其发展规模和发展速度仍相对滞后,与世界许多国家比较还存在相当大的差距。因此,国家必须根据经济建设和社会发展的需要,制定积极的高等教育发展规划,采取多种形式积极发展高等教育事业,并鼓励企业事业组织、社会团体及其他社会组织和公民等社会力量依法举办高等学校,参与和支持高等教育事业的改革和发展,以加快我国高等教育的发展速度。

(2) **确保公民依法接受高等教育权利的原则**

我国高等教育一方面要建立一个平等竞争的机制,使所有公民在争取入学机会和平时的学习过程中获得平等的权利;另一方面则要采取措施,帮助少数民族学生和经济困难的学生接受高等教育,以避免因家庭经济条件和社会地位等方面的差异对学生获得平等接受高等教育的机会产生影响。

(3) 提高高等教育质量和效益的原则

发展高等教育,既要注重数量的增长,又要重视质量和效益的提高,避免出现不切实际的盲目发展,保持我国高等教育得以健康稳定地发展。

(4) 保障高等学校科学研究、文学艺术创作和其他文化活动自由的原则

《高等教育法》第十条规定:"国家依法保障高等学校中的科学研究、文学艺术创作和其他文化活动的自由。在高等学校中从事科学研究、文学艺术创作和其他文化活动,应当遵守法律。"

(5) 高等学校面向社会,依法自主办学,实行民主管理的原则

随着国家实行国民经济发展宏观调控、微观搞活,高等教育的发展也逐渐改变由国家统一计划、统包经费的方式,引入竞争机制。

(6) 鼓励高等学校开展交流与协作的原则

这一原则主要包括两方面内容,一是鼓励高等学校之间、高等学校与科学研究机构以及企业事业组织之间开展协作,实行优势互补,提高教育资源的使用效益;二是鼓励和支持高等教育事业的国际交流与合作,这是世界各国高等教育的一条普遍原则。

(7) 扶持和帮助少数民族地区发展高等教育的原则

我国是一个多民族的国家,由于历史和地理的原因,各地区的社会经济发展水平很不平衡,高等教育基础也有相当大的差别,少数民族聚居地区的高等教育发展水平相对更低。

298. 什么是高等教育学制?

高等教育学制即高等教育的学校教育制度,它规定了各类高等学校的性质、任务、入学条件、学习年限以及它们之间的关系等。高等教育学制是国家整个学制中重要的组成部分。

299. 设立高等学校及其他高等教育机构的基本原则有哪些？

通常所说的高等学校，可以泛指所有从事高等教育活动的组织。而《高等教育法》则对法中出现的"高等学校"进行了明确的定义：高等学校是指大学、独立设置的学院和高等专科学校，其中包括高等职业学校和成人高等学校。

为了实施国家的教育法律法规，贯彻国家的教育政策，保证高等教育的质量，促进高等教育的健康发展，在《教育法》及《高等教育法》中，对高等学校及其他高等教育机构的设立均有较明确的规定。此外，国务院还专门制定颁发了《普通高等学校设置暂行条例》，对普通高等学校设置的各个方面作出了具体的规定。

(1) **明确国家责任，制定高等教育发展规划**

《教育法》中规定："国家制定教育发展规划，并举办学校及其他教育机构。"《高等教育法》中也规定："国家根据经济建设和社会发展的需要，制定高等教育发展规划，举办高等学校，并采取多种形式积极发展高等教育事业。"

(2) **鼓励社会依法办学，实现高等教育办学主体的多元化**

发展高等教育事业，国家负有重要的责任。但是国家将高等教育事业包揽下来不利于高等教育事业的多层次全方位的发展。社会组织和个人举办高等学校及其他高等教育机构，不是靠国家财政性教育经费，而主要的经费来源是依靠社会组织和个人出资、捐资以及学生的学费等。这不仅仅是为了拓宽高等教育的经费渠道，更是为了实现高等教育办学主体的多元化、形式的多样化、管理的市场化，促进我国高等教育的改革和发展。

(3) **不得以营利为目的，符合国家利益和社会公共利益**

高等学校及其他高等机构均具有社会公益性。不得以营利为目的举办高等学校及其他高等教育机构，这是一条重要的原则。

300. 高等学校教师的管理有哪些方面？

教师的管理包括对教师的培养、培训、考核、奖励等内容。我国《教育法》第三十四条规定，国家"通过考核、奖励、培养和培训，提高教师素质，加强教师队伍建设"。我国《高等教育法》《教师法》等有关法律都对此作出了原则性的规定。

(1) 教师的培养和培训

教师培养,是指专门教育机构为各级各类学校教师的补充、更新而进行的一种专业性学历教育。教师培训,是指专门教育机构为提高在职教师的思想政治素质和业务水平而进行的一种继续教育。我国为了落实科教兴国战略,目前正在加快高等教育发展速度,高校教师队伍的规模也随之扩大,不适应高校教育教学工作的教师数量也有所增加。因此,积极开展高校教师的培养和培训工作,为高校提供高素质的教师,对于保证和提高我国高等教育的质量具有非常重要的意义。

高校教师的培养和培训形式多样。除学历教育外,短期培训、教学和科研实践及有关的学术交流等也是高校教师培养和培训的方式。《高等教育法》第五十一条规定:"高等学校应当为教师参加培训、开展科学研究和进行学术交流提供便利条件。"根据这一规定,高等学校不仅应当为教师的培训、研究和交流活动提供方便,而且应当采取积极措施,开辟多种渠道,为教师参加培训、研究和交流活动提供机会。

(2) 教师的考核

高校教师的考核是指高等学校以《教育法》《高等教育法》和《教师法》为依据,按照其中关于教师考核的内容、原则、程序、方法等方面的规定,对教师进行考察和评价,以激励教师忠于职责、努力做好本职工作,并为教师的职务聘任、晋升工资、实施奖惩、培养培训等教师管理工作提供法律依据。高校对教师的考核要求:

① 考核内容分思想政治表现、职业道德、业务水平和工作实绩等四个方面。

② 考核工作要遵循客观、公正、准确的原则。

③ 考核结果作为聘任或者解聘、晋升、奖励或者处分教师的依据。这一规定包含两方面含义:一是考核结果应与教师的切身利益相结合,以体现教师考核的实际价值;二是高等学校有关教师的聘任、解聘、晋升、奖励、处分等方面的管理工作应以对教师的考核为基础。

(3) 教师的奖励

《教师法》第三十三条规定:"教师在教育教学、培养人才、科学研究、教学改革、学校建设、社会服务、勤工俭学等方面成绩优异的,由所在学校予以表彰、奖励。国务院和地方各级人民政府及其有关部门对有突出贡献的教师,应当予以表彰、奖励。对有重大贡献的教师,依照国家有关规定授予荣誉称号。"

根据这一规定,我国对教师的奖励共分三个层次,即学校、国务院和地方人民政府及其有关部门,国家;受奖者的业绩相应分为三个层次,即成绩优异,有突出贡献,有重大贡献。

对教师的奖励体现物质奖励和精神奖励相结合的原则。物质奖励包括奖金,实物,晋升工资,改善住房和医疗条件,组织疗养、参观或为受奖教师提供学习、进修机会等。精神奖励是一种荣誉,如授予相应的荣誉称号等。

图书在版编目(CIP)数据

高等院校教师岗前培训：高等教育理论通识300问 / 刘邦春，蔡金胜，刘玉甜主编．— 上海：上海社会科学院出版社，2022
 ISBN 978－7－5520－3702－9

Ⅰ.①高… Ⅱ.①刘… ②蔡… ③刘… Ⅲ.①高等学校—师资培养 Ⅳ.①G645.12

中国版本图书馆 CIP 数据核字(2021)第 209247 号

高等院校教师岗前培训
——高等教育理论通识300问

主　　编：	刘邦春　蔡金胜　刘玉甜
责任编辑：	赵秋蕙
封面设计：	黄婧昉
出版发行：	上海社会科学院出版社
	上海顺昌路622号　邮编200025
	电话总机021－63315947　销售热线021－53063735
	http：//www.sassp.cn　E-mail：sassp@sassp.cn
照　　排：	南京理工出版信息技术有限公司
印　　刷：	上海天地海设计印刷有限公司
开　　本：	710毫米×1010毫米　1/16
印　　张：	15.75
字　　数：	246千
版　　次：	2022年1月第1版　2022年1月第1次印刷

ISBN 978－7－5520－3702－9/G·1129　　　　　　　　　定价：68.00元

版权所有　翻印必究